Agnes Kunkel · Peter Bräutigam · Elmar Hatzelmann

Verhandeln nach Drehbuch

REDLINE WIRTSCHAFT

Agnes Kunkel · Peter Bräutigam · Elmar Hatzelmann

Verhandeln nach Drehbuch

Aus Hollywood-Filmen für eigene Verhandlungen lernen

REDLINE WIRTSCHAFT

Bibliografische Information der Deutschen Bibliothek

Die Deutsche Bibliothek verzeichnet diese Publikation in der Deutschen Nationalbibliografie. Detaillierte bibliografische Daten sind im Internet über http://dnb.ddb.de abrufbar.

ISBN 3-636-01204-5

Unsere Web-Adresse:
www.redline-wirtschaft.de

Umschlag: Init, Büro für Gestaltung, Bielefeld
Coverabbildung: Getty Images, München
Satz: abavo GmbH, Buchloe
Druck: Himmer, Augsburg
Bindearbeiten: Thomas, Augsburg
Printed in Germany 01204/030601

Für unsere Eltern, Geschwister, Lebenspartner und Kinder – mit denen wir schon viele Jahre das Verhandeln üben durften.

Die Autoren

Dr. Agnes Kunkel, Jahrgang 1959, von 1986 bis 2005 Unternehmensberaterin bei McKinsey und anderen großen Beratungsgesellschaften. Seit 2005 geschäftsführende Gesellschafterin einer Unternehmensberatung in Wiesbaden. Ihr Arbeitsschwerpunkt ist neben Sanierung und Personalentwicklung die Beratung bei Unternehmenskäufen und -verkäufen. Dr. Agnes Kunkel bietet in Zusammenarbeit mit den anderen Autoren Seminare und Vorträge zum Thema Verhandlungsführung an.

Dr. Peter Bräutigam, Jahrgang 1964, Rechtsanwalt und Partner bei Nörr Stiefenhofer Lutz, einer internationalen Kanzlei mit über 330 Anwälten/Steuerberatern/Wirtschaftprüfern, die 2003/2004 unter anderem als IT-Kanzlei des Jahres ausgezeichnet wurde. Er ist dort Leiter der Praxisgruppe IT-Recht und Verhandlungsführung. Tagtäglich an der Verhandlungsfront, insbesondere bei großen internationalen Verhandlungen.

Dr. Elmar Hatzelmann, Jahrgang 1956, Wirtschaftspsychologe und Pädagoge, 5 Jahre lang Dozent an der Universität, seit 1990 selbstständiger Trainer im Bereich Kommunikation (Führungskräfte, Einkäufer), Zeitmanagement und Teamentwicklung. Seine Kunden sind überwiegend Großkonzerne aus den Branchen Automobil und IT. Publikationen über Stress und Zeitkompetenz.

Inhaltsverzeichnis

Dank und Vorwort

Verhandeln ist eine Kulturtechnik, die sich über viele Disziplinen erstreckt und zahlreiche ganz unterschiedliche Fähigkeiten erfordert. Bei der Behandlung dieses Themas ist uns klar geworden, dass es ein Ding der Unmöglichkeit ist, diesen komplexen interaktiven Prozess nur mit Worten leicht fasslich darzustellen. Das Buch beschreitet einen anderen Weg und veranschaulicht die Stationen der Verhandlungen sowie die notwendigen Techniken anhand von Szenen bekannter Kinofilme, die den meisten präsent sein dürften. Deshalb gilt unser Dank zunächst den Filmstudios, namentlich für die Genehmigung der Nutzung des Bildmaterials. Darüber hinaus gebührt Dank Herrn Prof. Dr. Thomas Peisl und unserer Freundin Irene Lang, die das Werk in den verschiedenen Phasen seiner Entstehung mit ihren kritischen und hilfreichen Kommentaren ganz entscheidend mitgeprägt haben. Unser Dank gilt auch allen anderen Freunden und Bekannten sowie den Kollegen bei Nörr Stiefenhofer Lutz und Sonntag Ltd., die das Buch kritisch und motivierend begleitet haben. Verhandlungen sind oft belastet mit Nervosität, Ärger und Aggression. Wenn dieses Buch dazu beiträgt, dass es in der einen oder anderen Verhandlung ein klein wenig entspannter, konstruktiver und vielleicht sogar heiterer zugeht, dann wäre der Zweck dieses Buches erfüllt. Auf dass dieser Titel viele Leser findet, Vergnügen bereitet und Einsichten bringt, die Sie sich von diesem Buch erhofft haben.

Wiesbaden, München, im Februar 2006

Einleitung

Verhandeln ist eine Kulturtechnik, die Sie gut beherrschen sollten. Ihre Verhandlungskunst wird Ihnen immer dann zugute kommen, wenn Sie sich in Konflikten oder Verteilungssituationen behaupten wollen. Naturgemäß sind Verhandlungen Situationen voller (An)-Spannung, Überraschung und Dynamik. Ein Zustand, der den meisten Menschen eher unbehaglich ist. Geschickte Verhandler hingegen nutzen Spannung, Überraschungseffekte und Dynamik, um Ihren Verhandlungszielen näher zu kommen. Um diese Vorgehensweisen erfolgreicher Verhandler anschaulich zu vermitteln, braucht es also ein Medium, das Spannung und Dynamik gut wiedergibt. Kinofilme sind da gerade richtig. Ja, die komprimierte Form, in der Verhandlungen in Filmen auftauchen, macht die Dreh- und Angelpunkte von Verhandlungen erst so richtig sichtbar und fasslich. Die vier folgenden Filme könnte man in diesem Sinne fast schon als Lehrfilme zum Verhandeln betrachten:

- *Wall Street,* der Finanzkrimi aus den späten 1980er Jahren, verarbeitet die Betrugsskandale an der New Yorker Börse, die damals die Finanzwelt erschütterten. Verhandlungen aller Art mit Investoren und Banken und ein böses Ende für die gewissenlosen Geschäftemacher sind garantiert.
- *Erin Brockovich* ist eine Tatsachenverfilmung aus dem Jahr 2000 über die unerschrockenen Verhandlungen der kleinen Anwaltsgehilfin Erin mit dem milliardenschweren Großkonzern PG&E. Sie sammelt Beweise, aus denen hervorgeht, dass PG&E wissentlich das Trinkwasser von Hinkley mit krebserregenden Chromverbindungen verseucht. Zusammen mit ihrem Chef Ed Masry handelt sie für die Bewohner des kleinen Ortes Hinkley über 300 Millionen Dollar als Entschädigung heraus, eine der höchsten Summen, die in einem derartigen Fall in Amerika je gezahlt wurden.

- *Der Pate* ist ein Film über Loyalität und Verrat in einem New Yorker Mafiaclan. Es wird über Auftragsmorde, Rauschgift, Filmrollen in Hollywood, Hotels in Las Vegas und einen trügerischen Friedensschluss unter verfeindeten Mafiafamilien verhandelt. *Der Pate* gilt als einer der besten Filme, die je gedreht wurden. Die Romanvorlage von Mario Puzo ist eines der international erfolgreichsten Bücher mit weltweit über 10 Millionen verkauften Exemplaren.
- *Pulp Fiction*, der Kultfilm mit dem oskargekrönten Drehbuch, steckt voller großer und kleiner Verhandlungen und ist gut für viele Tipps. Die Kommunikationstechniken von Winston Wolfe, dem cleveren Problemlöser im zweiten Teil des Films, gelten auch unter professionellen Verhandlern als vorbildlich.

Wer hätte nicht Lust, sich von den Erfolgen, die in diesen Filmen scheinbar immer wieder so mühelos erzielt werden, die eine oder andere Scheibe für die eigenen Verhandlungsfertigkeiten abzuschneiden?

Filmszenen kann man sich zum besseren Verständnis immer wieder ansehen, mit echten Verhandlungen geht das leider nicht. Und selbst den erfahrensten Leuten bleiben nur Erinnerungen und ein paar schriftliche Notizen. Wie es im Detail zu diesem Zugeständnis oder jenem Durchbruch gekommen ist, davon wird Ihnen vermutlich jeder der Beteiligten seine eigene Version erzählen. Filme mit Verhandlungsszenen sind deshalb ein fantastisches Anschauungsmaterial, um die eigene Verhandlungsmethodik zu überprüfen und gegebenenfalls das eigene Repertoire an Verhandlungstechniken zu erweitern.

Doch worauf müssen Sie achten, wenn Sie von Hollywood-Filmen lernen wollen? Geht es wirklich nur um die kleinen Tricks und Bluffs oder kommt es nicht vielmehr auf den großen Überblick und strategisches Vorgehen im Verlauf der gesamten Verhandlung an? Denn durch Fehleinschätzungen der eigenen oder fremden Verhandlungsmacht werden in Verhandlungen viele gute Gelegenheiten verpasst oder unnötige Nachteile für den heiß ersehnten Abschluss in Kauf genommen.

Die Verhandlung lotet das Kräfteverhältnis der verschiedenen Parteien aus. Der Verhandler ist daran interessiert, möglichst viel über die objektive Situation und die jeweilige subjektive Einschätzung herauszufinden. Dazu beginnt er einen Dialog mit der anderen Partei. Sein Ziel ist zwar, dass er seine eigenen Interessen so weit irgend möglich durchsetzt. Doch im großen Unterschied zum Kampf soll eine Lösung gefunden werden, die auch von der anderen Partei akzeptiert wird. Verhandeln ist also geprägt vom Dialog und dem Interesse an der Sichtweise der anderen Partei. Wer verhandeln will, muss in der Lage sein, vor allem geistige Flexibilität zu zeigen. Durch sensibles Ausloten der wechselseitigen Verhandlungsspielräume vermeidet man, sich unter Wert zu verkaufen oder sich zu überschätzen und interessante Angebote auszuschlagen. Wer die Möglichkeiten des Dialogs mit der anderen Partei ausschöpft, setzt sich nicht nur bei der Verteilung der strittigen Güter besser durch, sondern erhöht gleichzeitig auch die Anzahl der erfolgreichen Verhandlungsabschlüsse. Die große Kunst beim Verhandeln ist, den Zustand der Spannung nicht nur zu ertragen, sondern in diesem Zustand auch noch eine besondere Leistungsfähigkeit und Aufmerksamkeit zu erbringen. Durch Schulung und kontinuierliche Weiterbildung durchschauen Sie die entsprechenden Verhandlungsmuster immer besser und entwickeln sich Schritt für Schritt zum „filmreifen" Verhandlungsprofi.

Die sieben Phasen einer Verhandlung

In den letzten Jahrzehnten untersuchten Wissenschaftler das Thema Verhandeln sehr gründlich. Es wurden viele Experimente zum Entscheidungsverhalten in Verhandlungssituationen durchgeführt und verschiedenste Verhandlungskonstellationen simuliert. Aus diesen Experimenten ergab sich, dass der Ablauf einer Verhandlung einem festen Muster folgt. *Verhandeln nach Drehbuch* erläutert Ihnen dieses Muster. Auf dieses Wissen können Sie künftig bei der Vorbereitung von Verhandlungen, aber auch in kniffligen Situationen während der Verhandlung zurückgreifen. Wie mit einer Landkarte können Sie Ihre aktuelle Position lokalisieren und entscheiden, was für Sie die beste Reaktion wäre. Wenn man diese innere Logik des Verhandelns einmal verstanden hat und künftig in Verhandlungen beherzigt, ist es einfach, den materiellen und emotionalen Verhandlungserfolg deutlich zu steigern.

Jede Verhandlung läuft in sieben Phasen ab:

1. Vorbereitung
2. Begrüßung
3. Informationsaustausch
4. Konzessionsphase oder Verhandeln im engeren Sinne
5. Einigung
6. Abschied
7. Nachbereitung

Jede dieser Phasen hat ihre eigenen Regeln und Gesetzmäßigkeiten. Es ist deshalb sinnvoll, über jede Phase separat zu sprechen. In der Begrüßungssituation ist zum Beispiel ein ganz anderes Verhalten gefordert als in der Informationsphase. In der Konzessionsphase werden sie mit ganz anderen Strategien Erfolg haben als in der Schlussphase der Verhandlung.

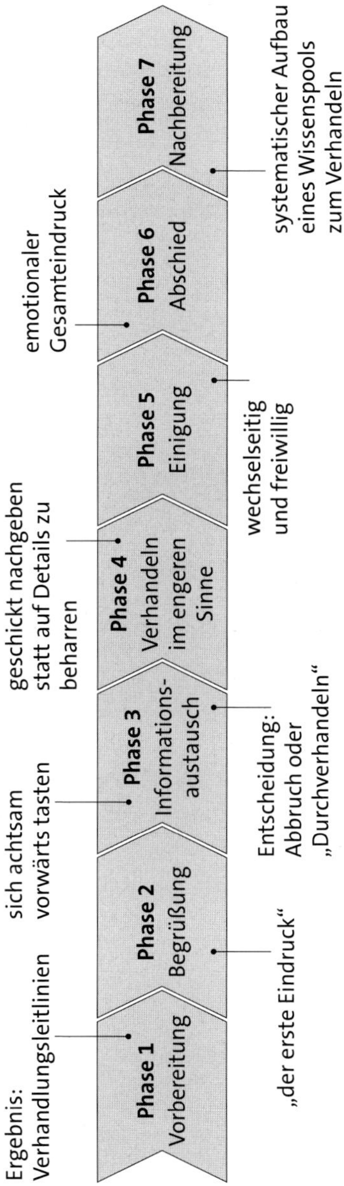

Die sieben Phasen einer Verhandlung

Hollywood zeigt, wie's geht

Wall Street: „Anacott Steel"

Eine Szene aus dem Film *Wall Street* eignet sich besonders gut, die sieben Phasen mit einem anschaulichen Beispiel zu unterlegen. In wenigen Filmminuten können Sie alle sieben Phasen gewissermaßen im Schnelldurchlauf erleben. Das Ganze ist zwar mit einer kräftigen Dosis Hollywood aufgepeppt, doch gerade die ironische Überspitzung des Stoffs bringt so manches Kommunikationsmuster erst richtig auf den Punkt. Zudem machen gerade das außergewöhnliche Setting und der komprimierte Ablauf den hohen Erinnerungs- und Wiedererkennungswert der Szene aus.

Wall Street: „Anacott Steel"

Werfen Sie einen Blick auf die Szene „Anacott Steel" aus *Wall Street,* dem Drama um den jungen Bud Fox und den cleveren, jedoch gewissenlosen Finanzmagnaten Gordon Gekko. Eine kurze Beschreibung des Films finden Sie auf Seite 231.

Bud Fox ist ein Aufsteiger aus dem Arbeitermilieu. Er hat einen Job als Aktienbroker an der Wall Street ergattert und will ganz nach oben. Der Börsenhai Gordon Gekko nutzt das gnadenlos für seine Zwecke aus. Er verwickelt Bud Stück für Stück in immer riskantere Geschäfte.

Im Auftrag von Gordon hat Bud ausspioniert, dass Gordons Konkurrent Larry Wildman die marode Stahlfirma Anacott Steel aufkaufen will. Gordon kauft daher schnell ein größeres Aktienpaket und will es mit einem fetten Gewinn an Wildman weiterverkaufen.

Die Szene spielt in Gordons mondänem Haus. Im Erdgeschoss ist eine Party für Geschäftsfreunde im Gange. Plötzlich erhält Gordon einen Anruf: Larry Wildman möchte kurzfristig mit ihm sprechen.

In der kurzen Vorbereitungszeit bis zu Larrys Eintreffen unternimmt Gordon äußerlich nicht allzu viel. Er stellt sich jedoch, wie sich später zeigen wird, mental auf die Verhandlung ein. Gordon macht sich Gedanken über seine Chancen, aber auch über seine Risiken.

Larry Wildman kommt in Begleitung eines Beraters an. Die Begrüßung verläuft eher frostig. Gordon sorgt dafür, dass auch Bud an der Verhandlung teilnimmt. Für die Verhandlung zieht man sich in Gordons Arbeitszimmer zurück.

Larry braucht das Aktienpaket, um endlich mit der Sanierung von Anacott Steel beginnen zu können. Erst versucht er Gordon ins Gewissen zu reden, dass an der Sanierung viele Arbeitsplätze hängen, doch Gordon geht es nur um den Profit. Er hält Larrys Angebot für zu niedrig. Mit Hilfe von Bud und einer geschickten Drohung, die Verhandlung scheitern zu lassen, gelingt es ihm, Larry um 10 Prozent heraufzuhandeln. Larry schlägt zwar auf den Deal ein, ist jedoch sehr verärgert. Er fühlt sich von Gordon über den Tisch gezogen. Grußlos und hoch erhobenen Hauptes verlässt er den Raum. Gordon und Bud lassen in einer kurzen Nachbesprechung die Verhandlung nochmals Revue passieren.

Phase 1: Vorbereitung

Soweit die Szene aus dem Film *Wall Street*. In der Vorbereitung geht es grundsätzlich darum, den Einstieg in die Verhandlung zu finden. Welche Informationen liegen vor? Welche Alternativen gibt es grundsätzlich zu der bevorstehenden Verhandlung? Wie sieht wohl die andere Seite die Situation? Welche tieferen Motive könnten hinter deren Verhalten stecken? Wie sieht es mit der emotionalen Distanz der Beteiligten zur Verhandlung aus?

In der Filmszene erfährt Gordon durch den Anruf, dass ihn Larry Wildman sprechen möchte. Larry Wildman hat es eilig – er will etwas von ihm. Gordons Instinkt wittert die Verhandlungschance: So eine Möglichkeit lässt sich Gordon nicht entgehen. Zunächst sorgt Gordon dafür, dass er in der Verhandlung einen Partner hat, mit dem er sich die Bälle zuspielen kann. Deshalb bittet er Bud, bei der Besprechung dabei zu sein. Auf diese Weise hat er auch einen Zeugen für das Gespräch. Und ein Egomane wie Gordon hat natürlich auch gerne etwas Hofstaat um sich herum. Außerdem arbeiten erfahrene Verhandler meist im Team. Gordon stimmt sich zudem innerlich positiv auf die Verhandlung ein – man spürt an seinen Bewegungen und dem Blitzen in seinen Augen, dass er sich auf den Schlagabtausch freut.

Dennoch ist sich Gordon bewusst, dass er Larry, der über weitaus größere finanzielle Ressourcen verfügt, mit dem heimlichen Aufkauf eines Aktienpakets von Anacott Steel gereizt hat. Gordons objektive Verhandlungsmacht ist wegen seiner geringeren finanziellen Spielräume relativ begrenzt, doch er sieht die Sache nüchtern und gelassen. Außerdem verlässt er sich auf sein kommunikatives Geschick. Zu der Frage, ob es zwischen ihm und Larry außer den Interessengegensätzen auch noch Verbindendes gibt, macht er sich jedoch keine Gedanken.

Phase 2: Begrüßung

Larry Wildman kommt mit einem seiner Berater in das Haus von Gordon. Die beiden treffen jetzt auch physisch aufeinander. War die Vorbereitung eher eine intellektuelle Aufgabe, so setzt jetzt ein interessanter, oft unbewusster Prozess ein. Es lässt sich immer wieder beobachten, dass die Parteien, so gegensätzlich ihre Interessen auch sein mögen, im Laufe der Verhandlung emotional doch zusammenwachsen. Dieser Vorgang läuft hauptsächlich nonverbal ab. Es geht um Fragen wie: Wer könnte die Führung in der neuen Gruppe übernehmen? Welche Spielregeln sollen gelten? Das alles hat mit dem sachlichen Auftrag wenig zu tun. Doch Menschen, die in einem Raum zusammen sind, fangen unwillkürlich an, sich mit diesen Themen zu beschäftigen. Solange sich eine übergreifende Gruppenordnung nicht wenigstens schemenhaft abzeichnet, sind letztendlich alle anderen Themen, vor allem die sachlichen, blockiert. Wenn diese Themen ungelöst auf die Seite geschoben werden, müssen Sie sich darauf einstellen, dass diese sich im unpassendsten Moment in einer späteren Verhandlungsphase wieder in den Vordergrund drängen und dann meist eine eher destruktive Dynamik entfalten. So werden Abschlüsse verhindert, die rational für alle Beteiligten sinnvoll wären.

Zur Begrüßung bietet Gordons Frau Larry einen Drink an und heißt ihn auf der Party willkommen. Doch Larry reagiert sehr zurückhaltend. Sein Mitarbeiter im Hintergrund bleibt ebenfalls recht steif. Dann kommt Gordon dazu und begrüßt Larry mit übertriebener Höflichkeit. Larry reagiert darauf ebenfalls sehr frostig. Kein üblicher Smalltalk, er will sofort zur Sache kommen. Larry erhebt unbewusst den Anspruch darauf, dass er in dem oben beschriebenen Prozess der Gruppenbildung die Führungsrolle übernimmt und die Spielregeln bestimmt. Gordon ist so clever, sich diesem Führungsanspruch erst einmal zu beugen und Larrys Spielregeln – z. B. kein Smalltalk – zu akzeptieren, obwohl es seinem eigenen Naturell nicht entspricht. Er führt Larry in sein vom Partybetrieb abgeschottetes Arbeitszimmer. Larrys neugieriger Blick auf den Waffenschrank im Büro gibt Gordon dann doch noch Gelegenheit, seinem Bedürfnis nach einigen unverbindlichen Worten zur Eröffnung zu frönen. Und Larry besitzt auch die Größe, Gordon zu seinen Prachtstücken zu gratulieren. Larry fühlt sich ein wenig zu sicher. Der geschmeidige Wechsel von Gordon vom Party-Geplaudere zum verbindlichen Geschäftston sollte ihn warnen, dass er es mit einem psychologisch geschickten und auch sehr aufmerksamen Verhandler zu tun hat. Gordon wird nicht so schnell klein beigeben.

Phase 3: Informationsaustausch

Larry übernimmt wieder die Gesprächsführung. Er bringt das Thema Anacott Steel auf den Tisch. Gordon hat ein Aktienpaket dieses Unternehmens zusammengekauft. Larry braucht dieses dringend für eine Mehrheit im Gesellschaftergremium, denn nur dann kann er die notwendigen Sanierungsmaßnahmen beschließen. Jetzt muss der Preis ausgehandelt werden, zu dem Gordon seine Aktien an Larry verkauft. Es beginnt die Sondierung der Lage. Gordon macht seine Sichtweise klar: Durch Larrys kontinuierlichen Aufkauf von Firmenanteilen ist der Börsenkurs von Anacott Steel gestiegen und damit auch der Wert von Gordons Aktien. Da sein Paket für das Erlangen der Mehrheit notwendig ist, hat Gordon einen Hebel, um für seine Aktien sogar noch deutlich mehr als den Börsenkurs zu verlangen. Mit Geschäften dieser Art hat Gordon seinen Reichtum angehäuft. Larry verfolgt dagegen ein anderes Ziel: Er möchte die Firma sanieren, um möglichst viele Arbeitsplätze zu retten. Er kann es sich deshalb nicht leisten, allzu viel Geld für Gordons Aktienpaket auszugeben. An seiner emotionalen Ausdrucksweise, „es geht um Existenzen und Jobs – drei bis vier Generationen von Stahlarbeitern", spürt man, dass Larry dieses Projekt tatsächlich sehr am Herzen liegt. Unter Verhandlungsaspekten schwächt ihn das jedoch eher, denn es fehlt ihm die notwendige innere Distanz zum Verhandlungsgegenstand. Vielleicht war es gar nicht so klug, dass Larry selbst die Verhandlung mit Gordon aufgenommen hat. Ein neutraler Berater mit klaren Vorgaben wäre wahrscheinlich die bessere Wahl an der Verhandlungsfront gewesen.

Gordon hat auf den emotionalen Appell nicht reagiert und die Chance, mit Larry auf einer tieferen emotionalen Ebene in Kontakt zu kommen, ungenutzt vorüberziehen lassen. In diesem Moment hätte er für ein „paar Dollar" seine Beziehung zu Larry nachhaltig verbessern, ja vielleicht sogar auf eine freundschaftliche Basis stellen können. Denn auf einen emotionalen Appell einzugehen, muss nicht heißen, dass man wirtschaftlich unvernünftig handelt. Ganz im Gegenteil, wer sich in seiner Emotionalität angenommen weiß, kann an anderer Stelle manchmal ganz unverhoffte Großzügigkeit zeigen. Mit Gordons Reaktion verpassen die Verhandlungsparteien Gordon – Larry übrigens die Abzweigung zu einer echten Win-Win-Lösung. Das zeigt sich auch gleich in der harten Reaktion von Larry, die jetzt folgt: Als Gordon auf den emotionalen, konstruktiven Impuls nicht reagiert, schaltet Larry blitzartig um auf Härte. Er fährt jetzt schwere Geschütze auf, mit denen er Gordon in die Zange nehmen kann. Larry könnte das Projekt zum Beispiel ganz einfach abbrechen, dann würde Gordon auf seinen mit Krediten finanzierten Aktien sitzen bleiben und möglicherweise mit großen Verlusten verkaufen müssen. Bei den riskanten Finanzkonstruktionen, die hinter den Geschäften stehen, wie sie Larry und Gordon betreiben, kann so etwas schnell zum völligen wirtschaftlichen Aus führen.

Die Phase 3 des Informationsaustauschs stellt ein Abtasten dar; sie wird im realen Verhandlungsprozess oft übersehen und unterschätzt. Wer sich dagegen reichlich Zeit für das Ausloten der Situation nimmt, geht mit soliden Voraussetzungen in die Phase der Konzessionen und Angebote.

Phase 4: Konzessionsphase oder Verhandeln im engeren Sinne

Jetzt wird es ernst. Angebote und Forderungen werden ausgetauscht. Für die meisten Menschen ist es sehr wichtig, dass diese Phase ausführlich zelebriert wird. Sie sind enttäuscht und desorientiert, wenn dafür nicht genug Zeit und Spielraum zur Verfügung steht. Oft wird sogar bewusst emotionaler Druck aufgebaut, um bei der anderen Seite die letzten Verhandlungsreserven herauszukitzeln. Die Konzessionsphase ist die große Zeit der klassischen „Verhandlungsspiele", wie z. B. „Hoch eröffnen, langsam nachgeben", „guter Polizist – böser Polizist", und für Abbruchsdrohungen, wie z. B. dem „Walkout", Fristen und Ultimaten. Diese Manöver werden im im Kapitel „Meisterklasse" ausführlich vorgestellt.

Viele meinen, wenn sie von Verhandeln sprechen, nur diese eine Phase, die man deshalb auch als das Verhandeln im engeren Sinne bezeichnen kann. Doch Verhandlungen sind vielschichtiger. Wie soll zum Beispiel eine vernünftige Strategie für das Fordern und Nachgeben festgelegt werden, wenn Sie sich nicht vor Beginn der Verhandlung sorgfältig mit Ihren eigenen Argumenten und der Lagebeurteilung durch die andere Partei auseinander gesetzt haben? Mindestens genauso gefährlich ist es, wenn im Unterbewusstsein persönliche Rivalitäten schlummern, die nur auf einen äußeren Anlass warten, um die Verhandlung aus der Bahn zu werfen. Dieses Entgleisen nennt man landläufig den toten Punkt. Bei einer sorgfältigen Durchführung der früheren Phasen kommt es aber gar nicht so weit.

Nachdem die Fronten geklärt sind, macht Larry sein „offizielles Eröffnungsangebot": 65 Dollar pro Aktie – mehr will er Gordon nicht bieten. Während Larry sofort mit seinem Angebot herausplatzt, geht Gordon raffinierter vor: Er spielt den Ball zu Bud, dem Aktienanalysten, um durch diesen einen Gegenvorschlag einzuführen. Er fragt: „Buddy, was wäre ein fairer Preis für die Aktie?" Geschickt nutzt Gordon hier Buds Expertenimage und -neutralität. Der Analyst Bud spielt seine Rolle sehr geschickt, denn er gibt nur eine vage Größenordnung von ungefähr 80 Dollar pro Aktie als Richtpreis an, sodass Gordon frei entscheiden kann, wie er das Spiel weiterspielen möchte. Gordon macht daraus sein offizielles Eröffnungsangebot von 72 Dollar pro Aktie, also etwa 10 Prozent mehr, als Larry ursprünglich geboten hatte. Gordon hat seinen Experten selbst heruntergehandelt. Interessant: Gilt doch beim Verhandeln die Regel, dass nie zwei Angebote unmittelbar in Folge abgegeben werden sollen. Warum macht Gordon das? Er weiß, dass das erste Angebot von Bud viel zu hoch gegriffen war. Er kommt Larry mit einer ersten, eher scheinbaren Konzession entgegen. Larry ist das immer noch viel zu hoch. Statt mit einer Konzession von seiner Seite auf den Pfad der wechselseitigen Annäherung einzuschwenken, geht er zum Angriff über. Für ihn benimmt sich Gordon wie ein kleiner Straßenräuber und Erpresser. Er zweifelt nicht daran, dass dieser sogar seine Mutter verkaufen und auch noch per Nachnahme verschicken würde. Hier könnte man sich leicht in eine wechselseitige Angriffs-Verteidigungsspirale hineinsteigern und auf einen toten Punkt zusteuern. Doch Gordon hat sich dafür viel zu sehr im Griff. Er nutzt die Emotionalisierung der Situation für das klassische Manöver des Walkouts (angedeutetes Verlassen der Verhandlung). Dieses Manöver segelt zwar unter der Flagge der Emotion, in Wirklichkeit ist es jedoch eiskalte Berechnung. Er spielt den Entrüsteten und mimt den Abbruch der Verhandlung. Wohlgemerkt, er spricht nicht einmal konkret aus, dass er abbrechen will, sondern verkündet nur, dass er eine Pause braucht, um sich zu beruhigen. Er fängt an, langsam aus dem Raum zu gehen. Die Wirkung auf Larry in seiner emotionalen Verstrickung mit dem Verhandlungsgegenstand ist verheerend: Die dringend gewünschte Einigung verschwindet vor seinen Augen aus dem Raum. Gordons Spiel mit der Androhung des Walkouts hat voll ins Schwarze getroffen. Larry knickt ein. Dass Gordon seine Entrüstung nur gespielt hat, erkennt der Zuschauer vor allem daran, dass er sich nach Larrys Zugeständnis sofort wieder reibungs- und emotionslos in das Verhandlungsgeschehen einklinkt. Festzuhalten bleibt, dass letztendlich beide mit dem Kern der Konzessionsphase, dem geschickten Nachgeben, so ihre Schwierigkeiten haben.

Phase 5: Einigung

Larry kapituliert und macht ein Angebot von 71 Dollar, also nur knapp unter den 72 Dollar, die Gordon in seiner Eröffnungsposition gefordert hat. Gordon führt uns gleich noch ein weiteres sehr beliebtes Verhandlungsspiel vor: das „Knabbern". Er lässt Larry nicht den Triumph, sein Angebot von 71 Dollar einfach anzunehmen. Er setzt eine Schlussforderung drauf: „71,50!", die Larry akzeptiert, um dem Spiel ein Ende zu machen. In diesem letzten Moment hat Gordon die innere Distanz zum Geschehen verloren. An dieser Stelle noch eine Forderung zu stellen, ist ein Fehler. Das letzte Zugeständnis sollte nie von der anderen Seite kommen; das gibt nur böses Blut. Der, der als Letzter nachgibt, fühlt sich normalerweise emotional als der Verlierer. Wer das letzte Zugeständnis bekommt, und sei es auch noch so klein, fühlt sich emotional als Sieger. Larry akzeptiert, doch er fühlt sich als Verlierer. Er, der über eine Firma herrscht, die sechsmal so groß ist wie die von Gordon, hat sich persönlich auf den Weg in Gordons Haus gemacht, um das Thema Anacott Steel aus der Welt zu schaffen. Da hat er sich wohl ganz andere Hoffungen über den Verlauf der Begegnung gemacht. Gordon persönlich aufzusuchen ist in seinen Augen sicher eine große Ehre für diesen. Dafür hatte Larry Anerkennung und Respekt erwartet. Ja, vielleicht war dieses „Entgegenkommen" sogar eine versteckte Einladung an Gordon gewesen, alte Zwistigkeiten zu begraben und künftig zum wechselseitigen Vorteil mehr zu kooperieren. Wenn das tatsächlich der Fall gewesen sein sollte, was wir allerdings im Film nicht explizit erfahren, ist es nur verständlich, dass Larrys Enttäuschung über Gordons Verhalten umso größer ist.

Für die Einigung ist es wichtig, dass beide Seiten freiwillig zustimmen. Allen anderen Varianten haftet ein Makel an. Ohne Freiwilligkeit ist die Verhandlung nämlich nicht einvernehmlich abgeschlossen. Dies zeigt sich bei Problemen, die später während der Umsetzung der Vereinbarung entstehen: vom eher harmlosen Nachverhandeln bis hin zu fatalen Racheakten, wie man sie gegen Schluss des Films *Wall Street* erlebt. In diesem Fall haben wir dann das Terrain des Dialogs verlassen und sind auf dem Weg zum Kampf. Kommt es dagegen zu einer wechselseitig freiwilligen Einigung, so erreicht das Zusammenwachsen der Parteien seinen Höhepunkt. Dieses beglückende emotionale Erlebnis ist es übrigens, das die enorme Faszination des Win-Win-Gedankens ausmacht.

Phase 6: Abschied

Durch seinen beleidigten Abzug verhindert es Larry ganz bewusst, dass höfliche Abschiedsrituale seiner Begegnung mit Gordon im letzten Moment doch noch eine versöhnliche Note geben. Denn es zählt immer der letzte emotionale Eindruck, den man von einer Begegnung mitnimmt. Unter normalen Umständen hätte Gordon also noch eine kleine Chance gehabt, Larry durch eine Abschiedsgabe, und sei es nur ein versöhnliches Kompliment, doch noch ein gutes Gefühl zu geben. Doch Larry ist so tief verärgert, dass er jegliche Möglichkeit für genau diesen Ausgleich verhindert, indem er das Gespräch abrupt abbricht und davonrauscht. Er konserviert gewissermaßen aktiv seine Wut und seine negativen Gefühle gegenüber Gordon. Solch ein Verhalten sollte Gordon stutzig machen. Er und Larry werden sich auf dem Parkett der Investorenszene vermutlich noch oft begegnen. Da sollte man es sich genau überlegen, ob man sich solche emotional gefärbten und damit unkalkulierbaren Feindschaften leistet. Wenn da jemand ist, der noch eine derartige Rechnung offen hat wie Larry mit Gordon, kann das schnell gefährlich werden. Landläufig spricht man in solchen Situationen manchmal vom „Rabattmarken kleben“: Rabattmarken, die dann später bei einer passenden Gelegenheit „eingelöst“ werden.

Phase 7: Nachbereitung

Nach dem überstürzten Aufbruch von Larry nimmt sich Gordon – bezogen auf die Dauer der ganzen Szene – relativ viel Zeit für seine Nachbesprechung und Nachbereitung mit Bud. Die beiden rekapitulieren, was sich gerade abgespielt hat. Zunächst erklärt Gordon, warum er aus seiner Sicht so schnell nachgegeben hat: Liquidität. Larrys Firma ist sechsmal so groß wie seine; Larry hätte ihn tatsächlich in den Ruin treiben können. Gordon bezieht sich auf das objektive Machtverhältnis, das in diesem speziellen Fall allen bekannt war und von den beiden Kontrahenten auch ähnlich eingeschätzt wurde. Die beiden sind sich jedoch auch bewusst, dass es noch andere Komponenten für den Verhandlungserfolg gibt. Der

Einsatz der richtigen Strategie und Taktik ist wesentlich für den Verhandlungserfolg. Eine wertvolle Quelle für derartige Strategien findet sich in dem zweieinhalbtausend Jahre alten chinesischen Strategieklassiker von Sun Tsu: *Die Kunst des Krieges*, den Bud zitiert: „... wenn dir der Feind überlegen ist, gehe ihm aus dem Weg, ist er zornig, reize ihn; und wenn er ebenbürtig ist, kämpfe ...". Gerade daran haben sich Gordon und Bud gehalten: Larry war mit dem Projekt emotional so verknüpft, dass er nicht mehr aussteigen konnte. Er gab damit ein dankbares Opfer für die Strategie ab, ihn zu reizen und weiter in die emotionale Verstrickung zu treiben.

Für Gordon und Bud ist Verhandeln eher eine elegante und ressourcenschonende Form der Kriegsführung, ein Kämpfen im weiteren Sinne. Zum eigentlichen Potenzial des Verhandelns, dem Dialog mit der anderen Partei, dringen sie nicht vor. Die Zeitbombe der tiefen Verärgerung Larrys, die sie durch ihr überzogenes Taktieren auf der Sachebene gelegt haben, fällt ihnen bei dieser Art der Betrachtung gar nicht auf. Dennoch ist es bemerkenswert, dass Gordon sich die Zeit nimmt und den jungen Bud in die wichtigsten Elemente seiner Verhandlungsführung einweiht. Dadurch kann Bud seine eigenen Verhandlungsfähigkeiten verbessern. Gordon ist über das Interesse und das Engagement von Bud begeistert: „Heyhey, er lernt dazu, Buddy lernt dazu ...". Viele Verhandler sind bei der Weitergabe ihres Wissens nicht so großzügig.

Fazit zu „Anacott Steel"

Gordon hat clever verhandelt. Er hat sich im Griff, hat eine hohe innere Distanz zum Verhandlungsgegenstand und beherrscht die klassischen Manöver der Verhandlungskunst, wie die angedeutete Abbruchsdrohung, auch in der praktischen Umsetzung sehr gut. Doch bei einer differenzierteren Betrachtung macht auch er Fehler und achtet vor allem nicht auf mögliche langfristige Schäden, die durch seinen punktuellen Verhandlungserfolg entstehen könnten. Larrys Verhandlungspotenzial kommt durch seine emotionale Beteiligung jedoch nicht so richtig zum Tragen. Er weiß zwar, dass seine objektive Verhandlungsmacht viel größer ist als die von Gordon, doch es fehlt ihm an innerer Distanz, um die Verhandlung mit dem gewieften Taktiker Gordon professionell durchzuziehen.

Die Analyse der Filmszene ermöglicht es – selbst bei einem komprimierten Ablauf, wie er sich zwischen Gordon und Larry abspielt (das Ganze dauert im Film keine fünf Minuten) – die Stärken und Schwächen der Akteure genau herauszuarbeiten. Viele Verbesserungsvorschläge können daraus entwickelt werden. Genau diese Hinweise sind es, die zur nachhaltigen Verbesserung der Verhandlungsfähigkeiten beitragen.

Konzept *Verhandeln nach Drehbuch*

In diesem einleitenden Kapitel haben Sie Larry und Gordon im Schnelldurchlauf bei der Verhandlung um das Aktienpaket der Stahlfirma Anacott Steel begleitet und an diesem Beispiel die sieben Phasen einer Verhandlung in den Grundzügen kennen gelernt. In den folgenden Kapiteln wird nun jede dieser Phasen im Detail durchleuchtet. Welche Muster sind für sie typisch und welche Techniken werden von ausgebufften Verhandlern gerne angewendet?

Sie finden auch weiterhin passende Filmszenen, die Sie als Erinnerungsanker für die Chancen und Risiken der verschiedenen Phasen verwenden können. Sie werden auf Glanzlichter der Verhandlungsführung genauso hingewiesen wie auf typische Fehler. Allein schon durch dieses Wissen lässt sich so manches Problem künftig vermeiden. Aus den Filmszenen können Sie sich dann Ihren persönlichen „Verhandlungsfilm" zusammenstellen. Sie können sich so umfassend vorbereiten wie Erin Brockovich und unter den schwierigsten Umständen einen verbindlichen und verlässlichen Kontakt aufbauen. Sie können sich eine Blamage ersparen, wie sie den teuren Nobelanwälten passiert, die gegen Ende des Prozesses Erin Brockovich in Spezialfragen des Umweltrechts unterstützen. Sie können Informationen beschaffen wie Mr. Wolfe aus dem Kultfilm *Pulp Fiction*. Und wenn es um

Angebote und Konzessionen geht, können Sie viel erfolgreicher Ihre Ziele verfolgen als der junge Mr. Foil aus der Rechtsabteilung von PG&E.

Den Sack zumachen, das können die Figuren aus dem Film *Wall Street*. In *Pulp Fiction* weiß Mr. Wolfe, was eine gute Verabschiedung ist. Nach Wall-Street-Deals wird fast schulmäßig Bilanz gezogen. Sie werden erfahren, was außer Schulterklopfen noch dazugehört, damit Sie in der nächsten Verhandlung Ihre Ziele noch besser erreichen. Außerdem wird an einigen Stellen auf einen fiktiven Banküberfall zurückgegriffen, um weitere Aspekte des Verhandelns zu veranschaulichen. Anhand der Beispiele erfahren Sie, welche grundlegenden Methoden und Verhaltensweisen notwendig sind, um „nach Drehbuch" zu verhandeln!

Zusammenfassung

- Machen Sie sich mit dem Phasenkonzept vertraut, es ist der Schlüssel zur „Mechanik" jeder Verhandlung.
- Achten Sie darauf, in welcher Phase der Verhandlung Sie sich befinden.
- Stimmen Sie Ihr Verhalten auf diese Phase ab.
- Verlassen Sie eine Phase erst, wenn Sie das Ziel der Phase erreicht haben.

Phase 1: Vorbereitung

Die Vorbereitung ist die erste der sieben Phasen. Hier steigen Sie in das Geschehen ein und legen die Fundamente für Ihre Verhandlungsführung. Mit einem Blick in die Zukunft simulieren Sie, was auf Sie zukommen könnte. Noch haben Sie die Chance, ohne direkte Konfrontation mit der anderen Partei Ihre ganze Energie auf die Analyse und Verbesserung Ihrer Ausgangslage zu verwenden. Wie ist die Verhandlungsmacht in dieser Verhandlung verteilt? Welche Ansatzpunkte gibt es für ihre Verbesserung? Welche Strategien könnten Ihnen dabei helfen? Welche tieferliegenden Interessen verfolgen Sie mit dieser Verhandlung?

Doch auch die emotionale Situation spielt eine große Rolle. Nur wer emotional eine gewisse Distanz zur Verhandlung wahrt, kann später in den Diskussionen mit der anderen Partei souverän und flexibel reagieren. Hinsichtlich der emotionalen Distanz hat jeder seine ganz spezifischen Stärken und Schwächen. Setzen Sie sich also schon im Vorfeld mit den potenziellen Auslösern auseinander, die Sie in die emotionale Überreaktion treiben könnten.

Verhandlungen können auch scheitern. Auch für diese Variante sollten Sie sich schon in der Vorbereitungsphase einen Maßnahmenplan zurechtlegen, damit Sie im fortgeschrittenen Verhandlungsstadium nicht mangels Alternativen erpressbar oder von einer eskalierenden Situation überrollt werden.

Als Abschluss der Vorbereitungsphase sollten Sie Ihre Überlegungen, zumindest stichpunktartig, in einem schriftlichen Dokument, den Verhandlungsleitlinien, zusammenfassen. Wichtigster Bestandteil dieser Leitlinien ist eine Frageliste mit den Themen, die in der Informationsphase unbedingt zu klären sind. Neben der inhaltlichen und emotionalen Vorbereitung sollten Sie auch dem äußeren Rahmen der Verhandlung Aufmerksamkeit schenken: Sind zeitliche Beschränkungen durch An- und Abreise zu berücksichtigen?, Stehen angemessene Räume zur Verfügung?,

Wie ist es um technische Hilfsmittel bestellt?, Ist die Versorgung mit Speisen und Getränken geregelt?

Doch denken Sie daran: In der Vorbereitung kann es nur um Vorüberlegungen gehen, die detaillierte Festlegung von Verhandlungszielen oder Eröffnungspositionen erfolgt erst nach Abschluss der Informationsphase.

Die Vorbereitung, dieser Blick in die Zukunft, hat auch etwas Verführerisches. Man ist schnell geneigt, die eigenen Fantasien über den weiteren Fortgang des Geschehens für besonders wahrscheinlich zu halten. Eine derartige Haltung führt leicht zur Überschätzung der eigenen Verhandlungsposition. Diese Selbstüberschätzung (im englischen Fachterminus „overconfidence") ist mit der häufigste Fehler, der im Rahmen von Verhandlungen gemacht wird. Man kalkuliert nicht ein, dass alles auch ganz anders kommen kann und man auch für diese Möglichkeiten strategisch und emotional gewappnet sein muss. Der andere große Fehler ist, dass viele Verhandlungsteams schlecht abgestimmt in die Verhandlung einsteigen und es versäumen, ihre verschiedenen internen Standpunkte zu diskutieren und festzulegen, welche Linie nach außen vertreten werden soll und wer welche Funktion im Verhandlungsteam übernimmt.

Die Verhandlungsmacht

Erin Brockovich: „Ein Immobilienfall"

Der Film *Erin Brockovich*, mit Julia Roberts in der Hauptrolle, erzählt eine wahre Geschichte. Erin Brockovich, eine Aushilfskraft in einem kleinen Anwaltsbüro, zwingt gemeinsam mit ihrem Chef, dem Anwalt Ed Masry, den großen kalifornischen Energiekonzern PG&E in die Knie und handelt eine hohe Entschädigung für die vielen hundert Opfer der grob fahrlässigen Umweltpolitik des Unternehmens heraus. Der Fall beginnt unauffällig. PG&E, eine große Energieversorgungsgesellschaft in Kalifornien, möchte das Haus der Familie Jensen in Hinkley, einer kleinen, ärmlichen Siedlung im wüstenhaften Osten von Los Angeles kaufen. Angeblich wird das Grundstück für eine neue Zufahrt zum benachbarten Kraftwerk benötigt. Die Jensens, einfache Leute, haben Angst, von der Firma über den Tisch gezogen zu werden. Sie haben deshalb Ed Masry, einen Anwalt, zum Schutz ihrer Interessen eingeschaltet. Da sie kein Geld für die Anwaltsgebühren haben, übernimmt Ed den Fall „pro bono", also ohne Honorar.

Da es sich allem Anschein nach um eine kleine Routinesache handelt, übergibt Ed den Fall der Jensens an Erin Brockovich. Erin ist eine neue Mitarbeiterin, die eher durch ihr freches Mundwerk, ihren tiefen Ausschnitt und ihre ultrakurzen Röcke in der ansonsten sehr biederen Kanzlei auffällt. Irgendeine juristische Vorbildung hat sie dagegen nicht. Deshalb fühlt sie sich vom Fall der Jensens völlig überfordert, zumal die Unterlagen eine bunte Mixtur von Immobiliengutachten und verschiedensten anderen Dokumenten sind. Um Klarheit zu gewinnen, möchte sie sich die ganze Angelegenheit von den Jensens erklären lassen. Ed erlaubt ihr, den Fall vor Ort zu recherchieren. Mrs. Jensen ist völlig verblüfft, dass tatsächlich jemand von der Anwaltskanzlei zu ihnen nach Hinkley kommt.

Die beiden Frauen finden schnell einen guten Draht zueinander, sodass sie nicht nur über den Verkauf des Hauses an PG&E, sondern auch über die vielen Krankheiten von Donna Jensen und ihrem Mann Peter sprechen. Donna erzählt, dass sie und ihr Mann wegen Krebs behandelt wurden. Erstaunlicherweise hatte PG&E damals die Kosten für die Untersuchungen und die Behandlungen bezahlt. Erin macht eine solche Großzügigkeit stutzig, hat sie doch selbst bei einem eher fürsorglichen Arbeitgeber wie Ed Masry überhaupt keine Krankenversicherung. Donna erklärt, dass PG&E die Kosten wegen des Chroms übernommen hat. Bei Erin macht sich der Verdacht breit, dass Chrom vielleicht nicht so harmlos ist, wie Donna Jensen meint, und dass PG&E vielleicht nicht nur aus Menschenfreundlichkeit und Großzügigkeit die Kosten für die Behandlungen der Jensens übernommen hat.

Auf dem Rückweg ins Büro fährt Erin zur Universität, um dort mehr über den Zusammenhang zwischen Tumorkrankheiten und Chrom herauszufinden. Tatsächlich gibt es hochgiftige, krebsverursachende Formen von Chrom, die trotz ihrer hohen Giftigkeit in Kraftwerken häufig als Rostschutzmittel eingesetzt werden. Sie bekommt den Tipp, dass sie Unterlagen über eventuelle Umweltverschmutzungen durch giftiges Chrom am ehesten in der lokalen Wasserbehörde findet. Vom Detektivfieber gepackt, macht sie sich auf den Weg. Und tatsächlich stößt sie dort auf ein Dokument, in dem PG&E von Behördenseite aufgefordert wird, eine Verunreinigung des Wassers mit giftigem Chrom, das sich schon einige Kilometer im Untergrund ausgebreitet hat, zu beseitigen.

Als sich die Universität mit weiteren Informationen zum Fall der Jensens bei Ed meldet, ahnt er, welch heißer Sache Erin auf der Spur ist. Er bittet sie, in der Behörde nach Dokumenten zu suchen, die PG&E belasten könnten. Der Aufwand, den Erin und Ed in die Vorbereitung ihrer Verhandlung stecken, wird belohnt. Erin kommt mit einem ganzen Stapel von PG&E sehr belastenden Dokumenten zurück. Als Ed die Dokumente an PG&E faxt, reagiert die Firma höchst aufgeregt und bittet kurzfristig um einen Termin.

Wie groß Ihre Verhandlungsmacht ist, hängt erst einmal vom Kräfteverhältnis zwischen Angebot und Nachfrage ab. Auch der größte Verhandlungskünstler bleibt an dieses Kräfteverhältnis gebunden. Wer etwas anbietet, das viele interessiert, hat Alternativen und ist deshalb in einer guten Verhandlungsposition. Andersherum gilt natürlich genau das gleiche. Wer etwas loswerden möchte, was niemanden oder nur wenige interessiert, ist in einer ungünstigen Position.

Analysiert man die Ausgangslage bei *Erin Brockovich*, sieht es am Anfang für Erin und Ed gar nicht gut aus. Die Machtverhältnisse sprechen gegen die beiden. Nur durch ihr beharrliches und geschicktes Vorgehen gelingt es ihnen, das Blatt zu ihren Gunsten zu wenden. Welche allgemeingültigen Mechanismen, die auch Sie für Ihren Verhandlungserfolg nutzen können, stecken dahinter?

Verhandeln hat mit Märkten und dem Gütertausch auf diesen Märkten zu tun. Wenn man sich einen Markt vorstellt, denkt man im ersten Moment vermutlich an Märkte wie den Gebrauchtwagen- oder Wohnungsmarkt. Einen Markt, auf dem es viele Käufer und Verkäufer sowie leicht zugängliche Informationen über die Waren und die erzielbaren Preise gibt. Für einen derartigen Markt gilt:

- Er ist liquide. Den potenziellen Käufern und Verkäufern stehen viele andere Marktteilnehmer gegenüber, die mit ihnen ein Geschäft abschließen möchten.
- Er ist transparent. Die Marktteilnehmer wissen Bescheid, wer zu welchen Konditionen verkaufen oder kaufen will.
- Er ist homogen. Für alle Anbieter und Nachfrager gelten die gleichen Konditionen. Es gibt keine Marktnischen.
- Der Einzelne hat keinen Einfluss auf den Ausgang des Marktgeschehens, z. B. den Preis.

Je stärker diese Bedingungen erfüllt sind, desto besser vorhersagbar ist das Ergebnis des Marktgeschehens. Ihre individuelle Verhandlungsmacht ist unter solchen Bedingungen sehr begrenzt. Doch diese Marktverhältnisse sind eher die Ausnahme. Die meisten realen Märkte sehen ganz anders aus. Es sind „unvollkommene“, wenig liquide, intransparente und inhomogene Märkte. Märkte, auf denen genau durch diese Eigenschaften ganz erhebliche Verhandlungsmacht bei den individuellen Marktteilnehmern liegt.

Je unvollkommener ein Markt, desto größer ist das Potenzial, das Sie mit einer guten Verhandlungsführung ausschöpfen können. In der Realität sind die meisten Märkte sehr unvollkommen. Ja, es ist in vielen Fällen sogar noch etwas komplizierter. Viele Verhandler finden zu Beginn ihres Verhandlungswunsches gar keinen geeigneten Tauschpartner vor. Sie müssen sich ihren Markt gewissermaßen erst schaffen. Erst wenn Sie das Profil Ihres Angebots so anpassen, dass es auf die Bedürfnisstruktur potenzieller Nachfrager passt, entsteht eine Marktnische, die Ihnen eine entsprechende Verhandlungsmacht beschert. Es lohnt sich also, Energie in die Recherche und Beeinflussung der Marktverhältnisse zu investieren.

Auch Erin und Ed beginnen ihre Verhandlung, wie viele andere, mit einem eher unwilligen Partner. Denn ihr einzig möglicher Verhandlungspartner PG&E vertritt die Position, dass die Krankheiten der Jensens nichts mit der Firma zu tun haben. Für das Häuschen gibt es den Marktwert und alles andere sei die Sache der Jensens. Auf dieser Ebene werden Ed und Erin keine freiwillige Entschädigung der Opfer durch PG&E erhalten. Doch die beiden geben sich mit dieser Situation nicht zufrieden. Sie setzen all ihre Kräfte ein, um die Situation zu verändern. Sie beschäftigen sich intensiv mit der Analyse der Fakten, um dann in eine wesentlich aussichtsreichere Verhandlung einzusteigen: Außergerichtlicher Vergleich mit den Opfern oder Schadensersatzprozess? Damit der Schadensersatzprozess zu einer glaubwürdigen Bedrohung von PG&E wird, muss Erin erst einmal die entsprechenden Beweise beschaffen:

- So wendet sie sich an Experten der Universität mit der Frage, ob Chrom gesundheitsschädlich sein kann und ob dieses Chrom in Kraftwerken eingesetzt wird.
- Sie sucht in den Unterlagen des Wasserwirtschaftsamts, ob Chrom schon einmal im Grundwasser von Hinkley nachgewiesen worden ist. Sie fragt in der Behörde nicht einfach an, sondern durchsucht dort selbst das ganze Archiv nach Beweismaterial. Weshalb sie an den Akten interessiert ist, behält sie als kluge Verhandlerin natürlich für sich.
- Sie recherchiert vor Ort und unterhält sich direkt mit den ver-

schiedenen Opfern. Sie bekommt Informationen über Krankheitsverläufe, Fehlgeburten und Fotos von Missbildungen bei Tieren.
- Sie spricht mit ehemaligen und aktuellen Mitarbeitern der Firma und lässt sich die Abläufe in dem Kraftwerk genau erklären.
- Sie sammelt alte und aktuelle Fotos und Luftbilder vom PG&E-Kraftwerk in Hinkley.
- Sie nimmt vom Werksgelände Bodenproben und Tierkadaver mit, die später auf ihre Umweltbelastung hin analysiert werden können.

Die Jensens sind für PG&E solange völlig unbedeutend, bis die Dokumente aus der Wasserbehörde auftauchen. Erst diese Beweise sorgen dafür, dass PG&E die Situation mit größerer Aufmerksamkeit wahrnimmt und – freilich noch in bescheidenem Umfang – verhandlungsbereit wird. Erin und Ed haben durch die Aussicht, einen erfolgreichen Schadensersatzprozesses gegen PG&E führen zu können, ihren Markt, ihre Tauschbeziehung mit PG&E in ihrem Sinne beeinflusst. Durch diese neue Situation verschiebt sich das Kräfteverhältnis in Richtung Ed, Erin und Geschädigte in Hinkley. Der Verhandlungserfolg am Ende des ganzen Projekts gibt Ed und Erin in ihrem Vorgehen Recht.

Nur die wahrgenommene Verhandlungsmacht ist relevant

Dieses Vorgehen funktioniert deshalb, da auf den meist unübersichtlichen Märkten des realen Lebens alle Beteiligten nur über mehr oder weniger bruchstückhafte Informationen verfügen. Jede bedeutsame Information, die zusätzlich ans Licht kommt, kann deshalb dramatischen Einfluss auf das für die Verhandlung wesentliche, nämlich das von den Verhandlungsparteien wahrgenommene Kräfteverhältnis haben. Orientieren Sie sich an Erins Vorgehensweise als Inspiration für Ihre eigenen Recherchen und Aktivitäten. Folgende Quellen sollten Sie dabei in Betracht ziehen:

- Marktanalysen, z. B. in Fachzeitschriften,
- Internet, Homepage der Gegenseite,
- Pressearchive,
- Präzedenzfälle,
- Reden, Aufsätze der Verhandlungsgegner,
- Erfahrungen Dritter mit der anderen Partei,
- Delegationsmitglieder der anderen Seite.

Nehmen Sie eine Ausgangssituation nicht als gegeben hin, sondern arbeiten Sie an der Beschaffenheit Ihres Marktes. Machen Sie es wie die Profis bei den Investmentbanken, die durch ihre Kenntnis der weltweiten Interessenten sogar einen Wettbewerb zwischen verschiedenen potenziellen Käufern für ein bestimmtes Unternehmen erzeugen können. In einem auktionsähnlichen Prozess verhandeln sie parallel mit mehreren Interessenten und erzielen so einen maximalen Preis. Indem sie Alternativen aufbauen, schaffen sie einen Markt für das angebotene Unternehmen. Dies ist ein wesentlicher Eckstein, um die eigene Verhandlungsmacht zu stärken. In der amerikanischen Verhandlungsliteratur, insbesondere Fisher / Patton / Ury mit ihrem Bestseller *Das Harvard-Konzept*, spricht man in diesem Zusammenhang auch von der so genannten BATNA, der „Best Alternative To Negotiated Agreement". Nur wer gute Alternativen hat, die er kontinuierlich pflegt und ausbaut, erhält und steigert seine Verhandlungsmacht.

Ed und Erin werden übrigens, auch als sich die Situation schon zu ihren Gunsten gewendet hat, konsequent weiter am Ausbau ihrer Verhandlungsmacht arbeiten. Sie wissen, dass sie sich Schritt für Schritt vorwärts tasten müssen, während PG&E in dieser Hinsicht bis zum Schluss untätig bleibt.

Es geht immer um mehrere Güter

In dem Film *Erin Brockovich* wird an einer Stelle kurz angedeutet, dass es natürlich auch noch einen anderen Weg gäbe, um Druck auf PG&E auszuüben. Als großer Energieversorger und Aktiengesellschaft wäre es für PG&E sicher sehr unangenehm, wenn der ganze Vorgang in der Öffentlichkeit breit getreten würde. Das Interesse von Presse und Medien wäre also auch eine Möglichkeit, ein anderes Thema in den Vordergrund zu rücken, nämlich das bisher unbeschädigte Ansehen des Unternehmens in der Öffentlichkeit. Diese beiden Ebenen, die Entschädigung der Opfer und das Ansehen von PG&E in der Öffentlichkeit, stehen zunächst völlig unabhängig voneinander im Raum. Doch die Sorge um das öffentliche Ansehen könnte für PG&E ein Schwachpunkt sein. Falls es Ed und Erin darauf abgestellt hätten, das öffentliche Ansehen in das Zentrum der Aufmerksamkeit von PG&E zu rücken, hätte sich vielleicht ebenfalls eine Verhandlungsbereitschaft ergeben.

Beachten Sie deshalb bei der Analyse, dass es bei jeder Verhandlung um mehrere Güter geht. Jede Verhandlung ist eine Mixtur aus den unterschiedlichsten Austauschbeziehungen. Schon beim simplen Gebrauchtwagenkauf spielen die verschiedensten Aspekte eine Rolle. Da gibt es einmal die Ebene des Preises, den verschiedene Interessenten bieten. Doch die Menge des angebotenen Geldes entscheidet nicht allein. Vielleicht muss gerade der eine Käufer, der den höchsten Preis bietet, erst bei seiner Bank um einen Kredit nachsuchen, während der, der den niedrigeren Preis bietet, den Kaufpreis bar auf den Tisch legt. Hier geht es dann um das Thema Abschlusssicherheit. Bietet der Barkäufer 500 Euro weniger als der andere, ist er beim Preis im Hintertreffen, hinsichtlich der Zahlungs- und Abschlusssicherheit hat er die besseren Karten. Für wen sich der Verkäufer entscheidet, hängt also ganz von dessen persönlicher Gewichtung der beiden Güter Geld und Abschlusssicherheit ab. Wichtig zu wissen ist: Die Verhandlungsmacht von bestimmten Parteien in einer Verhandlung beruht nicht nur auf dem Kräfteverhältnis für ein bestimmtes Gut wie beispielsweise Geld, sondern resultiert immer aus einer Mixtur von verschiedenen Kräfteverhältnissen.

In jeder Verhandlung geht es um mehrere Güter oder Dimensionen eines komplexen Sachverhalts; dies ist gemeint, wenn von einer Mehrthemenverhandlung gesprochen wird. Dabei müssen Sie Folgendes im Auge behalten: So unstrittig es in jeder Verhandlung um die verschiedensten Güter und Aspekte des Austausches geht, so sehr neigt die Psyche des Menschen zur Vereinfachung. Die meisten Verhandler rücken deshalb gerne eine ganz bestimmte Tauschbeziehung in den Vordergrund ihrer Betrachtung. Das mit diesem Thema verbundene Kräfteverhältnis wird dann in diesem Moment in ihrer Wahrnehmung das einzig relevante für die Beurteilung der Verhandlungsmacht. Das macht die Kommunikation sehr bedeutend. Wer in der Lage ist, die Wahrnehmung der Anwesenden in einer Verhandlung so zu steuern, dass er die Schwächen der anderen bzw. die Stärken der eigenen Seite in den Mittelpunkt der Aufmerksamkeit rücken kann, verfügt über ein machtvolles Instrument zur Beeinflussung der Verhandlungsmacht.

Strategisches Denken

Viele klassische Verhandlungsstrategien, wie etwa die Achillesfersenstrategie, zielen auf die bewusste Verschiebung der Aufmerksamkeit. Die traditionelle chinesische Strategielehre, wie sie Harro von Senger ausführlich in seinem Werk *Die Kunst der List* beschreibt, hat ein schönes Bild parat: „Wei belagern, um Zhao zu retten". Die Strategie bezieht sich auf ein Ereignis der chinesischen Geschichte. Als in der Antike der Staat Wei den Staat Zhao angriff und dessen Hauptstadt belagerte, bat Zhao den Staat Qui um Hilfe. Die Armee des Staates Qui marschierte nun gegen die ungeschützte Hauptstadt von Wei, anstatt wie erwartet in die Belagerung von Zhao einzugreifen. Die Wei-Armee brach die Belagerung von Zhao ab und eilte zurück zur eigenen Hauptstadt. Auf diesem Eilmarsch geriet sie in einen von Qui gelegten Hinterhalt. Zhao war durch den Angriff auf Wei gerettet.

Der Kern dieser Strategie besteht darin, den Gegenüber dazu zu zwingen, sich mit einem eigenen Schwachpunkt so stark zu beschäftigen, dass er keine Kräfte mehr zur Verfügung hat, um gegen die andere Partei vorzugehen. Ein Kollege hat diesen Schachzug einmal wie folgt eingesetzt: Bei der Beurkundung eines Kaufvertrages bat er den Notar um die Einfügung einer Klausel in den Vertrag, dass die wirtschaftlich nicht unbedeutende Haftung auf den Käufer mit übergeht. Um durch diese Änderung in dem vorbereiteten Vertragstext nicht in weitere Diskussionen hineingezogen zu werden, beschied der Notar kurz, dass dies ohnehin der gesetzlichen Regelung entspräche und diese Ergänzung des Vertrages deshalb nicht nötig sei. Der Kollege bedankte sich bei dem Notar für diesen Hinweis und bat diese rechtliche Einschätzung des Notars mit in das Kapitel der notariellen Belehrungen im Vertrag aufzunehmen. Das hätte für den Notar die einschneidende Konsequenz gehabt, dass er für eine derartige Belehrung persönlich haftet. Der Kollege hatte den Notar an seiner Achillesferse erwischt. Das Risiko der persönlichen Haftung war dem Notar viel unangenehmer als eventuelle Diskussionen zwischen den Parteien über die einzufügende Haftungsklausel. Ohne jeden weiteren Widerstand fügte er die gewünschte Klausel in den Vertrag ein und fragte sogar eilfertig nach, wie denn der genaue Text der Einfügung lauten sollte.

Die chinesische Strategielehre verfügt neben der Achillesfersenstrategie über weitere taktische Winkelzüge, um die Aufmerksamkeit vom eigentlichen Verhandlungsgegenstand abzulenken. Hierzu gehört der klassische Bluff oder das Werfen von Nebelkerzen („aus einem Nichts etwas erzeugen“), aber auch das Stiften von Unordnung und Verwirrung, um von unangenehmen Themen abzulenken („Das Wasser trüben, um die Fische zu fangen“).

Die Wissenschaft hat inzwischen herausgefunden, wieso diese simplen Alltagsstrategien so gut funktionieren. Insbesondere die Forscher der experimentellen Entscheidungstheorie haben sich mit diesem Thema beschäftigt: Die meisten Menschen gehen in komplexen Situationen intuitiv vor, ohne die Situation wirklich rational zu durchdringen. Stattdessen werden bestimmte Schlüsselimpulse aufgenommen und daraus eine einfache Strategie entwickelt. Dass in Verteilungssituationen, wie sie in Verhandlungen üblicherweise gegeben sind, die anderen Teilnehmer ähnliche Überlegungen anstellen könnten und damit die eigene Strategie ins Leere laufen könnte, wird nur von einer Minderheit in ihre Überlegungen mit einbezogen. Die Berücksichtigung des Verhaltens anderer bei der eigenen Entscheidungsfindung ist eher die Ausnahme. Diesen Prozess kann man in einem kleinen Experiment, dem Zahlenwahlspiel, sehr gut demonstrieren (die Autoren danken Frau Prof. Rosemarie Nagel, Universität Pompeu Fabra Barcelona, für dieses Beispiel):

Den Teilnehmern wird folgende Aufgabe gestellt: Wähle eine Zahl zwischen 0 und 100. Der Gewinner eines kleinen Anerkennungspreises ist derjenige, dessen Vorschlag möglichst nahe beim Zweidrittel-Wert des Durchschnitts aller gewählten Zahlen liegt. Vielleicht halten Sie einen Moment inne und überlegen selbst, wie Sie bei der Lösung dieser Aufgabe vorgehen würden.

Denkt man diese Anweisung konsequent zu Ende, nämlich wenn alle 100 wählen, werden sie selbst davon zwei Drittel 66,66 wählen. Wenn alle diesem Gedankengang folgen, wählen Sie 44,44, zwei Drittel von 66,66 und so weiter. Die theoretische Lösung des Spiels ist null. Führt man das Spiel jedoch mit einer Gruppe konkret durch, gewinnt üblicherweise eine Zahl im Bereich um die 20. Dies kommt daher, dass die meisten Menschen in komplexen Situationen – und das Zahlenwahlspiel ist in diesem Sinne schon komplex genug – eher intuitiv vorgehen, ohne die Situation rational zu durchdringen. Beim intuitiven Vorgehen werden bestimmte Schlüsselimpulse wie „Durchschnitt" oder „Zweidrittelwert" aufgenommen und daraus eine einfache Strategie entwickelt, wie „wähle zwei Drittel von 50, wobei 50 die numerische Näherung für den Durchschnitt aus den beiden Extremwerten des im Experiment angebotenen Zahlenkorridors ist". Dass die anderen Teilnehmer ähnliche Überlegungen anstellen könnten und damit der Durchschnitt der genannten Zahlen sinkt, wird nur noch von einer Minderheit in die Überlegungen mit einbezogen. Da von manchen Teilnehmern andere Strategien verfolgt werden, die auch zu höheren Werten führen, z. B. Zweidrittel von 100 gleich 66, liegt der Durchschnitt der genannten Zahlen im realen Experiment in der Größenordnung von 30, sodass wie oben erläutert, die Wahrscheinlichkeit für den Gewinn des Anerkennungspreises bei der Nennung einer Zahl in der Größenordnung von 20 (Zweidrittel von 30) am höchsten ist.

Damit ist ein erster Nachweis geführt, dass die meisten Menschen ihre Entscheidungen ohne konsequente Berücksichtigung des potenziellen Verhaltens der anderen Seite treffen. Unter dieser Voraussetzung wird verständlich, dass es den meisten Menschen schwer fällt, spontan zu erkennen, dass ein spezifisches Verhalten der anderen Seite – z. B. Einsatz der Achillesfersenstrategie – nur dazu dient, bei ihnen eine ganz spezifische Reaktion auszulösen. Sie reagieren gewissermaßen blind auf den Auslöser, anstatt sich zu überlegen, ob es nicht klüger wäre, selbst mit einer Gegenstrategie zu reagieren. Deshalb gilt in der Realität meist: Nur wer mit dem Manöver wie dem Walkout von Gordon in der Filmszene im Einleitungskapitel rechnet, kann im Gegensatz zu Larry in der Verhandlung um Anacott Steel angemessen reagieren. Dieser Zusammenhang gilt für alle Strategien und Verhandlungsmanöver. Damit Sie sich gegen diese Winkelzüge und „Verhandlungsspiele“, denen man immer wieder begegnet, schon im Vorfeld der Verhandlung mental wappnen können, finden Sie im Kapitel „Meisterklasse: weitere Tipps für Verhandlungsprofis“ eine Zusammenstellung und Beschreibung der wichtigsten „Verhandlungsspiele“.

Neben diesen „Verhandlungsspielen“ gibt es natürlich auch noch die klassischen Koalitionsstrategien, z. B. bislang abseits stehende Gruppen als Verbündete in die Verhandlung mit einzubeziehen oder die andere Partei zu spalten und auf diese Weise hinsichtlich bestimmter Aspekte der Verhandlung Unterstützung zu gewinnen. Eine Weiterentwicklung dieser Überlegungen findet sich in dem chinesischen Strategievorschlag, sich mit einem fernen Feind zu verbünden, um einen nahen Feind anzugreifen und auszuschalten.

Erfahrung

Dieses strategische Vorgehen wird auch von den erfolgreichen Anwendern normalerweise nicht logisch und rational entwickelt. Verhandeln wird als eine „Erfahrungswissenschaft" betrachtet. Nur wer viel verhandelt und sein Vorgehen analysiert, wird die Routine entwickeln, die notwendig ist, um sein Verhandlungsverhalten entsprechend den Aufgaben der verschiedenen Phasen zu steuern und die Verhandlungsstrategien versiert und gekonnt einzusetzen. Diese Routine wird dann landläufig auch gerne als Verhandlungsgeschick bezeichnet.

Zum Verhandlungsgeschick gehören neben der Kenntnis der gängigen Strategien und Taktiken auch die kommunikativen Fähigkeiten, die hauptsächlich im Rahmen des Kapitels „Informationsaustausch" und hinsichtlich des richtigen Umgangs mit Argumenten auch im Kapitel „Konzessionsphase" genauer vorgestellt werden. In dieser Phase benötigen Sie auch die Kenntnis der gängigen Kompromissroutinen, um diese Phase zu einem erfolgreichen Abschluss zu bringen. Die entsprechenden Hinweise finden Sie ebenfalls in dem Kapitel „Konzessionsphase". Die Erfahrung mit Verhandlungsverläufen und bestimmten Verhandlungsgegenständen ist damit das beste Hilfsmittel zum erfolgreichen Umgang mit der grundsätzlichen Unübersichtlichkeit der meisten Verhandlungssituationen. Neben diesen eher verhandlungsbezogenen Erfahrungen spielt natürlich auch die sachliche Erfahrung mit dem Verhandlungsgegenstand eine große Rolle. Nur wer über das entsprechende technisch-sachliche Know-how verfügt, ist überhaupt in der Lage, die relevanten Sachverhalte in der notwendigen Präzision mit der anderen Partei diskutieren zu können.

Wann immer es irgendwie möglich ist, holen Sie sich deshalb für Ihre Verhandlung den Rat von Experten. Achten Sie dabei darauf, dass die Experten auch wirklich Erfahrung besitzen. Bitte beachten Sie dabei, Expertise liegt immer vorrangig bei Menschen und nur sehr begrenzt bei Firmen. Wenn Sie also Experten für Ihre Verhandlung anheuern, machen Sie sich kundig, welche Erfahrungen diese Berater mit genau Ihrem Verhandlungsthema haben.

Ed und Erin bringen eine Menge Erfahrungen mit, die ihnen in der Anfangsphase helfen, das Projekt zum Laufen zu bringen. So ist Ed ein gewiefter Fuchs mit viel Prozess- und Verhandlungserfahrung und Erin kennt sich aus ihrer früheren Tätigkeit in einer Tiefbaufirma ganz gut mit Geologie und Bodenkunde aus. Doch die komplexe Materie des Umweltrechts ist Ed nicht besonders vertraut. Ed macht das einzig Richtige: Um seinen Mangel an Erfahrung im Bereich Umweltrecht ausgleichen zu können, holt er den Spezialanwalt Kurt Potter mit ins Boot. Ed wählt vor allem deshalb Kurt als Partner für den Prozess gegen PG&E, weil er Kurt Potter als gegnerischen Anwalt selbst in einem Prozess erlebt hat. Er hat deshalb ein sehr genaues Bild von Kurts exzellenten Fähigkeiten. Machen auch Sie sich kundig, welche Erfolge Ihre Berater bei Referenzprojekten, die mit Ihrem Problem vergleichbar sind, schon erzielt haben.

Die neun Grundbedürfnisse

Neben dem Zusammentragen von zusätzlichen Fakten und dem strategischen Umgang mit diesen, spielt auch die emotionale Einstellung zu einer Verhandlung eine wichtige Rolle. Sie erinnern sich an Larry aus der Verhandlung um Anacott Steel, der seine objektive Stärke gar nicht richtig zum Einsatz bringt, da er mit dem Thema emotional zu sehr verstrickt ist. Die fehlende emotionale Distanz ist deshalb so problematisch, da sie die Wahrnehmung verengt. Wie mit einem Tunnelblick sieht man nur noch bestimmte Teilaspekte des ganzen Verhandlungsgeschehens. Die Gedanken drehen sich dann vorrangig um einen Schwachpunkt der eigenen Position oder die Abhängigkeit von der anderen Partei. Dieser Vorgang verstärkt sich, je mehr die emotionale Distanz abnimmt. Diesen Vorgang nutzen Gordon und Bud, wenn sie bei Larry, wie Sun Tsu empfiehlt, die Strategie des „Reizens“ anwenden, den ärgerlichen (sprich emotional verstrickten), Feind weiter reizen (sprich weiter in die Emotion zu treiben), um dessen Überblick und Handlungsfähigkeit zu schwächen.

Jeder Mensch hat aus seiner Lebenserfahrung spezifische Auslöser, rote Knöpfchen, mit denen man ihn besonders leicht seiner emotionalen Distanz berauben kann. Wer sich im Vorfeld einer Verhandlung mit diesen persönlichen Schwachpunkten auseinander setzt, ist in der realen Verhandlungssituation weniger gefährdet, Opfer einer derartigen Strategie zu werden. Wenn Sie nach Ihren eigenen Schwachpunkten in diesem Sinne fahnden, ist das Raster der neun Grundbedürfnisse eine große Hilfe. Denn wer immer sich in seinen Grundbedürfnissen bedroht sieht, ist besonders in Gefahr, emotional überzureagieren. In Anlehnung an die Darstellung bei Ponschab / Schweizer in ihrem Werk *Die Streitzeit ist vorbei* gibt es neun Grundbedürfnisse. Mithilfe dieser neun Grundbedürfnisse können Sie herausfinden, in welchen Bereichen Sie, aber auch die andere Partei, besonders empfindlich oder sogar verletzlich reagieren könnten. Diese Überreaktion besteht oft darin, dass man den bewussten Kontakt zum aktuellen Geschehen verliert. Man gerät dann leicht unter die Kontrolle von Programmen wie Besserwisserei, Trotz, Jähzorn, Ungeduld oder Angst. Wer seine eigenen Grundbedürfnisse gut kennt, ist dagegen besser geschützt.

Die neun Grundbedürfnisse:

1. Sicherheit
2. Freiheit
3. Macht
4. Anerkennung
5. Spannung / Spiel
6. Harmonie
7. Konsistenz / Integrität
8. Fürsorge
9. Neugierde

Diesen Grundbedürfnissen entsprechen verschiedene Verhaltenstypen, die übrigens nicht nur für einzelne Personen, sondern auch für Personengruppen und Organisationen gelten.

1. Der Sicherheitstyp

Viele große Organisationen sind sicherheitsorientiert; auch PG&E als große Firma ist es. Sobald die Sicherheit bedroht ist, ist es mit der Gelassenheit dahin. Man kauft heimlich die Grundstücke in Hinkley auf. Zur eigenen Absicherung lässt man umfangreiche Wertgutachten erstellen. Als die Sache durch die Dokumente der Wasserbehörde kritischer wird, versucht man sich mit einem Batzen Geld freizukaufen, um die Sache schnell und diskret vom Tisch zu bekommen. Im praktischen Verhandlungsalltag sind das die Verhandler, die alles im Detail regeln wollen. Jegliche Unwägbarkeit soll schon heute diskutiert und geregelt werden. Bei großer objektiver Verhandlungsmacht punktet der Sicherheitstyp am meisten, da er bei Zweifelsfragen eine Klarstellung in seinem Sinne durchsetzen kann. Ansonsten haben Menschen oder Organisationen, die wie PG&E diesen Wert sehr stark leben, eher Schwierigkeiten mit dem Verhandeln. Die Ambivalenz, die naturgemäß der Verhandlungssituation innewohnt, empfinden sie als unangenehme Spannung, der sie schnell ein Ende bereiten möchten.

2. Der Freiheitsliebende

Ed Masry ist da ganz anders gestrickt. Er liebt seine Freiheit und Selbstständigkeit und wird unruhig und ärgerlich, wenn man ihm etwas aufdrängen möchte. Diesen Mann könnte man sich nur schwer als Angestellten eines großen Konzerns wie PG&E vorstellen. Im praktischen Verhandlungsalltag gehen Menschen, die diesen Wert sehr stark verinnerlicht haben, eher unbekümmert vor. Ja, der Aspekt, sich noch nicht festgelegt zu haben, kommt ihrem Naturell entgegen. Sie können sich lange und intensiv mit der Beschaffung von Informationen und dem Ausloten der Interessen der anderen Seite beschäftigen. Sie haben eher Schwierigkeiten, wenn es zu dem Punkt kommt, dass sie sich festlegen müssen. Da kann es ihnen passieren, dass ihnen durch ihre Unentschlossenheit immer wieder gute Gelegenheiten durch die Lappen gehen.

3. Der Machtorientierte

Larry wird sehr stark von seinem Bedürfnis nach Macht angetrieben. Sobald er sich in seiner Machtfülle beschränkt sieht, kann es passieren, dass er panisch reagiert. Wenn es aus seiner Sicht notwendig ist, die Aktien von Anacott Steel zu erwerben, wird er nicht eher ruhen, bis er sie auch wirklich gekauft hat. Koste es, was es wolle! Dieser Wert kann enorme Kräfte mobilisieren. Dennoch ist dieses Machtbedürfnis für das Verhandeln eher problematisch. Mit dieser Haltung tut man sich schwer zu sondieren und z. B. die Potenziale während der Phase des Informationsaustausches zu heben.

4. Der Anerkennungsbedürftige

Bud Fox sehnt sich nach Anerkennung. Bei den großen Geschäften dabei sein, die Aufmerksamkeit von Leuten wie Gordon bekommen, das ist für ihn wichtig. Und genauso heftig reagiert er, wenn er bemerkt, dass er nicht ernst genommen wird, dass ein anderer nur ein Spielchen mit ihm treibt. In der praktischen Welt der Verhandlung haben Menschen mit diesem Wert den Vorteil, dass sie oft einen guten Zugang zu der anderen Seite und ihren Beweggründen finden. Sie stehen allerdings in der Gefahr, von diesem Interesse mitgerissen zu werden. Ihnen mangelt es oft an einer gewissen Portion Selbstbewusstsein. Deshalb haben sie eher Probleme, ihre eigenen Stärken ins rechte Licht zu rücken. So starten sie in der Konzessionsphase oft „unter Wert“ und lassen sich zu schnell in einen für sie ungünstigen Kompromiss hineinziehen. Diese Menschen verknüpfen auch oft ihr Bedürfnis nach Respekt mit der Anerkennung in Form von Geld, Titeln, offiziellen Funktionen, denen dann in einer Verhandlungssituation ein anderer Wert zugemessen wird, als rein monetär angemessen wäre. Wenn Sie jedoch das Gefühl haben, dass ihnen die Anerkennung verweigert oder entzogen wird, besteht die Gefahr, dass sie emotional ausrasten und eventuell sogar einen Rachefeldzug starten.

5. Spielernatur und Spannung

Verhandeln ist in gewissem Sinne auch ein Spiel. Ein Meister dieses Spiels ist Gordon Gekko. Er ist einer von den Verhandlern, bei denen im praktischen Verhandlungsalltag nichts ohne theatralisch-dramatische Einlage geht. Die Anspannung, die Konfliktsituation, die über einer Verhandlung liegt, kommt dem Naturell dieser Menschen entgegen. Sie mögen Verhandlungen. Sie haben eher das Problem, mit ihrer Vorliebe für Spannung und dramatische Effekte zarter besaitete Geschäftspartner zu verlieren. Zudem macht sie ihre Liebe zum dramatischen Auftritt zum Opfer von besonneneren Verhandlern, die diese Muster durchschauen und sie einfach auflaufen lassen, ohne irgendwelche Zugeständnisse zu machen. Wenn ihre Showauftritte nicht die gewünschte Wirkung erzielen, kann es in der Konzessionsphase dann schnell eng für sie werden. Denn Vorbereitung, Analyse der Ausgangssituation und geduldiges Ausschöpfen der Informationsphase liegt ihnen nicht. Das ist ihnen zu langweilig.

6. Der Harmonieorientierte

Für Ed Masry spielt Harmonie eine große Rolle. Als die anderen langjährigen Mitarbeiterinnen gegen den Fremdkörper Erin rebellieren, beugt er sich ihrem Druck und entlässt Erin, da er die ungute Atmosphäre, die zwischen den Frauen herrscht, nur schlecht ertragen kann. Im praktischen Verhandlungsalltag haben es Menschen mit diesem Wert natürlich besonders schwer. Die Ambivalenz der Verhandlungssituation, die Gefahr wechselseitiger Verletzungen und daraus folgender Disharmonien lasten schwer auf ihnen. Um aus dieser Spannung herauszukommen, sind sie zu vielen Zugeständnissen bereit. Sie gehen meist mit zu niedrigen Ansprüchen in die Konzessionsphase und haben kein wirkliches Interesse, die Verhandlungsspielräume so richtig auszureizen. Für sie spielen die Form der Kommunikation, Stil und Höflichkeit im

Umgang miteinander eine große Rolle. Sie wünschen sich die kontinuierliche Bestätigung, dass man an einer harmonischen und lösungsorientierten Atmosphäre interessiert ist.

7. Der Konsistente und Integre

Erin ist ein typischer Vertreter für einen integritätsorientierten Menschen. Sie würde sich nie für irgendetwas verbiegen. Ihr ist es wichtig, dass sie jeden Abend guten Gewissens in den Spiegel schauen kann. Das Wort Kompromiss hat in ihrem Wortschatz keine große Bedeutung; eine Einstellung, die sie nicht gerade zum einfachen Verhandlungspartner macht. Mit dem Ausloten der Ansichten anderer und dem schrittweisen Nachgeben in der Konzessionsphase können diese Menschen wenig anfangen. Im praktischen Verhandlungsalltag werden Sie in dieser Gruppe viele Menschen und Organisationen finden, die wie Erin großen Wert auf Gerechtigkeit legen. Der große Vorteil ist, wenn Sie mit einem derartigen Menschen eine Einigung erzielt haben, dass Sie sich darauf verlassen können. Er wird zu seinem Wort stehen, ohne dass Sie viele Absicherungsklauseln mit ihm vereinbart haben, im Fall Erin: eine Frau, ein Wort. Das Versprechen, dass sie der todgeweihten Donna Jensen gibt, dass PG&E zur Rechenschaft gezogen wird, hält sie, egal, welchen Preis sie selbst dafür zahlen müsste. Dieser Typ ist offen für eine Argumentation, die an sein Konsistenzempfinden appelliert.

8. Der Fürsorgliche

Ed verkörpert auch den Wert der Fürsorge sehr gut. Als er Erin zu Beginn des Films wegen einiger Missverständnisse kündigt, ist es für ihn selbstverständlich, sich darum zu kümmern, dass sie in einer anderen Firma einen Job bekommt. Im praktischen Verhandlungsalltag sind das Menschen, die sehr an einer konstruktiven Lösung von Interessengegensätzen, auch im Sinne des übergeordneten Gemeinwohls, interessiert sind. Sie können in der Informationsphase viel Boden gut machen, sind allerdings in der Konzessionsphase manchmal etwas zu nachgiebig.

9. Der Neugierige

Neugierde finden wir bei Erin Brockovich. Sie interessiert sich für alles Neue. Krankenakten, in denen sich Immobiliendokumente befinden, werden nicht achtlos zur Seite gelegt, sondern wecken ihren Forschergeist. Im praktischen Verhandlungsalltag haben diese Verhandler ihre große Stärke in der vorbereitenden Recherche und in einer ausgedehnten Informationsphase. Sie sind auch immer sehr engagiert, wenn es darum geht, neue kreative Lösungswege ausfindig zu machen und kleben nicht an vorgefassten Ansichten. Ihr Nachteil liegt darin, dass sie sich leicht mit interessanten neuen Ideen ablenken lassen. Auch bei der Einigung fühlen sie sich nicht so fest gebunden, wenn ihnen eine neue, bessere Idee kommt.

Dieses System der neun Grundbedürfnisse hilft Ihnen, sich mit Ihren eigenen, oft unbewussten Bedürfnissen auseinander zu setzen, die in der Verhandlungssituation Ihre emotionale Distanz gefährden könnten. Zudem gibt es Ihnen wichtige Hinweise, wo grundsätzlich Ihre Stärken und Schwächen beim Verhandeln liegen könnten und bei welchen Abschnitten im weiteren Verhandlungsverlauf Sie besonders achtsam sein müssen.

So steht Erin immer wieder unter dem Einfluss ihrer unbewussten Bedürfnisse. Schon kleinste Missverständnisse genügen, und sie verliert ihre emotionale Kontrolle. Dann gerät sie unter die Herrschaft von Gefühlen wie Hilflosigkeit und Trotz. Diese inneren Prozesse sind dann so stark, dass sie die Wahrnehmung der Umwelt erheblich stören. Wer unter der Herrschaft innerer Prozesse steht und die Umwelt nicht mehr oder nicht mehr richtig wahrnimmt, gerät in die Gefahr, völlig unangemessen zu reagieren und ungewollt in eine Spirale der Eskalation hineinzugeraten. In diesem Bereich könnte sie sich ihren Chef Ed zum Vorbild nehmen, der auch in kritischen Situationen seine inneren Prozesse gut im Griff hat und seine Aufmerksamkeit stets auf seinen Verhandlungspartner konzentriert.

Hier noch einige Methoden zum Erhalt der emotionalen Distanz:

- Innere Selbstgespräche führen (verschiedene Bewertungen der Situation durchspielen).
- Distanz schaffen durch Humor (über sich selbst lachen, Fehler zugeben).
- Seine Grenzen definieren und der anderen Partei auch aufzeigen.
- In Kontakt bleiben, Vertrauen und Beziehung beibehalten trotz „schlechten Klimas".
- Problem ansprechen: Mut aufbringen zuzugeben, wie man sich fühlt (Adlersicht).
- Zeitsprung in die Zukunft (was passiert, wenn ...).

Bei all diesen Methoden ist es wichtig, dass Sie sich schon im Vorfeld von Verhandlungen mit ihnen vertraut machen und üben, sodass Sie sie später im Ernstfall, in der Verhandlungssituation auch zuverlässig abrufen können.

Wichtig ist, dass emotionale Distanz nicht mit Emotionslosigkeit verwechselt werden darf. Emotionale Distanz zu dem Geschehen heißt nicht, dass Sie nicht der anderen Partei einen Blick auf Ihre Befindlichkeiten gewähren können oder anderen Ihre wohlwollende Aufmerksamkeit gewähren dürfen. Ein Beispiel für dieses angemessene Zeigen der eigenen Emotionen finden Sie, als Erin Ed vorwirft, er sei nur zu faul, um den Prozess gegen PG&E einzuleiten. Ed, ein Mann, der sein ganzes Leben sehr hart gearbeitet hat, um die kleine Kanzlei über Wasser zu halten, ist zu Recht zutiefst empört. Und er macht sich in deutlichen Worten Luft. Schließlich hat ja auch Erin von der Kanzlei und der Möglichkeit, dort ihre Brötchen zu verdienen, einen großen Vorteil. Er verliert jedoch nicht die Kontrolle über sich, sondern bleibt ansprechbar. Übrigens bei einem so emotionalen Menschen wie Erin ist ein derartiger Ausbruch sogar ein guter Weg, um mit ihr besser in Kontakt zu kommen.

Warum will ich verhandeln? Die eigenen Beweggründe

Die neun Grundbedürfnisse stehen oft hinter den eher oberflächlichen „offiziellen" Gründen, warum jemand in eine Verhandlung einsteigt. Als Ed von der Geschichte mit dem krebserregenden Chrom im Grundwasser erfährt, reagiert er sofort alarmiert. Als Anwalt ist er auf Schadensersatzklagen, z. B. bei Autounfällen, spezialisiert und wittert eine Serie von lukrativen Aufträgen für seine Kanzlei. Ein Kraftwerk, das das Grundwasser verseucht, wird sich vermutlich beim Aufkauf von Grundstücken in dem betreffenden Gebiet großzügig zeigen. Ed interessiert sich also aus geschäftlichen Gründen für die Verhandlungen mit PG&E. Emotional ist er in das Projekt nicht involviert.

Bei Erin liegt der Fall ganz anders. Erin möchte etwas für die Bewohner von Hinkley tun und schielt dabei auch unterschwellig auf die Anerkennung, die ihr das einbringen könnte. Da ihre persönlichen Bedürfnisse stark mit der Verhandlung verwoben sind, fehlt ihr die emotionale Distanz. Sie wird später mehrfach die Kontrolle über sich verlieren und mit Ed, ihrem Freund George, aber auch den Mitarbeitern der Kanzlei in Streit geraten, sodass das Projekt gefährdet wäre, stünde ihr nicht Ed mit seiner neutralen Sicht zur Seite. Vor dem Einstieg in die Gespräche mit der anderen Partei sollten Sie sich deshalb Klarheit über diese tieferen Motive verschaffen, damit Sie nicht wie Erin unter die Herrschaft unbewusster Bedürfnisse und Interessen geraten.

Achten Sie dabei auch auf folgenden Aspekt: Ihre persönlichen Motive führen zu Ihrem Entschluss zu verhandeln. Dieser interne Klärungsprozess, dass man verhandeln will, wird von vielen Menschen gerne mit der Vorbereitung gleichgesetzt. Denn wenn Sie in Ihrem eigenen Klärungsprozess zu der Entscheidung gekommen sind, dass es richtig ist, zu verhandeln, verführt das leicht zu dem

Fehlschluss, dass jetzt auch alle anderen Menschen, insbesondere neutrale Dritte, wie Gerichte usw., die Situation genauso sehen wie Sie. Leider ist dem oft nicht so. Denn jeder sieht die Situation erst einmal durch die Brille seiner Bedürfnisse und vielleicht führt das zu einer ganz anderen Beurteilung der Situation. Um solche Fehleinschätzungen zu vermeiden, ist es wichtig, dass Sie sich gründlich mit Ihren emotionalen Beweggründen für Ihren Verhandlungswunsch auseinander setzen. Denn nur wenn sie Ihnen bewusst sind, können Sie diese sauber von den Fakten trennen. Solange Sie die Fakten vornehmlich aus dem Blickwinkel Ihrer Bedürfnisse beurteilen, werden Sie, wie im Abschnitt „Zentrale Fehler" bei der Vorbereitungsphase im Detail ausgeführt, leicht Opfer der Selbstüberschätzung, einer der wichtigsten Ursachen für das Scheitern von Verhandlungen überhaupt.

Nichts erzwingen wollen!

Um Ihre Handlungsfreiheit sicherzustellen, müssen Sie auch in der Lage sein, die Verhandlung abzubrechen, wenn Sie mit einer anderen Partei eine attraktivere Lösung erreichen können. Gerade harmonieorientierte Menschen haben damit oft Schwierigkeiten, denn Sie fühlen sich der anderen Partei so verbunden, dass Sie Ihre eigenen Interessen dafür vernachlässigen. Dennoch ist es ganz wichtig, dass Sie in diesem Punkt fest bleiben. Definieren Sie deshalb, wann es für Sie sinnvoll ist, mit einer anderen Partei weiterzuverhandeln oder das Thema vorerst einmal ganz zur Seite zu legen. In diesem Sinne müssen Sie offen an die Verhandlung herangehen.

Verhandeln heißt, neben der grundsätzlichen Bereitschaft, im Verlauf der Verhandlung seine eigenen Positionen und Vorstellungen zur Disposition zu stellen, auch, dass man sich mit zwei Fragen auseinander setzt:

– Wann breche ich die Verhandlung ab, da es besser ist, eine Alternative zu verfolgen?
– Was mache ich, wenn die andere Partei die Verhandlungen abbricht?

Ed befindet sich in einem Zustand der inneren Freiheit. Bei Bedarf könnte er die Verhandlungen mit PG&E abbrechen. Wer sich jedoch so wie Erin mit einem Projekt identifiziert, der wird sich schwer tun, auch nur einen Plan B für den Fall des Abbruchs oder des Scheiterns der Verhandlungen zu entwickeln. Sie beraubt sich damit einer wichtigen Quelle von Verhandlungsmacht.

Damit Sie in der Verhandlung emotional souverän agieren können, müssen Sie also für den Fall gewappnet sein, dass sich die andere Partei für den Abbruch der Verhandlungen entscheidet. Damit Sie später in der Verhandlung nicht plötzlich überrollt werden, ist es wichtig, dass Sie schon vor dem Einstieg in die Gespräche tragfähige Alternativszenarien aufbauen. Das ist eine der wichtigsten Methoden, um Ihre Verhandlungsmacht auf ein solides Fundament zu stellen. Vor dem Einstieg in die direkten Gespräche haben Sie noch die Zeit und die Flexibilität, diesen Plan B, für den Fall des Abbruchs der Verhandlungen durch die andere Seite, zu optimieren. Denken Sie an die Investmentbanker, die beim Verkauf einer Firma stets mit mehreren Interessenten gleichzeitig verhandeln, damit sie bei einer Absage immer noch weitere Eisen im Feuer haben. Wer sein Sicherheitsnetz gespannt hat, ist auch durch eine Abbruchsdrohung nicht mehr erpressbar. Das wird vor allem in der Phase der Konzession wichtig werden, wenn aggressive Verhandler wie Gordon ganz gezielt versuchen, Sie mit derartigen Manövern in die Ecke zu drängen.

Die Verhandlungsleitlinien: das praktische Ergebnis der Vorbereitung

Bevor Sie Gespräche mit der anderen Partei führen, ist es sinnvoll, die Ergebnisse der Vorbereitung schriftlich zusammenzufassen. Die Schriftlichkeit hilft Ihnen, sich Ihre Gedanken nochmals zu vergegenwärtigen. Alles, was in schriftlicher Form vorliegt, wirkt auf unseren Geist sehr viel stärker als alle Überlegungen, die wir nur im Kopf angestellt haben. Schriftliches ist immer verbindlicher als Gedachtes und Gesprochenes. Notieren Sie lieber Stichpunkte als gar nichts aufzuschreiben. Manchmal ist es auch besonders hilfreich, die Liste durch eine Grafik oder Skizze zu ergänzen. Eine derartige Grafik ist oft gut geeignet, um die komplexen Zusammenhänge einer Verhandlung komprimiert und dennoch übersichtlich darzustellen.

Das Verhandlungskonzept hängt von der Komplexität der Angelegenheit sowie von der Routine der agierenden Personen ab. Wer schon sehr viel Erfahrung und Routine auf dem Gebiet hat, für den genügen vielleicht ein paar Stichworte als Erinnerung an frühere Lösungsansätze, während ein anderer mit weniger Routine ausführliche Recherchen zum Verhandlungsgegenstand machen und detailliert festhalten muss.

Die Verhandlungsleitlinien sollten folgende sieben Punkte in Bezug auf Ihre Partei enthalten:

1. Die eigene Situation, einschließlich Ihrer Schwachpunkte
2. Ihre emotionalen Grundbedürfnisse
3. Die beste Alternative zu dem angestrebten Abschluss (BATNA)
4. Die Themen, die Sie mit der anderen Partei verbinden
5. Die Verbündeten, die Sie bei Ihrem Anliegen unterstützen könnten
6. Ein Maßnahmenplan für den Fall, dass die andere Partei die Verhandlungen abbricht
7. Die Aufteilung der Verantwortlichkeiten im Verhandlungsteam

Komplementär hierzu müssen Sie diese Themen auch in Bezug auf die andere Partei betrachten:

1. Die Stärken und Schwächen der Situation der anderen Partei
2. Die zentralen emotionalen Grundbedürfnisse der anderen Seite, damit Sie nicht unbewusst gegen sie verstoßen.
3. Die beste Alternative der anderen Seite zu dem angestrebten Abschluss
4. Themen, die die Gegenseite mit Ihnen verbinden könnte
5. Deren Verbündete
6. Welche Maßnahmen sie ergreifen könnten, falls Sie die Verhandlungen abbrechen.
7. Wie ist die andere Partei organisiert? Wo sitzen ihre Entscheider?

Es ist ganz normal, dass bei der Bearbeitung dieser Themen viele Fragen offen bleiben. Erstellen Sie deshalb eine schriftliche Auflistung sämtlicher offener Punkte. Die Frageliste ist die Grundlage für Ihren Einstieg in die Informationsphase. Diese Frageliste ist von jetzt an im weiteren Verlauf des Verhandlungsprozesses ständig fortzuschreiben. Die Wahrscheinlichkeit, dass Sie nach einer sorgfältigen Informationsphase so manchen Punkt ganz anders einschätzen, ist hoch. In diesem Sinne müssen Sie während der ganzen Verhandlung wach und aufmerksam bleiben und die Weiterentwicklung der jeweiligen Verhandlungsposition stets im Auge behalten. Bei der Zusammenstellung der Frageliste ist natürlich die Erfahrung mit dem Verhandlungsgegenstand und dem Verhandlungsgeschehen eine große Hilfe. Je öfter Sie sich schon mit der Materie befasst haben, umso leichter werden Sie einschätzen können, wo die Knackpunkte liegen und welche Informationen Sie noch bei der anderen Partei herausfinden müssen, um diese Problemfelder richtig zu analysieren.

Es geht um Leitlinien, nicht um starre Konzepte. Eine gute Verhandlung lebt von der Flexibilität der Beteiligten. Die Leitlinien sollen Ihnen im Verhandlungsgeschehen eine grobe Orientierung geben; die Feinsteuerung entwickelt sich im Verhandlungsverlauf. In den Verhandlungsleitlinien sollten Sie sich deshalb auch nicht auf eine bestimmte Eröffnungsposition für die Konzessionsphase festlegen. Dafür wissen Sie im Moment noch zu wenig. In der Phase Vorbereitung gibt es in dieser Hinsicht noch nichts zu entscheiden.

Der äußere Rahmen

Neben der inhaltlichen und emotionalen Vorbereitung sollten Sie auch dem äußeren Rahmen der Verhandlung Aufmerksamkeit schenken:

- Gibt es zeitliche Beschränkungen durch An- und Abreise?
- Stehen angemessene Räume zur Verfügung?
- Wie ist es um die Kommunikationsinfrastruktur bestellt?
- Ist die Versorgung mit Speisen und Getränken geregelt?

Zu vielen Verhandlungen gehören persönliche Treffen und eventuell längere Anreisen. Denken Sie daher schon bei der Vorbereitung an die angemessene Umgebung der Verhandlung und seien Sie ebenso darauf gefasst, dass der Ort, an den Sie eingeladen werden, nicht optimal für die anstehende Verhandlung vorbereitet sein könnte – eventuell aus Nachlässigkeit, eventuell aus Berechnung. Grundsätzlich wird die Verhandlungsumgebung als Bestandteil der Verhandlung gesehen. Für eine konstruktive Verhandlungsatmosphäre sorgt auch, dass der Verhandlungsraum entsprechend der Teilnehmerzahl eher großzügig bemessen ist. Viele Menschen werden flexibler, wenn sie sich bewegen können und ihnen ein eigenes Flipchart zur Darstellung ihrer Ideen und Vorschläge zur Verfügung steht. In komplexen Verhandlungen empfiehlt es sich auch, der anderen Partei separate Räumlichkeiten für interne Besprechungen und die Infrastruktur für eine ungestörte Kommunikation mit Vorgesetzten oder zum Beschaffen fehlender Informationen zur Verfügung zu stellen. Dazu zählen:

- Telefon (auch Einrichtungen für Video-, Konferenzschaltungen),
- Internetzugang,
- E-Mail,
- Fax,
- PC,
- Drucker.

Richten Sie sich aber auch darauf ein, dass die andere Seite mit schlecht klimatisierten Räumen oder beengten Verhältnissen operiert – vielleicht, um Ihnen die Lust am Verhandeln zu nehmen. Auch Verhandlungsmarathons, bei denen es keine Getränke gibt und selbst zur Mittagszeit nicht einmal ein Brötchen serviert wird, gehören in diese Kategorie. Die berühmten Nachtsitzungen der Brüsseler Agrarrunde kommen denjenigen zugute, die die größte physische Kraft bei derartigen „Nachtungen" (meist bis 4 Uhr in der Früh) aufbringen. Von Schlichtern in Arbeitskämpfen in den USA wird sogar unter der Hand zugegeben, dass sie ganz bewusst die Parteien in Nachtsitzungen verschleißen, um dann den schon vorher von ihnen konzipierten Kompromiss umso leichter durchzusetzen. Sie organisieren den Ablauf so, dass sie als Einzige die entscheidenden Sitzungen relativ ausgeruht – und damit körperlich und mental fit – begleiten können.

Auch komplizierte Anreisewege, fehlende Zeit sich zu akklimatisieren, das Sparen bei Hotels, die in unsicheren oder lauten Vierteln einer fremden Stadt liegen, verschleißen den Verhandler und sind bei der Vorbereitung der Verhandlung miteinzukalkulieren. Darunter fallen auch Kommunikationsmittel: Selbstverständliche Instrumente stehen möglicherweise nicht zur Verfügung oder die Benutzung ist mit großem Aufwand verbunden (zum Beispiel E-Mail).

Machen Sie sich also kundig, welche äußeren Bedingungen Sie in der Verhandlungssituation vorfinden werden. Planen Sie ausreichend Zeit, um – getreu der chinesischen Strategielehre – „ausgeruht den erschöpften Feind erwarten zu können". Nichts ist schlimmer als voreilige Konzessionen einzugehen, um noch einen Rückflug zu erreichen. Treffen Sie entsprechende Vorkehrungen. Beispielsweise wie der Key-Account-Manager eines Lebensmittelherstellers, der zu den langen, doch trockenen Abschlussgesprächen bei einer großen Handelskette nicht nur seine eigene Verpflegung auspackte, sondern auch gleich noch dem Einkäufer ein Brötchen anbot. Oder zum Beispiel der geschäftsführende Gesellschafter eines großen Automobilzulieferers, der zur Verblüffung seiner Verhandlungspartner plötzlich einen Blaumann aus dem Aktenkoffer zog, um eine angeblich fehlerhafte Lieferung gleich selbst vor Ort nachzusortieren.

Zentrale Fehler in der Vorbereitungsphase

Trotz der vielen Vorteile, die eine saubere Analyse der Ausgangslage mit sich bringt, haben viele Verhandler eine Scheu, sich mit diesem Thema auseinander zu setzen. Sie haben Angst, dass sie dabei hauptsächlich auf ihre Schwächen stoßen könnten. Doch dieses Verhalten macht die Sache nur noch schlimmer, wie die folgende Verhandlungsszene zeigt. Werfen Sie einen Blick auf den Film *Der Pate*. Dort können Sie miterleben, wie der Pate in der Vorbereitung seiner Verhandlung mit dem Rauschgifthändler Sollozzo verschiedene Fehler macht.

Der Pate: „Rauschgift"

Es ist 1945. Japan hat kapituliert. Der 2. Weltkrieg ist endgültig zu Ende. Der Pate steht auf dem Höhepunkt seiner Macht. Es geht um große Geschäfte. Schon seit längerem möchte der Sizilianer Virgil Sollozzo mit dem Paten sprechen. Man kann den Mann nicht länger hinhalten – noch dazu, da er von einem anderen Mafiaclan in New York „empfohlen" wurde. Als guter Berater und Sekretär des Paten hat Tom Hagen Informationen über Sollozzo zusammengetragen. Der Pate und sein ältester Sohn Sonny besprechen die Angelegenheit mit Tom im Haus der Corleone-Familie. Es ist schon spät. Das gute italienische Essen war üppig. Neben dem Paten steht eine offene Grappaflasche mit drei Gläsern. Die Stimmung ist gelöst. Sonny nimmt sich einige Amarettokekse. Er unterdrückt mühsam ein Rülpsen. Er trägt ein weißes Hemd mit schwarzer Weste und lässig zurückgeschlagenen Manschetten. Der Pate sitzt in Hosenträgern und mit offenem Hemdkragen auf einem bequemen Stuhl. Tom und Sonny sitzen auf dem Sofa. Nur Tom ist in formeller Kleidung mit Krawatte, Jackett und Weste. Der Pate wirkt müde und etwas in sich zusammengesunken. Tom hat ein kleines Dossier über Sollozzo angefertigt, aus dem er für den Paten zitiert: Sollozzo gilt als der ausgefuchsteste Rauschgifthändler weit und breit. Er möchte seine Geschäfte, die er bisher im New Yorker Hafen nur sporadisch betrieben hat, systematisch ausbauen. Dafür braucht er den Schutz vor der Polizei und die Rückendeckung der Freunde in der Politik, zu denen der Pate Don Corleone so gute Beziehungen unterhält. Außerdem sei Sollozzo für seine Gewalttätigkeit berüchtigt, berichtet Tom, vor allem, wenn er sich in seinen geschäftlichen Interessen gestört fühle. Der Pate fragt Sonny und Tom, wie sie zum Thema Rauschgift stehen. Sonny sieht das viele Geld, das man mit dem Rauschgift verdienen könnte. Auch Tom ist dafür. Für ihn ist es das Geschäft der Zukunft. Die Gewinne seien so groß, dass man damit die Polizei und auch immer mehr politische Macht kaufen könne. Wer sich daran nicht beteiligte, so die jungen Männer, riskiere seine Position auf allen anderen Gebieten. Die klassischen „Geschäfte" der Corleone-Familie, Glücksspiel und Gewerkschaften, könnten nach ihrer Ansicht über die nächsten fünf bis zehn Jahre ins Hintertreffen geraten, und die anderen Mafiaclans würden dann wahrscheinlich den Corleones auch ihre traditionellen Geschäfte streitig machen. Aus Sicht von Tom und Sonny ein klarer Fall: Beim Rauschgift möchten sie dabei sein. Sonny fragt zwar seinen Vater nach seiner Meinung: „Was wirst du ihm sagen, Pa?" Doch jetzt kommt die Vorbereitung, die relativ professionell begonnen hat, ins Stocken. Der Pate, der wichtigste Entscheider bei den Corleones, behält seine

Überlegungen für sich. Die fundamentale Frage, ob alle einer Meinung sind, bleibt offen. Sonny und Tom interpretieren das Schweigen natürlich als Zustimmung zu dem Einstieg in den Rauschgifthandel.

Selbstüberschätzung

Äußerlich wirkt die Vorbereitung glatt und korrekt. Der Chef, der Junior und ihr engster Berater Tom sitzen zusammen, um die Angelegenheit zu besprechen, geradeso, wie man es in einem Wirtschaftsunternehmen tun würde. Tom ist vorbereitet, er hat in einer Registraturmappe die Unterlagen dabei. Wenn man nicht wüsste, um welches Anliegen es Sollozzo geht, würde man meinen, unter gediegenen Geschäftsleuten zu sein.

Tom hat zwar die wichtigsten Fakten zusammengetragen, doch in der müden Abendatmosphäre bei Grappa und Keksen setzen sich Don Corleone und Sonny nicht allzu gründlich damit auseinander. Sie erfahren, wo Sollozzo herkommt, wo er das Rauschgift anbaut und verarbeitet, dass er vorbestraft ist und zu Gewalt neigt. Doch welchen Stellenwert diese Informationen für die bevorstehende Verhandlung haben könnten, wird nicht näher untersucht. Insbesondere der Pate, der relevante Entscheider, erkennt ihre Bedeutung nicht. Er erkundigt sich zwar bei Sonny und Tom nach ihrer Einschätzung der Situation. Sonny und Tom sprechen auch über ihre Interessen und Ansichten. Obwohl sie Zeit hätten und sich in aller Ruhe über das Thema austauschen könnten, hinterfragt der Pate die Position von Sonny und Tom nicht. Die sorgfältige Vorarbeit von Tom wird für die Entscheidungsfindung nicht genutzt. Das zentrale Problem ist die Überschätzung der eigenen Position. An der Verhandlungsmacht bzw. -position wird folglich überhaupt nicht gearbeitet. Da die Corleones schon bei den Fakten nicht richtig eingestiegen sind, haben sie keine Grundlagen, um sich qualifiziert mit dem Thema Verhandlungsposition zu befassen. Sie gehen den bequemen Weg und übergehen den Punkt einfach. Eine Vorgehensweise, die leider auch in echten Vorbereitungssituationen häufig vorkommt.

Hinzu kommt ein ganz gravierender Fehler: Es besteht in dieser Angelegenheit keinerlei Abstimmung mit den anderen Mafiafamilien. Ja, im Gegenteil: Sollozzo hat bereits an seiner Verhandlungsmacht/-position gearbeitet, Koalitionen geschmiedet und sich Verbündete gesichert, bevor er die Verhandlung begonnen hat. Für ihn als Newcomer ein notwendiger vorbereitender Schachzug. Umso erstaunlicher ist es, dass der Pate, der doch gleich zu Beginn des Films die anderen Mafiafürsten als Gäste auf der Hochzeit seiner Tochter begrüßt hat, es unterlassen hat, das Thema mit diesen abzustimmen und sich ihrer Unterstützung zu versichern. Die Analyse der Verhandlungssituation ist so oberflächlich, dass der Pate gar nicht richtig erkennt, dass eine Verhandlung auf ihn zukommt. Er lebt in der Vorstellung, dass es reicht, wenn er seine Meinung mitteilt. Der Pate scheut die Auseinandersetzung mit den eigenen Schwächen und den gruppeninternen Differenzen. Er flüchtet ersatzweise in die Haltung der „Überlegenheitsvermutung“: Wir sind so stark, dass wir uns über die Machtverhältnisse in der Verhandlung gar keine Gedanken machen müssen. Im Fachjargon der Verhandlungsexperten wird in diesem Fall von Overconfidence gesprochen, der unangemessenen Überschätzung der eigenen Position, einer der zentralen Quellen für Verhandlungsmisserfolge. Die Wurzel für Overconfidence ist meist mangelnde Distanz zum Verhandlungsgegenstand.

Fehlende Abstimmung im Team

Die Corleones haben keine besondere Sensibilität im Umgang miteinander. Sie erliegen der Vermutung, dass letztendlich alle die Situation gleich sehen. Wie im Fall der Corleones wird in Vorbereitungsgesprächen oft das Schweigen von Teilnehmern als Zustimmung gedeutet. Dabei ist genau das Gegenteil der Fall. Wer der gleichen Meinung ist, hat bestimmt keine Hemmung, dies auch deutlich zum Ausdruck zu bringen. Ganz anders derjenige, der anderer Meinung ist. Er möchte sich mit seiner abweichenden Meinung nicht dem Gruppendruck aussetzen und schweigt deshalb. Sorgen Sie deshalb dafür, dass in der Vorbesprechung alle Teilnehmer Ihre Meinung zu den verschiedenen Verhandlungspunkten offen legen.

Der Pate will nicht verhandeln. Aus einigen Randbemerkungen lässt sich erkennen, dass er die Verhandlung schon einige Zeit vor sich herschiebt. Dieser innere Zwiespalt ist schlecht. Wer mit sich selbst nicht im Reinen ist, ist meist so sehr mit sich selbst beschäftigt, dass er nur noch wenig Aufmerksamkeit für das hat, was um ihn herum geschieht. Genau das passiert mit Don Corleone. Er hört zwar, dass Tom und Sonny für das Geschäft sind, erkennt die Tragweite dieser Meinungsverschiedenheit jedoch nicht. Der Pate hat den Traum von der Legalität. So wünscht er sich für seinen jüngsten Sohn Michael eine legale Karriere, vielleicht gar in der Politik. Der Einstieg in den Rauschgifthandel wäre ein Schritt in die völlig entgegengesetzte Richtung. Sonny und Tom sind in diese Gedanken gar nicht eingeweiht. Die Beschäftigung mit diesen Themen würde die Corleones in eine heftige „Grundsatzdebatte" katapultieren. Man hätte zwischen dem Rückzug aus dem kriminellen Milieu und dem Einstieg in das lukrative, aber auch besonders verbrecherische Rauschgiftgeschäft eine Entscheidung treffen müssen. Doch so schwierig eine derartige Diskussion wäre, sich dem Thema nicht zu stellen, ist eine noch gefährlichere Vogel-Strauß-Politik. Dadurch geht dem Paten die emotionale Distanz zur Verhandlung verloren, was sich in der anschließenden Verhandlung verheerend auswirken wird. Vito Corleone hat ein Identitätsproblem. Ist er nun ein Mafioso oder nicht?

Schriftliche Verhandlungsleitlinien gibt es bei der Vorbereitung der Verhandlung mit Sollozzo nicht. Gemeinsame Verhandlungsziele oder Strategien wurden nicht notiert. Der Vorteil wäre gewesen, dass Uneinigkeiten sofort ans Tageslicht getreten wären. Übrigens ein alarmierender Befund: Auch in vielen realen Verhandlungssituationen werden die Verhandlungsleitlinien nicht aufgeschrieben. Meistens beschränkt man sich auf mündliche Absprachen, doch hier sind den Missverständnissen Tür und Tor geöffnet. Selbst wenn man allein verhandelt, zwingt Aufschreiben zur Präzisierung und ist deshalb dringend zu empfehlen.

Weitere Filmempfehlungen zur Vorbereitungsphase: *Im Auftrag des Teufels* (1997) mit Al Pacino und Keanu Reeves. In diesem Film können Sie beobachten, wie der junge Anwalt Kevin Lomax mehrfach durch akribische Vorbereitung schwierige Fälle zugunsten seiner Mandanten entscheidet. Spannend wird es, als er im Rahmen seiner sorgfältigen Vorbereitung das fingierte Alibi seines Mandanten durchschaut und in Gewissenskonflikte hinsichtlich seines weiteren Vorgehens gerät. In der Komödie *Natürlich Blond* (2001) mit Reese Witherspoon ist es die Jurastudentin Elle Woods, die durch gute Vorbereitung, aber auch durch ihre sehr speziellen Kenntnisse und Vorerfahrungen aus der Welt der Mode und Schönheit zum Freispruch einer unschuldigen Mandantin beiträgt.

Zusammenfassung: Vorbereitung

- Beginnen Sie mit einer nüchternen Bestandsaufnahme Ihrer Verhandlungsmacht, gerade auch der potenziellen Schwachpunkte.
- Arbeiten Sie kontinuierlich an der Verbesserung Ihrer Verhandlungsmacht.
- Machen Sie sich mit den Grundlagen der Verhandlungsstrategie und den klassischen Verhandlungsspielen vertraut.
- Nutzen Sie Ihre eigenen Erfahrungen aus früheren Verhandlungen und den Rat von Experten.
- Machen Sie sich gründlich Gedanken über Ihre emotionalen Grundbedürfnisse und Ihre damit verbundenen Limitierungen.
- Entwickeln Sie einen Maßnahmenplan für den Fall des Scheiterns der Verhandlungen.
- Sorgen Sie für eine Klärung der Standpunkte im eigenen Verhandlungsteam.
- Gehen Sie dialogbereit und ergebnisoffen in die Verhandlung.
- Bündeln Sie Ihre Recherche- und Analyseergebnisse in einem schriftlichen Dokument, den „Verhandlungsleitlinien“.
- Sorgen Sie für einen angemessenen äußeren Rahmen bzw. klären Sie, welche äußeren Bedingungen Sie bei der Verhandlung vorfinden werden und stellen Sie sich darauf ein.

Phase 2: Begrüßung

Sie haben sich vorbereitet, sich mit Ihrer Verhandlungsmacht auseinander gesetzt und erste Schritte zur Verbesserung Ihrer Verhandlungsposition unternommen. Jetzt ist es so weit, Sie stehen den Verhandlern der anderen Seite persönlich gegenüber oder sind zumindest per Telefon für eine ausführliche Besprechung verbunden. Doch plötzlich treten all die schönen sachlichen Überlegungen aus der Vorbereitung in den Hintergrund. Die Verhandlungspartner treffen aufeinander. Schon das allein ist eine schwierige Situation. Wie ist der erste Eindruck? Wer hat das Sagen? Wie gehen wir miteinander um? Dieses Defizit an Ordnung und Klarheit beeinträchtigt sehr stark die Handlungsfähigkeit der betroffenen Personen. Ein Defizit, das schnell und mit Vorrang gelöst werden muss. Die Begrüßung wird oft von unbewussten Vorgängen überlagert. Diese sind tief im menschlichen Gehirn verankert: Die unbewussten Vorgänge stoßen einen Organisations- und Ordnungsprozess an, und aus der unstrukturierten Ansammlung von „Artgenossen" wird eine organisierte, handlungsfähige Einheit. Diesen Prozess gilt es im Verhandlungsgeschehen angemessen zu nutzen, sodass Ihre Verhandlungsmacht auch in dieser Phase der Verhandlung zunimmt.

Kontaktaufbau

Außer den Filmszenen werden Sie als Illustration auch zwei Beispiele aus einer fiktiven Geschichte finden. Es handelt sich um eine dramatische Situation in einer kleinen Bankfiliale. Gerade die gut geschulten Polizeipsychologen arbeiten routiniert mit den verschiedenen Verhandlungsmanövern und beherrschen die Dynamik und Psychologie von Verhandlungen besonders gut.

Banküberfall: Herr Winkler trifft ein

In einer kleinen Bankfiliale ist die Situation außer Kontrolle geraten. Der Filialleiter führt mit einem hoch verschuldeten Kunden eine Verhandlung über dessen Kreditlinien. Als der Kunde erfährt, dass die Kredite gekündigt werden, zieht er plötzlich eine Pistole. Er schlittert in eine Geiselnahme hinein und verschanzt sich mit dem Filialleiter als Geisel in dessen Büro. Herr Mayer, der Kassierer, ist in diesem Moment allein im Schalterraum. Er hört, wie der Filialleiter, Herr Bergmann, entsetzt ruft: „Herr Stötthofer, was wollen Sie denn mit dem Ding da? Legen Sie doch sofort die Waffe weg!" Herr Mayer alarmiert sofort die Leitstelle der Polizei. Nur wenige Minuten später sind die Eingänge der Bank blockiert und der Kassierer, Herr Mayer, geräuschlos in Sicherheit gebracht. Der Filialleiter Bergmann und der durchgedrehte Kunde Stötthofer befinden sich jedoch immer noch in der Bank, als der Polizeipsychologe Winkler am Einsatzort eintrifft. Vom Einsatzwagen der Polizei aus nimmt er erst mit dem Filialleiter und dann auch mit dem Geiselnehmer per Telefon Kontakt auf. Das Telefon ist auf Lautsprecher gestellt: „Herr Stötthofer? Hier spricht Hans Winkler. Ich spreche doch mit Herrn Stötthofer?" Winkler hat sich völlig von der Hektik um ihn herum abgekoppelt und konzentriert sich nur auf seinen Gesprächspartner. Er spricht mit Stötthofer in einem ruhigen und entspannten Ton, wie wenn sie Bekannte wären, die sich längere Zeit nicht gesehen haben. Nichts in seiner Wortwahl oder seinem Tonfall deutet auf die spannungsgeladene Situation hin, in der sich die beiden befinden. Auch Stötthofer entspannt sich etwas. Er kann wieder etwas ruhiger atmen. Der Arm, mit dem er die Pistole auf den Filialleiter richtet, sinkt etwas herunter. „Wer sind Sie?", fragt Stötthofer. Herr Winkler antwortet: „Ich bin Hans Winkler und Sie sind doch Herr Stötthofer?" Von Herrn Stötthofer kommt ein tonloses: „Ja." Winkler spinnt das Gespräch weiter: „Sie sind doch Kunde der Bankfiliale, in der Sie sich gerade mit dem Filialleiter Herrn Bergmann befinden? Ich bin hier im Einsatzwagen der Polizei vor der Bank."

Herr Winkler hält sich in dieser kurzen Begrüßungsszene ganz gezielt von allen Sachthemen fern und lässt dem Gruppenprozess seinen Lauf. Er benutzt unstrittige Tatsachen: wer wie heißt, wer sich wo befindet, um die Kommunikation überhaupt in Gang zu bringen. Er redet ruhig und spricht mit entspannter Stimme. Alles, was zusätzliche Spannung in die Situation bringen könnte, wird bewusst vermieden. So enthält sich Winkler jeder Wertung des Verhaltens von Herrn Stötthofer. Ganz im Gegenteil, er legt großen Wert darauf, respektvoll und wertschätzend mit Stötthofer umzugehen.

In der Begrüßung werden wichtige Weichen für den persönlichen Umgang gestellt. Jenseits der Sachthemen kommen ganz andersartige Fragestellungen auf Sie zu:

- Wie stehen wir als Menschen zueinander?
- Was für eine Gruppe sind wir?
- Wer gehört dazu?
- Wer wird ausgeschlossen?
- Wer ist die Alpha-Person an der Spitze der Gruppenhierarchie?
- Wer ist als Gamma-Person ganz unten in der Rangfolge?
- Welche Hackordnung gilt für den Rest?

Dabei gilt, dass der Gruppenprozess überwiegend nonverbal abläuft. Wichtige Signale sind die Klangfarbe der Stimme, die Sprechgeschwindigkeit, der Einsatz von Sprechpausen, der Blickkontakt, die Länge des Blickkontakts, wer ihn aufnimmt, wer ihn abbricht. Es gibt jedoch auch noch eine Reihe anderer Signale. Der Theaterwissenschaftler Keith Johnstone, der nicht nur ein unglaublich kreativer Theatermann, sondern auch ein köstlicher Beobachter des menschlichen Sozialverhaltens ist, fasst seine jahrzehntelangen Beobachtungen zum Thema Hierarchie und Status in seinen beiden Büchern *Improvisation* und *Theaterspiele* wie folgt zusammen:

Die entspannteste Person in einer Gruppe wird als die Mächtigste wahrgenommen. Wer diese machtvolle Position anstrebt, sollte:

- tief und ruhig atmen,
- sich ruhig und geschmeidig bewegen,
- sich raumgreifend bewegen,
- Blickkontakt halten,
- eine Pause machen, bevor er mit dem Sprechen beginnt,
- während des Sprechens den Kopf ruhig halten,
- andere mit ihrem Namen ansprechen,
- andere berühren.

Folgendes sollte vermieden werden:

- eine gebückte, verkrümmte Haltung einzunehmen,
- nervöse Handbewegungen,
- die Fußspitzen nach innen zu drehen,
- kurze ängstliche Blicke,
- sich selbst zu berühren,
- atemlos zu antworten,
- sofort zu antworten,
- sofortige Zustimmung zu allem,
- Herabsetzendes über sich selbst zu sagen,
- übertrieben Positives über andere zu sagen.

Wenn Sie die Verhaltensweisen aus der ersten Liste vermeiden und sich einige Attribute der unteren Liste zu Eigen machen, heißt das, dass Sie in der Rangordnung automatisch weiter hinten eingestuft werden.

Winkler sendet durch sein Verhalten im Gespräch mit Stötthofer kontinuierlich die oben genannten Entspannungs- und Überlegenheitssignale. Er spricht ruhig. Er hat Zeit. Er spricht Stötthofer mit seinem Namen an und macht Pausen. Also selbst, wenn Sie keinen Blick-, sondern nur Telefonkontakt haben, können Sie Ihre Souveränität durch Ihre entspannte Kommunikation zur Geltung bringen. Übrigens, gegen diese körpersprachlichen Signale haben die Menschen, im Gegensatz zu verbalen Beeinflussungsversuchen, keinen natürlichen Filter eingebaut. Diese Signale wirken direkt auf das Unterbewusste. Sie müssen schon Ihre ganze Aufmerksamkeit auf diese Signale und den Gruppenprozess konzentrieren, um ihn überhaupt bewusst wahrzunehmen.

Gerade deshalb wird ein erfahrener Verhandler den Gruppenprozess auf keinen Fall sich selbst überlassen. Denn in diesem Prozess wird unterschwellig über die individuelle Macht und Autorität entschieden, die jedem Verhandlungsteilnehmer zugebilligt wird. Wichtig ist, dass Sie, so wie Herr Winkler, entspannt die Oberhand behalten. Wenn jemand krampfhaft auf seine Vorrangstellung pocht, lassen Sie ihn ruhig gewähren, während Sie sich selbst entspannt eher am Rande des Gruppenprozesses halten und fortfahren, die angeführten Führungssignale wie tiefes Atmen, langsames entspanntes Sprechen einzusetzen. Die Teilnehmer im Raum werden sich in diesem Fall unbewusst an Ihrer „natürlichen" Autorität und nicht an der krampfhaft eingeforderten „offiziellen" Führungsposition orientieren.

Alle Personen am Verhandlungstisch oder auch bei einem intensiven Telefongespräch, wie im Beispiel mit Herrn Winkler, Herrn Stötthofer und Herrn Bergmann, sind durch den Gruppenprozess stark verbunden. Doch genauso gilt, dass alle Personen, die nicht persönlich anwesend sind, von diesem Integrationsprozess erst einmal ausgeschlossen sind. Sie können jetzt vielleicht nachvollziehen, wieso immer wieder berichtet wird, dass die Kommunikation mit der anderen Partei manchmal einfacher ist als die Kommunikation mit den eigenen Entscheidern im Hintergrund. Ihren Entscheidern fehlt einfach die Einbindung in die nonverbale Dynamik am Verhandlungstisch. Eine Lösung könnte sein, diesen Personenkreis über eine kontinuierliche Kommunikation und Information nicht nur in die sachliche Entwicklung der Verhandlung, sondern auch in die emotionale Dynamik miteinzubeziehen. In manchen Konstellationen könnte es auch günstig sein, die Entscheider der Parteien miteinander bekannt zu machen. Allerdings sollte das eher in einem entspannten, verhandlungsfreien Rahmen geschehen, damit Ihre Entscheider nicht nebenbei und unkontrolliert in Sachdiskussionen hineingezogen werden, die sinnvollerweise den Verhandlern vor Ort vorbehalten bleiben sollten.

Sich auf die andere Partei einstellen

Die Themen für den Smalltalk zu Beginn des Treffens sind breit gefächert. Sie brauchen sich nicht mit Schmeicheleien und Beschönigungen aufzuhalten. Sprechen Sie über Themen, die sowieso schon präsent sind, z. B. die Anreise, ein aktuelles Sportereignis, die technische „Kulisse", wie den letzten Schrei bei Mobiltelefonen oder PDAs, aber auch gemeinsame Bekannte, die Kinder, den Urlaub oder aktuelle Filme. Sich auf die andere Seite einzustellen funktioniert dabei so ähnlich wie bei den asiatischen Kampfkünsten. Sie greifen etwas aus der Fülle der „Angebote", die Ihnen die andere Seite macht, auf. Ein kleiner Tipp: Achten Sie besonders auf die Augen. Sie sind ein wichtiger Hinweisgeber für das, womit sich die andere Seite gerade beschäftigt. Ein schweifender Blick bedeutet, dass jemand etwas sucht, dass er mit der aktuellen Situation nicht zufrieden ist. Vielleicht fühlt er sich an seinem Platz nicht wohl oder er möchte noch ein ungestörtes Telefonat führen. Machen Sie sich ruhig Notizen zu Ihren Erfahrungen mit einem derartigen Eingehen auf die andere Partei und den jeweiligen Auswirkungen auf den Verhandlungsverlauf. Mit solchen Aufzeichnungen schaffen Sie eine Basis für die systematische Erweiterung Ihres Verhaltensrepertoires. Beobachten Sie auch einmal, wie sich Schauspieler auf der Bühne oder im Film die Bälle zuspielen. Es ist erstaunlich, welche Informationen man aus subtilen mimischen und stimmlichen Nuancen herauslesen kann. Auch die schon erwähnten Bücher von Keith Johnstone, insbesondere *Improvisation* und *Theater,* geben gute Anregungen, wie man differenziert auf verschiedene verbale und nonverbale Kommunikationsangebote eingehen kann. So starten Sie den so genannten „Liking"-Prozess. Denn wer sich so anpasst und so auf den anderen eingeht, wird intuitiv als „ähnlich" erlebt. Und alles, was eine Person oder Gruppe als ähnlich einstuft, kann unwillkürlich mit einem erheblichen Sympathiebonus rechnen. Dieser Prozess kann auch durch ein subtiles Aufnehmen bzw. Spiegeln der Körpersprache des Gegenübers unterstützt werden. Sie gehen damit gleichsam mit der Energie des anderen. Sie werden staunen, wie selbst die schwierigsten Verhandlungspartner plötzlich Schritt für Schritt zugänglicher werden. Ein Vorteil, den Sie sich in einer Verhandlungssituation auf keinen Fall entgehen lassen sollten.

Falls die andere Seite an Smalltalk und ähnlicher „Zeitverschwendung“ nicht interessiert ist, akzeptieren Sie auch diese andere Herangehensweise und schaffen Sie so eine Verbindung. In diesem Fall kommen Sie eben gleich zum sachlichen Informationsaustausch. Wenn die andere Seite drängelt, bekommen Sie außerdem einen Hinweis, inwiefern die andere Seite mit der inneren Dynamik einer Verhandlung vertraut oder auch nicht ist. Vermutlich wird sie Sie schnell mit Informationen über ihre Positionen und Ziele „versorgen“, was für Sie ein großer Vorteil ist. Akzeptieren Sie es und traktieren Sie niemanden mit Ihren Vorstellungen von einem idealen Verhandlungsverlauf. Sie selbst werden sich jedoch bedeckt halten, bis Sie Ihre Informationslücken geschlossen haben.

Wenn Sie das Gefühl haben, dass Ihre eigene Flexibilität den Bedürfnissen der anderen Partei nicht gewachsen ist, sollten Sie ernsthaft erwägen, sich von einem erfahrenen Berater begleiten zu lassen. Zu dessen Repertoire gehören sowohl die „harten Spielchen“ als auch die verbindlich-freundliche Art. Keinesfalls sollten Sie versuchen, die andere Seite zu verändern – das haben höchstwahrscheinlich deren Lebenspartner und Eltern schon vergeblich versucht. Dafür ist Ihre Zeit zu kostbar. Schließlich wollen Sie etwas Bestimmtes möglichst erfolgreich und effizient erreichen. Lassen Sie der anderen Seite die Wahl, wie sich die Atmosphäre während der Verhandlung bis zum Abschluss gestaltet. Dieser Pragmatismus wird Ihnen viel Zeit und Frustration ersparen.

Akzeptieren Sie die Vorgehensweise der anderen Seite. Haben Sie keine Sorge, die Spielregeln der anderen Seite zu übernehmen. Denn in der Verhandlung gilt immer: Die andere Seite darf in der ihr gemäßen Atmosphäre agieren, Sie lassen sich von ihr erst einmal mitziehen. So vermeiden Sie unnötige Spannung zu Beginn der Verhandlung und erleichtern damit das Zusammenwachsen aller Beteiligten zu einem parteienübergreifenden „Lösungsteam“. Ihre Bedürfnisse und Regeln werden Sie erst dann ins Spiel bringen, wenn sich der Kontakt zur anderen Partei stabilisiert hat und eine gewisse Belastbarkeit erreicht ist. Akzeptieren Sie also: Derjenige, der emotional an die Sache herangeht, möchte auch bei der Gegenseite Emotionen erleben. Der Freundliche möchte Freundlichkeit, wer mit Druck arbeitet, der reagiert am besten auf eine klare Darstellung der eigenen Verhandlungsmacht. Wenn jemand wie Gordon den dramatischen Auftritt braucht, applaudieren Sie. Menschen mit einer Vorliebe für Spiel und Spannung sind auch immer auf der Suche nach einem begeisterten Publikum.

Auch die „Kulisse“, das heißt dort, wo sich die Begrüßung abspielt, ist Teil des Rituals. So ist Gordons Büro riesengroß und höher als normale Räume. Es ist eine grandiose Demonstration von Machtfülle und Verschwendungsbereitschaft. Ein großer Schreibtisch mit vier bis fünf Bildschirmen symbolisiert die umfassenden Informationen, die Gordon zur Verfügung stehen. Die legere Besprechungsecke, wertvolle Gemälde und Antiquitäten: hier wird geprotzt. Im Raum unauffällig verteilt, befinden sich verschiedene Mitarbeiter, die schweigend an ihren Aufgaben arbeiten, eine Hand, die Notizen reicht, die Stimme der Sekretärin. Hier ist alles nur auf Gordon ausgerichtet. Und jede weitere Figur aus seinem Hofstaaat soll die Bedeutung von Gordon noch erhöhen. Es wird locker mit Spezialausdrücken um sich geworfen, meist kurz und formelhaft wie alte Zaubersprüche. Gordon präsentiert sich als machtvoller Zauberer der Moderne, vor dem auch Sie als Verhandlungspartner schleunigst auf die Knie gehen sollten, wenn Sie denn die Ehre erhalten, in seine Nähe vorgelassen zu werden.

Zentrale Fehler bei der Begrüßung

Erin Brockovich: „Die Geheimwaffe“

In der folgenden Szene werden Sie erleben, wie alle Beteiligten in dieser Begrüßungssituation erhebliche Fehler machen.

Die Auseinandersetzung zwischen dem Energiekonzern PG&E und den Bewohnern von Hinkley, die durch Ed Masry und Erin Brockovich vertreten werden, ist schon ziemlich fortgeschritten. Ed und Erin haben die ersten Verfahrenshürden überwunden und es ist klar, dass die Opfer in Hinkley eine relativ hohe Entschädigungssumme erhalten werden. Begann es mit einem Hauskauf für knapp 70.000 Dollar – so wird jetzt schon ganz offiziell über Millionenbeträge diskutiert. Erin kommt ganz stolz aus Hinkley ins Büro zurück. Sie hat eine besonders misstrauische Bewohnerin als Mandantin für die Klage gegen PG&E gewonnen. Im Büro wartet jedoch eine Überraschung auf sie. In dem kleinen Besprechungszimmer der Kanzlei, wegen der Glaswände gut einzusehen, sitzt Ed mit einem Fremden, der mit seinem teuren Anzug und seiner auffälligen Krawatte so gar nicht in diese bescheidene Umgebung hineinpasst. Es sieht so aus, als ob die beiden mit ihrer Besprechung gerade fertig wären. Sie stehen auf. Erin ist misstrauisch geworden. Ohne anzuklopfen, stürmt sie in ihrer üblichen Aufmachung, knappes T-Shirt, tiefer Ausschnitt und superkurzer Rock in den Besprechungsraum. Ed strahlt über beide Backen und ist bester Laune: „Erin, so ein Zufall. Das ist unser neuer Partner, Kurt Potter. Er wird uns im Fall Hinkley unterstützen.“ Kurt Potter ist von Erins Anblick ziemlich aus der Bahn geworfen. Fasziniert starrt er in ihren Ausschnitt. Dann dreht er sich zu Ed um: „Jetzt verstehe ich, was Sie mit Geheimwaffe meinten.“ Kurt Potter hat sich so weit gefasst, dass er Erin ansprechen kann: „Erin, es freut mich wirklich sehr. Sie haben fantastische Arbeit geleistet.“ Erin reagiert nicht. Sie ist total sauer. Die Verteidigung der Menschen in Hinkley ist ihre Angelegenheit. Seit vielen Monaten arbeitet sie rund um die Uhr daran. Sie hat ihre Kinder und ihren Freund vernachlässigt. Und jetzt kommt ein Fremder und mischt sich ein. Sie steht kurz vor der Explosion. Kurt verabschiedet sich von Ed und rauscht grußlos an Erin vorbei. Erin schiebt beleidigt das Unterkinn vor und versucht sich zu beherrschen. Ed strahlt weiter vor Begeisterung. Was sich zwischen Erin und Kurt Potter abgespielt hat, hat er gar nicht richtig wahrgenommen. Der renommierte Anwalt Kurt Potter wird sie jetzt unterstützen und vor allem die Finanzierung des Verfahrens übernehmen. Ed braucht sich nicht weiter zu verschulden. Erst jetzt registriert er den tiefbeleidigten Gesichtsausdruck von Erin. Sein Gesichtsausdruck wird ganz ernst und er sieht Erin fragend in die Augen. „Unser neuer Partner?", platzt sie heraus, „wann hätte ich davon erfahren? Im nächsten Rundschreiben?" Kurt Potter und Erin haben keinen Draht zueinander gefunden. Ganz im Gegenteil, der verpatzte Einstieg wird später zu weiterem Misstrauen und Missverständnissen führen.

Kurt Potter ist alles andere als locker und souverän. Erins Auftritt bringt ihn völlig aus der Fassung. Er kommt gar nicht auf die Idee, sie wie eine Kollegin zu behandeln. Erin ist für ihn eine Person zweiter Klasse. Er spricht mit Ed über sie, als ob sie gar nicht im Raum wäre. Damit steigt die Anspannung, die durch das Hereinplatzen von Erin entstanden ist, weiter an. Ed drückt mit dem Wörtchen „Zufall" bei Erin gerade auf das ganz verkehrte Knöpfchen. Sie will als gleichwertige Partnerin vorab informiert und in wichtige Entscheidungen eingebunden sein und nicht „zufällig" von wichtigen Dingen wie einem neuen Partner erfahren. Alle drei tragen zur Verschlechterung der Atmosphäre und zum Anstieg der Gereiztheit bei. Erst später unter vier Augen, mit dem fragenden Blick von Ed, wendet sich die Situation und die Anspannung von Erin kann sich in dem Ausbruch „Und wann hätte ich davon erfahren? Im nächsten Rundschreiben?" entladen. Nach diesem Ausbruch bessert sich die Atmosphäre.

Die verpasste Chance einer angemessenen Begrüßung rächt sich, da die Rivalität zwischen Erin und Kurt das Verhandlungsteam in den nächsten Verhandlungsabschnitten empfindlich stören wird. Erin empfindet Kurt als unnötigen Eindringling und erkennt seine Führungsrolle, im Gegensatz zu Ed, nicht an.

Auch Kurts Kleidung ist Eds Kanzlei nicht angemessen. Seine auffällige und Führungsanspruch signalisierende Aufmachung hat Erin erst so richtig misstrauisch gemacht. Angespannt und eher feindselig platzt sie ungefragt in die Besprechung hinein. Wenn dann noch wie bei Kurt Potter eine Wertung des Verhaltens der anderen Seite dazukommt, wird es erst recht kritisch. Wer wertet, stellt sich grundsätzlich über den anderen. Unter diesem Aspekt wird verständlich, wieso eigentlich freundlich gemeinte Kommentare, wie der von Kurt Potter, bei dem Betroffenen oft so schlecht ankommen. Die angemessene Begrüßung findet nicht statt. Erin bleibt aus der Gruppe von Ed und Kurt ausgeschlossen und wird sogar noch im wahrsten Sinne des Wortes begafft. Doch Erin trägt auch ihren Teil zu der unerfreulichen Entwicklung der Situation bei. Sie platzt ungefragt in den Besprechungsraum, grüßt selbst nicht und ist für eine Rechtsanwaltskanzlei ebenfalls unpassend gekleidet. Damit provoziert sie das despektierliche Verhalten von Kurt Potter. So nahe Erin den Menschen in Hinkley ist, in Richtung Anwälte beherzigt sie die Regel von der Anpassung nicht. Als Kurt Potter sie dann noch so herablassend behandelt, ist sie völlig blockiert und kämpft nur noch mit ihren Emotionen.

Wäre es nicht eine bessere Lösung gewesen, wenn alle nochmals Platz genommen hätten? Ed hätte Kurt Potter als Experten für Umweltprozesse vorstellen und von seinen früheren beeindruckenden Erfahrungen mit ihm berichten können, so wie Ed es später unter vier Augen mit Erin nachholen wird. Doch beachten Sie, da Kurt bei diesem Vier-Augen-Gespräch nicht dabei ist, söhnt sich Erin nur mit Ed, aber nicht mit Kurt aus. Der Gruppenprozess bleibt in diesem Punkt offen. Diese Spannungen halten an, bis die Mitarbeiter von Kurt bei der Zusammenarbeit mit den

Leuten in Hinkley schwere Kommunikationsfehler begehen und Erin als Retterin einspringt. Damit hat sie in ihren Augen die Alpha-Position zurückgewonnen und kann auch wieder entspannt mit Kurt und seiner Mitarbeiterin Theresia umgehen. Mit der Begrüßung beginnt Ihre Verantwortung, für eine funktionierende Beziehung zum Gegenüber zu sorgen. Ab diesem Zeitpunkt gilt es, Inhalts- und Sachebene auseinander zu halten, damit nicht wie bei Erin und Kurt unwillkürlich Beziehungsprobleme negativ in die Sachprobleme hineinspielen.

Zum Thema Begrüßung noch folgende Filmempfehlungen: *Lawrence von Arabien* (1962) mit Peter O'Toole und Omar Sharif. In diesem Film gibt es zwei berühmte Begrüßungsszenen. Lawrence trifft den arabischen Fürsten Al Sharif, später sein engster Freund, in einer atemberaubenden Wüstenlandschaft. Die zweite ist das Zusammentreffen mit Auda abu Tayi (Anthony Quinn) nach der dramatischen Durchquerung der Nefud-Wüste in der Nähe von Akkaba. *Don Juan de Marco* (1995) mit Marlon Brando und Johnny Depp ist eine feinsinnige Komödie über die Grenzen zwischen Fantasie und Wahn. Gleich zu Beginn des Films zeigt der routinierte Psychiater Dr. Jack Mickler, wie er schon mit den ersten Begrüßungsworten den Lebensmüden Juan für sich gewinnt, sodass Juan seine Selbstmordabsichten aufgibt.

Zusammenfassung: Begrüßung

- Geben Sie dem Gruppenprozess so viel Raum und Zeit, wie die andere Partei für nötig hält.
- Bleiben Sie im Gruppenprozess entspannt, Ihnen geht es nicht um eine „offizielle" hierarchische Position in der Gruppe.
- Passen Sie sich in Form und Stil der Begrüßung an die Vorlieben der anderen Partei an.
- Bringen Sie Ihre Bedürfnisse und Regeln erst ins Spiel, wenn sich ein stabiler, belastbarer Kontakt zur anderen Seite aufgebaut hat.
- Enthalten Sie sich jeder Wertung hinsichtlich der Mitglieder und des Verhaltens der anderen Partei.

Phase 3: Informationsaustausch

Die Verhandlungspartner haben sich begrüßt. Für die Fragen nach Hierarchie und Spielregeln wurden erste provisorische Lösungen gefunden. Jetzt beginnt die eigentliche Verhandlungsarbeit und der Dialog zwischen den Parteien beherrscht das Geschehen. Die Perspektive der anderen Partei kommt hinzu. In dieser Phase des Auslotens und Abtastens schließen Sie die Informationslücken, die Sie in Ihrer Vorbereitung identifiziert und in den Verhandlungsleitlinien schriftlich niedergelegt haben. Außerdem sollten Sie herausfinden, wie die andere Partei die Machtverhältnisse einschätzt. Ganz wichtig ist jedoch, dass Sie sich erst in der Phase des Testens befinden. Der Verhandlungskuchen wird gewissermaßen erst gebacken. Man versucht sich erst einmal genauer kennen zu lernen, ohne sich schon endgültig festzulegen. Wie flexibel ist jede der beteiligten Parteien und wie groß sind überhaupt die Chancen, dass man sich zu Konditionen einigt, die für Sie tatsächlich interessant sind? Am Ende der Informationsphase müssen Sie die Situation so gut überblicken, dass Sie entscheiden können, ob Sie mit dieser Partei zu einem Abschluss kommen wollen. Oder ist es aus Ihrer Sicht vorteilhafter, die Verhandlung abzubrechen und stattdessen Ihre Alternativen weiterzuverfolgen.

Die Informationsphase kommt jedoch in vielen Verhandlungen zu kurz – oft wird sie völlig ausgelassen. Dabei kommen Sie um die Informationsphase nicht herum. Wenn Sie nicht ausführlich genug Informationen austauschen, gerät die Verhandlung in der nachfolgenden Phase oft in eine Sackgasse. Die Parteien stolpern mit zu unterschiedlichen Verhandlungszielen und ohne Kenntnis der Grundbedürfnisse der anderen Partei in die Detailverhandlungen hinein. Gerät die Verhandlung später an einen toten Punkt, stellt man plötzlich fest, dass Informationen fehlen, um die Verhandlung zum Beispiel mit Hilfe der übergeordneten Bedürfnisse der Parteien wieder in Schwung zu bringen. Die Informationen müssen mühsam im Nachgang beschafft werden. Zudem besteht der Nachteil, dass Sie schon mitten in der Detaildiskussion stecken und verschiedenste Zusagen und Angebote gemacht haben, von denen Sie nur schwer wieder abrücken können. Wie verzwickt übrigens die Sache mit dem Informationsaustausch ist, zeigt auch die Forschung. Umfangreiche Studien mit mehreren Tausend Teilnehmern haben ergeben, dass in über 50 Prozent der Fälle die Verhandler nicht in der Lage waren, die Aufgaben der Informationsphase zu bewältigen.

Also nehmen Sie sich reichlich Zeit für die Vervollständigung Ihrer Informationsbasis. Betrachten Sie dabei die Ansichten der anderen Partei nicht als gegeben, sondern hinterfragen Sie, wie es zu dieser Haltung gekommen ist. Bringen Sie die andere Partei zum Nachdenken. Das ist der entscheidende Schritt, um die Ansichten des Verhandlunggegenübers aufzuweichen und in die gemeinsame Entwicklung von Lösungskonzepten einzusteigen. Bleiben Sie dabei immer realistisch und passen Sie Ihre eigenen Verhandlungsziele dem verbesserten Informationsstand an.

Erst am Schluss dieser Phase haben Sie eine ausreichende Informationsgrundlage, um zu entscheiden, ob es sinnvoll ist, in die Detailverhandlungen einzusteigen. Beim Informationsaustausch werden die Standpunkte geklärt und der Verhandlungsrahmen abgesteckt.

Werfen Sie einen Blick auf den weiteren Fortgang der Eskalation um Herrn Stötthofer.

Banküberfall: Stötthofers Geschichte

Herr Winkler hat das Gespräch mit Stötthofer in Gang gebracht. Jetzt hört Herr Winkler erst einmal zu. Stötthofer platzt heraus: „Früher bin ich Leiter des Finanz- und Rechnungswesens bei der Asia Import AG gewesen. Da waren alle diese Banker scharf auf die großen Festgeldkonten, die ich zu verwalten hatte. Na ja, dann wurde ich krank." Winkler: „Krank?" Stötthofer: „Na ja, als meine Fanny bei dem Verkehrsunfall ums Leben kam, da ist irgendwie alles aus der Bahn geraten." Winkler: „Hm ..." Stötthofer: „Es war in Spanien im Urlaub, die Straße war doch frei und dann schwenkte der Laster plötzlich aus. Das Auto hat sich überschlagen. Ich habe überlebt, Fanny nicht. Ich hätte es verhindern können. Und dann ist es mit dem Trinken natürlich nicht weniger geworden. Die Einsamkeit und die ständigen inneren Vorwürfe. Und mit dem Trinken war ich dann auch noch meinen Job los." Stötthofer atmet schwer. Winkler nutzt die Pause im Gesprächsfluss von Stötthofer: „Ich spüre, dass Ihnen das alles noch sehr nahe geht, der Unfall, die Probleme in der Firma ..." Stötthofer schweigt.

Für Herrn Winkler ist der direkte Gesprächskontakt mit Stötthofer eine wichtige Möglichkeit, um mehr über die Situation in der Bank, den Zustand von Herrn Bergmann und Herrn Stötthofer herauszufinden: „Herr Stötthofer, bei Ihnen befindet sich Herr Bergmann, der Filialleiter, wie geht es ihm?" Stötthofer: „Bergmann, der büßt jetzt, was er mir angetan hat." Winkler: „Kann ich mit Herrn Bergmann sprechen?" Stötthofer ist einverstanden. Herr Winkler: „Herr Bergmann, wie geht es Ihnen?" Herr Bergmann ist nervös. Er spricht leise und undeutlich: „Herr Stötthofer steht hier vor mir, er hat seine Pistole auf mich gerichtet." Winkler: „Wer ist denn mit Ihnen im Raum?" Bergmann gewinnt wieder etwas an Fassung: „Hier in meinem Büro sind nur Herr Stötthofer und ich. Ansonsten kann ich die Situation nicht überblicken. Die Tür meines Büros ist verschlossen. Die Auszubildende bringt um diese Uhrzeit immer die Post in die Hauptstelle. In der Zeit sind Herr Mayer, der Kassierer, und ich allein in der Bank und natürlich die Kunden, wenn welche in der Bank sind. Als ich mit Herrn Stötthofer für die Besprechung in mein Büro gegangen bin, waren zwei Kunden im Schalterraum. Hier in diesem Raum sind auf jeden Fall nur Herr Stötthofer und ich." Winkler atmet erleichtert auf. Also keine weiteren Personen in der Bank. Und die Kunden, die Herr Bergmann erwähnt hatte, waren zum Glück schon nicht mehr in der

Bank, als die Situation mit Herrn Stötthofer eskalierte. Herr Mayer war gleich beim Eintreffen der Polizei in Sicherheit gebracht worden. Jetzt geht es darum, den Kontakt zu Herrn Stötthofer zu halten und ihm eine Brücke zum Aufgeben zu bauen.

Im weiteren Gespräch mit Stötthofer kommt Hans Winkler später auf Stötthofers Schicksalsschlag zurück. Winkler: „Sie haben vorhin von dem Urlaub in Spanien erzählt, von dem Urlaub, den Sie gemeinsam mit Ihrer Frau gemacht haben." Herr Winkler macht eine Pause und wartet die Reaktion von Herrn Stötthofer ab: „Von dem letzten Urlaub mit Fanny?" Winkler schweigt. Stötthofer: „Und?" Winkler: „Sie sagten, Sie hätten gedacht, die Straße wäre frei gewesen ... sie hätten es verhindern können ..." Winkler macht eine Pause. Stötthofer: „Ja, natürlich hätte ich es verhindern können, natürlich. Dann wäre alles ganz anders gekommen." Stötthofers Stimme verliert an Kraft: „Meinen Sie, heute ist wieder so ein Tag?" Winkler: „Wieder so ein Tag, an dem Sie etwas verhindern können, den Fuß vom Gaspedal nehmen können ..." Stötthofer sackt etwas in sich zusammen und sagt mit leiser tonloser Stimme: „Und was soll ich jetzt tun, wenn ich es verhindern will ..." Winkler hat Stötthofer die Brücke gebaut und Stötthofer macht sich auf den Weg sie anzunehmen.

Informationslücken schließen

Winkler hat sein erstes Ziel erreicht. Er hat den direkten Kontakt zu Stötthofer. Der Dialog kann beginnen. Für den Dialog gilt: Was gesagt ist, ist gesagt. Das ist so ähnlich wie bei einer mündlichen Prüfung. Es kommt auf die spontane Reaktion an. In der Vorbereitung haben sie alles unter Kontrolle. Jetzt im Verhandlungsdialog sind Sie auf das Zusammenspiel mit der anderen Partei angewiesen.

Dabei müssen Sie eines ständig im Hinterkopf behalten. Selbst wenn Sie zum Beispiel als harmonieorientierter Verhandler gerne mit offenen Karten spielen würden, um möglichst geradlinig auf eine „vernünftige" und ausgewogene Lösung zuzumarschieren, haben Sie in dieser Phase der Verhandlung noch viele Informationslücken. Sie erinnern sich an die Liste der offenen Fragen in den Verhandlungsleitlinien aus dem Kapitel „Vorbereitung". Diese Liste der offenen Fragen können Sie jetzt zur Hand nehmen und gewissermaßen als Checkliste für den Informationsaustausch verwenden. Dieses Vorgehen ist der geschickteste Weg, um durch eine bessere Informationsbasis Ihre Verhandlungsposition für die nächsten Verhandlungsschritte weiter zu verbessern. Nachteilig wäre es in diesem Moment, durch eine unkontrollierte Preisgabe von Informationen Ihre Verhandlungsposition unnötig aufs Spiel zu setzen. Sie sollten in dieser Phase aufmerksam zuhören, viele Fragen stellen und sich selbst eher bedeckt halten.

Zuhören

Es ist also von Vorteil, wenn Sie sich zurückhalten. Lassen Sie lieber die andere Partei beginnen. Die meisten Menschen empfinden das sogar als angenehm. Sie beschäftigen sich in dieser Situation so sehr mit ihren eigenen Gedanken und Wünschen, dass es ihnen sowieso schwer fallen würde, ihre Aufmerksamkeit der anderen Partei zu schenken. Oder andersherum, rechnen Sie nicht damit, dass die andere Partei bereit ist, sich mit Ihnen und Ihren Überlegungen zu beschäftigen. Den Einstieg in den Verhandlungsdialog werden Sie in den meisten Fällen viel einfacher über das Zuhören finden. Zugleich können Sie bei Ihrem anschließenden Vortrag an die Informationen der anderen Seite anknüpfen. Auch Winkler ist zu Beginn der vorangehenden Szene hauptsächlich in der Rolle des aufmerksamen Zuhörers.

Um die andere Partei zum Sprechen und Erzählen zu animieren, vermitteln Sie ihr verbal und nonverbal, dass Sie intensiv zuhören. Sehen Sie die Person, die spricht, immer wieder aufmerksam an. Nehmen Sie Blickkontakt auf und lächeln Sie ihr zu. Wenn Sie weitere Mitglieder der anderen Partei in das Gespräch miteinbeziehen wollen, weil Sie sich von ihnen interessante Detailinformationen erhoffen, ist es hilfreich, auch zu diesen Personen immer wieder Blickkontakt aufzunehmen und ihnen Aufmerksamkeit zu schenken. Achten Sie auch sorgfältig darauf, ob jemand etwas sagen will. Sie erkennen die Absicht, ins Gespräch einzugreifen, am besten daran, wie jemand Luft holt. Viele Menschen atmen normalerweise flach und unauffällig, nur bevor sie anfangen zu sprechen, holen sie tiefer und sichtbar Luft. Wie hilfreich diese aufmerksamen Beobachtungen sein können, zeigt ein kleines Erlebnis, von dem ein Kollege berichtet hat. In einer eher zähen Verhandlung zwischen einer Großbank und einem Konzern über die Finanzierung einer Firmenübernahme wollte der Verhandlungsführer auf der Konzernseite gerade wieder loslegen, die Vorteile dieser Übernahme zu erläutern. Er holte entsprechend Luft für einen größeren Vortrag und hatte den Kiefer zum Sprechen schon nach unten geklappt. Der Manager, der für seine geschickte Verhandlungsführung bekannt war, bemerkte jedoch, dass der Banker auf der anderen Seite ebenfalls tief Luft holte. Ganz souverän klappte er seinen Mund wieder zu und spitzte seine Ohren, welche interessanten Informationen ihm die Gegenseite jetzt verraten wollte. Und tatsächlich erläuterte der Banker, unter welchen Umständen er doch an der Finanzierung interessiert wäre. Damit erhielt die Verhandlung einen entscheidenden neuen Impuls und wurde wesentlich kooperativer.

Zum guten Zuhören gehören auch die kleinen sprachlichen Ermunterungen: die kleinen Hmms und Jajas, die man statt sachlicher Beiträge in die Redepausen der anderen Seite einflicht, um den Ball der Konversation wieder zurückzuspielen. Außerdem fällt es den meisten Menschen sowieso sehr schwer, Pausen im Redefluss zu ertragen. Wenn Ihnen eine Frage gestellt wird, warten Sie mit Ihrer Antwort doch einfach einmal ein klein wenig ab. In den meisten Fällen wird die andere Partei selbst mit weiteren Erläuterungen fortfahren. Genauso geht Winkler vor. Er hält die ganze Zeit aufmerksam Kontakt zu Stötthofer. Durch seine eher passive Haltung und seine bewusst kurz gehaltenen Redebeiträge ermuntert er Stötthofer, ihn doch mit Information zu versorgen. Gut bewährt haben sich auch kurze Zusammenfassungen oder Umschreibungen des eben Gehörten. „Ich spüre, dass Ihnen das alles noch sehr nahe geht, der Unfall, die Probleme in der Firma ..."

An dieser Stelle noch ein kleiner Tipp zur Körpersprache: Manche Menschen drücken Ihre Aufmerksamkeit beim Zuhören durch ein leichtes Nicken aus. Im Sinne von ja, ich höre zu, ich habe verstanden, was Sie vortragen. Das wird von der anderen Seite leicht so verstanden, dass den Vorschlägen in ihrem sachlichen Gehalt zugestimmt wird. Das kann im weiteren Fortgang der Verhandlung zu unangenehmen Missverständnissen und Frustrationen führen. Gewöhnen Sie sich stattdessen an, ruhig und gelassen, ohne irgendwelche verräterischen körpersprachlichen Signale, dem Vortrag der anderen Seite zu lauschen.

Beachten Sie außerdem, dass viele Menschen, wenn sie sich außerhalb ihrer gewohnten Arbeitsumgebung befinden, dazu neigen, mit Informationen großzügiger umzugehen. Schon der Wechsel aus dem Konferenzraum in die Cafeteria kann ausreichen und plötzlich werden all die Informationen preisgegeben, um die vorher wie um den heißen Brei herumgeredet wurde. Auch Einladungen wirken in diese Richtung. Da der andere bezahlt, fühlt sich mancher sogar psychologisch verpflichtet, im Gegenzug auch etwas Wertvolles in Form von wichtigen Informationen beizusteuern. Seien Sie deshalb wachsam, dass sie nicht in den mentalen Sog derartiger Gefälligkeiten geraten.

Selbstoffenbarung

Die Selbstoffenbarung gibt Einblick in die tieferen Beweggründe der anderen Partei, wie sie sich selbst sieht und worum es ihr wirklich geht. Diese Einblicke vervollständigen ihr Bild von der anderen Partei. Sie sind wichtig, um Hebel zu finden, mit denen Sie die Gegenseite beeinflussen und zum Nachdenken bringen können. Seien Sie deshalb besonders aufmerksam, wenn in einer Verhandlung plötzlich Sätze wie „das ist mir wirklich wichtig …“ oder „für mich geht es hier um viel mehr …“ fallen. Diese Sätze leiten eine Selbstoffenbarung der anderen Seite ein.

Für die meisten Menschen ist es von größter Wichtigkeit, von der anderen Seite so gesehen zu werden, wie sie sich selbst gerne sehen möchten.

Für Stötthofer ist es beispielsweise eine unerträgliche Vorstellung, dass er nicht mehr die Beachtung findet, die man ihm früher geschenkt hat. Wenn sich jemand einem Gesprächspartner so offenbart, lässt er sich in diesem Moment sehr tief in die Kommunikation mit dem anderen ein. In einem solchen Moment sind Menschen sehr leicht ansprechbar, zugleich aber auch sehr verletzlich. Durch ein angemessenes Eingehen auf diese Situation kann man zu einem echten Austausch mit der anderen Seite gelangen. Winkler gelingt das, indem er Stötthofer aufmerksam zuhört und ihm damit die Aufmerksamkeit schenkt, die Stötthofer seit dem Verlust seiner beruflichen Position so schmerzlich vermisst. Er beginnt in Winkler einen vertrauenswürdigen Partner zu sehen. In Verhandlungen, in denen es darum geht, einen Austausch zwischen verschiedenen Interessen und Positionen zu finden, bildet dieses Vertrauen die zentrale Grundlage für eine kooperative und wechselseitig befriedigende Einigung. Das ist die große Chance, die jede Selbstoffenbarung in sich birgt.

Da die Selbstoffenbarung immer ein Hinweis auf fehlende emotionale Distanz ist, ist sie natürlich auch mit dem Aspekt der Schwäche verbunden. Wird nur diese Schwäche gesehen und nicht auch die Verletzlichkeit des anderen, die man respektieren sollte, ist das gefährlich. Denken Sie an die Szene aus dem Einleitungskapitel, in der Gordon Gekko und Larry Wildman über ein Aktienpakt der Firma Anacott Steel verhandeln. Larry präsentiert sich dort als Firmenretter, dem es um den Erhalt von Arbeitsplätzen geht. Das ist eine Selbstoffenbarung. Gordon sieht allerdings nur den Aspekt von Larrys emotionaler Betroffenheit und die potenzielle Schwäche, die damit verbunden ist. Was Gordon jedoch völlig entgeht, ist, dass er Larry verletzt, als er ihn daran erinnert, dass auch dieser sein Vermögen durch die Zerschlagung von Firmen und Entlassung von Arbeitern gemacht hat. So möchte Larry nicht mehr gesehen werden. Damit, dass Gordon an diese alten Geschichten erinnert, vertieft er nur den Graben zwischen sich und Larry. Die Chance, Larry in seiner neuen Rolle als Firmenretter zu würdigen und damit eine Basis für eine bessere Zusammenarbeit zu schaffen, hat Gordon damit verspielt. Nutzen Sie lieber wie Winkler eine Selbstoffenbarung vorrangig als Chance, der anderen Partei näher zu kommen und das wechselseitige Verständnis zu vertiefen. Dieses Verständnis bildet die Basis dafür, dass Sie später in der Konzessionsphase möglichst reibungsfrei und lösungsorientiert zu einem sinnvollen Ausgleich mit der anderen Partei kommen.

Fragen

Sie möchten natürlich nicht nur zuhören, sondern auch ganz gezielt Ihre Informationslücken schließen. In den Verhandlungsleitlinien, die Sie in der Vorbereitung zusammengestellt haben, war ein wichtiger Punkt die Frageliste, die Sie sich für Ihren Einstieg in die Verhandlung zusammengestellt haben. Jetzt, nachdem die Kommunikation gut in Fluss gekommen ist, ist der richtige Moment, dass Sie sich genau diese Fragenliste vornehmen. Arbeiten Sie am besten mit offenen Fragen. Fragen, die mit was, wer, wann, wo usw. beginnen, da sie die andere Partei animieren, möglichst umfassend zu antworten. Für geschlossene Fragen, die mit Ja oder Nein zu beantworten sind, haben Sie jetzt noch nicht genug Informationen.

Genauso geht auch Winkler in seinem Gespräch mit Stötthofer vor. Er stellt hauptsächlich Fragen. Er möchte mehr über die Situation im Büro des Filialleiters erfahren. Als Erstes erkundigt er sich bei dem Filialleiter Bergmann, wie es ihm geht. Dann will er wissen, ob sich Herr Bergmann und Herr Stötthofer wirklich allein in dem Büro befinden: „Wer ist denn mit Ihnen im Raum?"

Eine gute Technik ist es, das letzte Wort der anderen Partei in fragendem Ton zu wiederholen, so wie das Herr Winkler macht: „Krank?“ Lassen Sie sich überraschen, was diese sehr vage gestellte Frage alles an Informationen zutage fördert. Dieser Fragetyp ist deshalb so effektiv, da er durch die Identität der Worte direkt an den Gedankenstrom der anderen Seite anknüpft und damit genau die Gedanken ans Licht bringt, die in der ursprünglichen Aussage absichtlich oder unabsichtlich unter den Tisch gefallen sind.

Der Vorteil der offenen Fragen ist, dass sie den anderen zum Reden bringen. Der Nachteil kann sein, dass die Antworten eines Profis manchmal sehr blumig und weitschweifig ausfallen werden. Lassen Sie ihm die Zeit. Und achten Sie auf die Informationen zwischen den Zeilen. Beobachten Sie, ob Sie Spannungen, Widerstände oder Brüche im Vortrag der anderen Seite bemerken. Wer in diese abgebrochenen Satzkonstruktionen, Verhaspler und Ähnliches gezielt hineinfragt, wird erstaunt sein, welch interessante Informationen auch hier zutage kommen. Generell gilt: Fragen Sie lieber zu viel als zu wenig. Ein Kollege hat folgendes Erlebnis berichtet: Er kam frisch von der Uni und durfte erstmals einen erfahrenen Anwalt zu einer Verhandlung begleiten. Nach der Begrüßung stellte der Finanzfachmann der anderen Seite in einem komplizierten Vortrag, gespickt mit Abkürzungen und Fremdwörtern, eine von ihm erdachte steuerrechtliche Konstruktion vor. Manche nickten wissend in die Runde, aber keiner gab einen Kommentar ab. Der Kollege hatte nichts, aber auch gar nichts verstanden. Es fehlte ihm allerdings der Mut nachzufragen. Vor all diesen Profis wollte er sich nicht die Blöße geben, seine Unwissenheit zur Schau zu stellen. Allerdings fühlte er sich schlecht; er konnte keinen Rat geben, da er die Sache selbst nicht begriffen hatte. Dann geschah etwas völlig Unerwartetes: Der ältere Anwalt, der jahrzehntelange Erfahrung auf diesem Gebiet hatte, sagte unvermittelt: „Sind Sie so nett und könnten Sie die Grundzüge Ihrer Konstruktion nochmals für den Landfunk skizzieren?“ Der Kollege atmete auf – aber nicht nur er, auch die anderen Teilnehmer waren sichtlich froh, nun die Chance zu erhalten, das Konzept nochmals ausführlich erklärt zu bekommen. Von da an hat er sich angewöhnt, bei Verhandlungen immer nachzufragen, wenn ihm etwas nicht ganz verständlich war. Ja, in der Verhandlung dürfen Sie sich sogar ein wenig dumm stellen. Viele Menschen finden es sogar besonders verlockend, anderen, die weniger intelligent oder weniger informiert scheinen als sie selbst, zu helfen und geben dabei großzügig ihren Informationsvorsprung preis.

Erfahrene Verhandler stellen zudem immer infrage, was sie über die andere Seite wissen. Sie hinterfragen die Vermutungen, die sie aufgrund dieses Wissens aufbauen. Stellen Sie ruhig auch die Fragen, bei denen sie vermuten, dass sie nicht beantwortet werden. Einfach schon aus der Art, wie Ihre Verhandlungspartner darauf reagieren – selbst wenn Sie keine direkte Antwort erhalten –, werden sie viele Informationen herausholen. Stellen Sie die gleiche Frage ruhig mehrmals und stellen Sie sie verschiedenen Personen. Beobachten Sie, wie einheitlich die Antworten sind oder ob sie feine Unterschiede aufweisen.

Beobachten Sie außerdem, ob Sie dazu neigen, selbst schon Antwortmöglichkeiten an Ihre Fragen anzufügen. Das ist streng verboten. Sie wollen ungestützte Informationen. Sonst machen Sie aus der offenen Frage wieder eine geschlossene Frage. Aus dem gleichen Grund sollte auch nicht mehr als eine Frage auf einmal gestellt werden. Ein Kollege kann sich noch gut an eine Verhandlung erinnern, bei der auf der anderen Seite ein erfahrener Anwalt einen jungen Hochschulabsolventen in seiner Verhandlungspartei hatte. Immer wenn der erfahrene Anwalt eine Frage an die andere Partei richtete, antwortete sein eigener Mitarbeiter, noch bevor jemand anderes den Mund aufmachen konnte. Für die andere Seite war diese Hilfestellung von der anderen Seite natürlich sehr bequem. Man musste nur an das anknüpfen, was der junge Mitarbeiter in seinem Mitteilungsdrang ausplauderte. Die passenden Argumente wurden auf diese Weise gewissermaßen gleich frei Haus geliefert. Leider machte der ältere Anwalt dem Spiel dann doch ein Ende, indem er seinen jungen Mitarbeiter bat, doch bitte so höflich zu sein und erst die Damen und Herren von der anderen Partei antworten zu lassen.

Verproben

Sobald Sie ausreichend Informationen gesammelt haben, werden Sie die Richtigkeit nochmals überprüfen, das heißt verproben wollen. Das beste Vorgehen in dieser Phase der Verhandlung ist: erst hinterfragen, dann selbst etwas beitragen. Der durchschnittliche Verhandler geht genau andersherum vor: Er gibt Ihnen zuerst seine Informationen und fragt erst hinterher nach bzw. vielleicht sogar gar nicht. Studien belegen, dass gute Verhandler etwa doppelt so viele Fragen stellen wie die durchschnittlichen oder schlechten Verhandler. Je besser Sie Ihre Wissenslücken geschlossen haben, um so mehr können Sie zu ganz gezielten, geschlossenen Ja-Nein-Fragen übergehen, mit denen Sie bestimmte Zusammenhänge präzise nachweisen oder ausschließen können.

Ein amüsantes Beispiel für das Verproben finden Sie in dem Kultfilm *Pulp Fiction*. Mr. Wolfe gewinnt in einer schwierigen Situation die Aufmerksamkeit aller Beteiligten, übernimmt geschickt die Gesprächsführung und achtet auch darauf, dass er alle Erkenntnisse durch konsequentes Verproben hinsichtlich Zuverlässigkeit überprüft.

Pulp Fiction: „Mr. Wolfe"

Wir sind in der Mitte des Films *Pulp Fiction*: Jules und Vincent, die beiden Killer, haben einen brutalen Mordauftrag ausgeführt und sind auf dem Heimweg. Auf der Rückbank des Autos sitzt Marvin, ein halbwüchsiger Junge, der für die Bande Spitzeldienste leistet. Durch ein Versehen löst sich ein Schuss aus dem Revolver von Vincent und zerfetzt Marvins Kopf. Das Auto ist über

Pulp Fiction: „Mr. Wolfe“, Linda Chen/Courtesy of Miramax Film Corp.

und über mit Blut bespritzt und das am hellen Vormittag auf einer belebten Straße in Los Angeles. Jeden Moment könnte sie eine Polizeistreife anhalten. In ihrer Panik flüchten die beiden zu ihrem Freund Jimmie, der ganz in der Nähe wohnt. Doch Jimmie hat sich aus dem Verbrecherleben zurückgezogen. Er ist jetzt mit Bonnie, einer netten kleinen Krankenschwester verheiratet. Mit Leichen, blutverschmierten Autos und anderen Gangstergeschichten möchte er nichts mehr zu tun haben. Seine Frau hat ihm angedroht, dass sie sich sofort scheiden lässt, wenn er auch nur einmal rückfällig wird. Jules und Vincent sollen samt Auto und Leiche schleunigst wieder verschwinden. In dieser brenzligen Situation wenden sich Vincent und Jules an ihren Bandenchef Marsellus und bitten um Hilfe. Marsellus tut sein Bestes, er schickt Winston Wolfe, seinen Spezialisten für Problemfälle. Winston Wolfe, genannt der Wolf, steht in dem Ruf, dass er mit Cleverness und Charme noch jedes Problem in den Griff bekommen hat. Er soll die Leiche und das Auto vor der Rückkehr von Jimmies Frau aus der Welt schaffen. In der nächsten Szene sehen wir Winston Wolfe im Smoking. Er sitzt auf einem Bett, durch die geöffnete Tür sieht man eine vornehme Gesellschaft, Damen in langen Abendkleidern und Männer im schwarzen Anzug oder Smoking. Winston Wolfe telefoniert und macht sich Notizen auf einem Block: Eine Adresse, die Worte Leiche, blutverschmiertes Auto und die Namen Jules, Vincent, Jimmie und Bonnie. Hinter den Namen von Bonnie ist die Uhrzeit 9:30, der Zeitpunkt ihrer Rückkehr, eingetragen. Außerdem verabredet er mit dem Anrufer, dass er sich um 10:30 Uhr wieder melden wird. Dann wird er Bericht erstatten, ob alles wie gewünscht erledigt ist.

Nach einer rasanten Autofahrt steht Winston vor der Tür von Jimmies Haus. „Ich bin Mr. Wolfe, ich löse Probleme. Ich habe gehört, dass Sie hier eines haben." Jimmie seufzt tief. Mr. Wolfe fragt höflich: „Darf ich hereinkommen?" Als Nächstes prüft er, ob die Informationen, die er erhalten hat, auch richtig sind. Er spricht jeden Einzelnen mit seinem Namen an. Dann lässt er sich zu dem Auto und der Leiche führen. Er setzt nichts als gegeben voraus. Er erkundigt sich genau nach dem Zustand des Autos. Ob da noch Benzin drin ist? Ob es Krach macht oder irgendwelche Lichter nicht gehen. Nachdem er die Lage genau sondiert hat, erteilt er Anweisungen, was zu tun ist. Jules und Vincent müssen das Auto sauber machen. Es geht nicht um Details, nur die großen Blutpfützen, die Leichenteile, die Fensterscheiben. Alles andere werden sie mit Decken kaschieren. Winston weiß auch, welcher Schrotthändler in seiner Schrottpresse gegen gute Dollars das Auto samt seinem delikaten Inhalt auf Nimmerwiedersehen verschwinden lässt. Er denkt natürlich auch an Jimmie und dessen Gefälligkeit. Als Gegenleistung für die Decken und die gute Bettwäsche, die Jimmie zum Abdecken der Blutlachen im Auto zur Verfügung stellt, gibt es ein dickes Bündel Geldscheine. Auch bei der Fahrt zum Schrotthändler geht Winston keine Risiken ein. Er wird das Auto mit der Leiche fahren. Vincent bekommt seinen Sportwagen. Und sollten Sie trotz ihrer Vorsichtsmaßnahmen von einem Polizisten aufgehalten werden, dann sollen alle ruhig bleiben und abwarten, was er tut. Er fragt nach, ob Vincent und Jules alles auch genau verstanden haben. Jules hat verstanden: „Wir sollen keine Scheiße machen, bevor Sie sie machen." Winston Wolfe ist begeistert: „Gesprochen wie ein wahres Wunderkind." Und ein klein wenig später wird tatsächlich alles so sein, als wenn es nie eine Leiche und ein blutverschmiertes Auto gegeben hätte.

Mr. Wolfe, der clevere Herr im Smoking, ist ein ausgewiesener Kommunikationsprofi. Bei der Vorbereitung seiner „Rettungsaktion" spart er nicht an Fragen und sichert sich ab, ob man mit dem Auto unbehelligt ein paar Meilen durch Los Angeles fahren kann.

Bei der Betrachtung des blutverschmierten Autos fragt Mr. Wolfe: „Hat das Auto sonst noch etwas?“ Winston Wolfe ist es wichtig, worum es geht. Er verprobt und präzisiert seine Frage nochmals: „Was den Wagen betrifft, muss ich da etwas wissen? Macht er viel Krach, ist da Benzin drin?“ Das heißt, wenn Sie etwas verproben wollen, dürfen Sie also ruhig etwas hartnäckig sein und mehrmals nachfragen und Ihre Fragen Schritt für Schritt präzisieren. Oft ist es auch hilfreich, wenn Sie Ihre Fragen mit kleinen Beispielen plastischer gestalten und die Hintergründe Ihrer Frage mitteilen. Das ist eine gute Methode, um Missverständnisse zu vermeiden.

So kennt sich auch Mr. Wolfe in seinem Metier als „Problemlöser“ aus. An seiner routinierten Vorgehensweise erkennen Sie, dass dies bestimmt nicht die erste Leiche ist, die er diskret verschwinden lässt. Bei allen Vorschlägen, die von der anderen Partei kommen, empfiehlt es sich zu fragen, was denn die Vorteile dieses Vorschlags sind. So finden Sie einen weiteren Zugang zu den Grundbedürfnissen der anderen Partei.

Wie gehen Sie jetzt am besten vor, wenn die andere Seite von Ihnen Informationen zu Ihren Prioritäten und zu Ihrem Verhandlungsrahmen herauskitzeln möchte? Wenn man Sie bedrängt, ist es von großem Vorteil, wenn Sie auf eine Liste von unverfänglichen Informationshäppchen zurückgreifen können, die Sie sich in der Vorbereitungsphase zurechtgelegt haben. Überlegen Sie sich deshalb frühzeitig einige Themen, über die Sie zu Beginn der Verhandlung sprechen können, ohne allzu viel von Ihren sachlichen Überlegungen preiszugeben. Ein klassisches Einstiegsthema in diesem Sinne wäre beispielsweise bei Herr Stötthofer die „Historie“ des Geschehens, wie es zu der aktuellen Situation in der Bankfiliale kam. Wenn Sie schon ein gewisses Gefühl für die zentralen emotionalen Bedürfnisse der anderen Partei entwickelt haben, beziehen Sie sich bei Ihrem Einstieg gleich darauf. Wieso

- das besonders spannend oder dramatisch war … (Spiel und Spannung),
- die Verhandlung zu mehr Harmonie führen wird … (Harmonieorientierung),
- es nur logisch und konsequent ist, die Sache jetzt endlich zu einem fairen Abschluss zu bringen … (Konsistenz und Integrität),

um nur drei der neun Grundbedürfnisse, die im Kapitel „Vorbereitung" vorgestellt wurden, beispielhaft anzuführen.

Richten Sie sich auf jeden Fall darauf ein, dass Sie Informationen in kleinen Häppchen bereithalten, die Sie als Zeichen für Ihre Kooperationsbereitschaft anbieten können. Sonst legen Sie mangels „Gesprächsstoff" plötzlich Informationen auf den Tisch, die Sie besser für sich behalten hätten.

Denn grundsätzlich gilt: Einerseits kommunizieren Sie, um möglichst viel über die andere Partei herauszufinden, anderseits möchten Sie selbst nur die Informationen preisgeben, die Ihre Verhandlungsmacht stärken, um nicht unangemessen ins Hintertreffen zu geraten. Das heißt, Sie stecken in einem Kommunikationsdilemma. In Verhandlungen ist es wichtig, sich an der richtigen Stelle bedeckt zu halten und sich nicht unkontrolliert vom Fluss der Kommunikation mitreißen zu lassen. Für die Verhandlungspraxis gilt: Prahlen Sie auf keinen Fall mit Ihrem Wissen. Wenn man sich zu einem bestimmten Thema nicht äußern will, gibt es verschiedene Möglichkeiten, den Ball wieder an die andere Seite zurückzuspielen, ohne allzu viel an Information preiszugeben.

- Die einfachste Variante: Statt die Frage zu beantworten, einfach eine Gegenfrage zu stellen. Allerdings Vorsicht – übertreiben Sie es mit dieser Technik nicht. Ein Übermaß von Gegenfragen wird oft negativ ausgelegt: „Da will wohl jemand nicht antworten. Da hat wohl jemand etwas zu verbergen."
- Eine andere Technik ist es, vage zu bleiben. Sollte Sie zum Beispiel jemand fragen, ob es für die angebotene Eigentumswoh-

nung noch andere Interessenten gibt, könnten Sie antworten: „Ach, was heißt Interessenten. Wichtig ist ja die Ernsthaftigkeit der Interessenten und kann man sich da immer so sicher sein …?“ Halten Sie einmal kurz inne und lassen Sie auf sich wirken, was der Verkäufer objektiv gesagt hat und welcher Eindruck vermutlich beim potenziellen Käufer entstanden ist. So vage die Aussagen des Verkäufers bleiben, so hat er beim Interessenten vermutlich ein Gefühl der Konkurrenz mit anderen, ernsthaften Interessenten um die Wohnung erzeugt.
– Sie können sich aber auch auf Ihre persönlichen Befindlichkeiten zurückziehen: „Es wäre mir unangenehm in diesem Kreis über andere Angebote zu sprechen.“
– Sie können auch auf die Befindlichkeiten von anderen hinweisen: „Wäre es Ihnen recht, wenn ich mit anderen Interessenten über Ihre Vorschläge sprechen würde?“

Welche Methode Sie auch wählen, gehen Sie mit der Herausgabe von Informationen in jedem Fall vorsichtig und überlegt um.

Lügen

Wenn man sich mit dem Thema Informationsbeschaffung beschäftigt, stellt sich natürlich schnell die Frage, wie ehrlich sind denn die Antworten, die man auf seine Fragen bekommt?

In der Verhandlungssituation ist es sehr wichtig, ein Gefühl dafür zu entwickeln, ob die Antworten Ihres Verhandlungsgegenübers auch wirklich wahr sind. Sollten Sie deshalb einmal den Verdacht haben, dass man ihnen einen Bären aufbindet oder das Blaue vom Himmel erzählt, achten Sie auf folgende Übersprungshandlungen als Hinweise auf Unehrlichkeit:

- Blickkontakt wird vermieden,
- Lippen lecken,
- auf die Lippen beißen,
- Hände reiben,
- hüsteln,
- Beine verstellen,
- sich kratzen.

Diese Handlungen deuten darauf hin, dass sich beim anderen interne Spannung aufgebaut hat, die in einem Bewegungsimpuls, einer Übersprungshandlung abreagiert werden muss. Diese innere Spannung entsteht beim Lügen ganz einfach dadurch, dass der Betreffende mit sich selbst im Dialog ist. Spontan fällt ihm natürlich erst einmal die Wahrheit ein, die dann aber umformuliert werden muss. Diese Spannung zwischen dem, was man selbst als wahr in seiner Erinnerung abgespeichert hat, und dem, was man nach außen verbal zum Ausdruck bringt, führt meist unwillkürlich zu den oben beschriebenen Entlastungshandlungen. Dabei geht man davon aus, dass sich die Peripherie des Körpers weniger kontrollieren lässt und zuckende Finger- und Fußspitzen verräterischer als die Mimik sind. Dennoch gilt natürlich, dass der Abbruch des Blickkontakts ein sprichwörtliches Kennzeichen für das Lügen ist. Deshalb bemühen sich Lügner oft besonders, dem anderen fest in die Augen zu sehen. Doch dieses angestrengte Fixieren wirkt starr und tot. Wenn Sie das Gefühl haben, dass Sie belogen werden, bohren Sie mit ihren Fragen einfach konsequent weiter, vielleicht auch bei verschiedenen Mitgliedern der anderen Partei, bis Sie Klarheit in die Angelegenheit gebracht haben. In solchen Situationen, in denen Sie ein bestimmtes Thema auf den Punkt bringen wollen, z. B. wie viele weitere Interessenten es für eine Eigentumswohnung gibt, die Sie gerne kaufen würden, ist es günstig mit geschlossenen Fragen zu arbeiten. So werden Sie klare Antworten bekommen. Und wenn ausweichend geantwortet wird, wiederholen Sie Ihre Frage ruhig so lange, bis Sie eine klare Antwort erhalten. Drängen Sie den anderen dabei jedoch nicht zu sehr in die Ecke. Lassen Sie ihm den Spielraum, um das „Missverständnis“ selbst richtig zu stellen und sein Gesicht zu wahren.

Vorgefasste Meinungen der anderen Partei aufweichen

Sie haben jetzt mit Zuhören und geschickten Fragen Ihre Informationslücken geschlossen. Und eine Vorstellung von den Verhandlungszielen und -spielräumen der anderen Partei gewonnen. In Ihrem Kopf entstehen erste Lösungsszenarien. Jetzt geht es darum, die Führung in der Verhandlungssituation zu übernehmen, vorgefasste Meinungen aufzuweichen und die Flexibilität der anderen Seite zu erhöhen. Dazu müssen Sie erst einmal die volle Aufmerksamkeit der anderen Seite gewinnen.

Aufmerksamkeit gewinnen

Mr. Wolfe aus dem Film *Pulp Fiction* geht in dieser Hinsicht vorbildlich vor. Als ihn Jimmie hereinlässt, fällt er nicht einfach mit der Tür ins Haus, sondern nimmt Blickkontakt mit Jimmie auf und stellt sich höflich vor: „Ich bin Mr. Wolfe. Ich löse Probleme.“ Jimmie seufzt tief. Mr. Wolfe geht auch nicht einfach ins Haus, sondern er fragt Jimmie erst, ob er hereinkommen darf. Als er im Haus auf Vincent und Jules trifft, spricht er jeden mit seinem Namen an. So sollten auch Sie vorgehen, wenn Sie die Aufmerksamkeit der anderen Partei auf sich ziehen möchten. Nehmen Sie Blickkontakt auf. Sprechen Sie die Menschen mit ihrem Namen an. Sprechen Sie langsam und machen Sie Pausen, damit Ihnen Ihre Zuhörer auch sicher folgen können. Eine besonders wirkungsvolle Methode, um in Besprechungen die Aufmerksamkeit auf sich zu ziehen, ist aufzustehen. Jemand, der aufsteht, ans Flipchart geht oder auch nur einfach im Raum herumgeht, kann sich der vollen Aufmerksamkeit aller im Raum sicher sein. Wenn Sie also etwas Wichtiges beitragen und sich der vollen Aufmerksamkeit versichern möchten, stehen Sie einfach auf. Diese Aufmerksamkeit können Sie noch steigern, indem Sie Ihre Handlung ankündigen: „Ich darf kurz aufstehen und den Sachverhalt am Flipchart darstellen?“ Neben der Erhöhung der Aufmerksamkeit hat die Ankündigung noch weitere Vorteile: Sie bringt Formalität und damit wechselseitigen Respekt in das Gespräch. Sie bleiben auf einem sachlichen Level. Die Gefahr, dass jemand emotional wegkippt, wird verringert. Eine so genannte Anlauffrage ist eine Ankündigung in Form einer rhetorischen Frage. Mr. Wolfe arbeitet intensiv mit diesem Instrument, um sich die Aufmerksamkeit von Jimmie, Vincent und Jules zu sichern: „Darf ich hereinkommen?“... „Gehen wir in die Küche zurück.“ Er bittet Jimmie auch nicht einfach um einen Kaffee, nein, er fragt ihn: „Jimmie, tun sie mir bitte einen Gefallen?“ Als Jimmie nickt (Signal der Aufmerksamkeit), fährt Mr. Wolfe fort: „Ich habe vorher Kaffee gerochen, bringen Sie mir bitte eine Tasse?“

Auch in dem kleinen Beispiel mit dem Flipchart wurde für die Ankündigung die Technik der Anlauffrage genutzt. Erst wenn Sie mit einer allgemeinen Frage wie „Darf ich auf den Punkt XY zurückkommen“ die Aufmerksamkeit der anderen gewonnen haben, fahren Sie mit einer inhaltlichen Sachfrage fort: „Wie können wir die Haftungsfragen für die steuerlichen Risiken lösen?“

Hat man sich auf diese Weise der Aufmerksamkeit des Gegenübers versichert, vermeidet man Missverständnisse und verringert die Gefahr, dass das Thema einfach untergeht. Ein Weiteres kommt hinzu: Mit der Anlauffrage, die in der Regel bejaht wird, erreichen Sie beim Gegenüber eine größere Bereitschaft, sich kooperativ zu verhalten. Auch Mr. Wolfe wendet diese Technik gezielt an, um die Kooperationsbereitschaft der anderen Beteiligten zu gewinnen und kontinuierlich zu erhöhen. Er paart das Mittel der Anlauffrage geschickt mit einem langsamen Ansteigen der Größe der Gefälligkeiten, die er erbittet:

Zunächst eine Tasse Kaffee, dann alle Putzmittel unter der Spüle und schließlich die wertvollen Bettdecken zum Abdecken der Blutspuren im Auto. Sein Vorgehen ist ein Muster dafür, wie

Sie jemanden in eine Problemlösung integrieren, der er sich zunächst nicht verpflichtet fühlt.

Den anderen in seiner Welt abholen

Wenn Sie die Aufmerksamkeit der anderen Partei gewonnen haben, beschäftigen Sie sich zum Vertiefen und Stabilisieren des Kontakts erst einmal mit den Themen des Verhandlungsgegenübers. Holen Sie den anderen in seiner Denkwelt ab.

Berücksichtigen Sie dabei auch banale Dinge:

- Dass Sie sich zu der Verhandlung getroffen haben.
- Dass im Vorfeld der Gespräche bestimmte Dinge vorgefallen sind.
- Dass jeder für seine Partei eine große Verantwortung trägt.
- Dass Sie evtl. in der gleichen Branche tätig sind.
- Dass Sie schon früher ähnliche Interessengegensätze erfolgreich gelöst haben.
- Dass für jeden wirtschaftlich viel auf dem Spiel steht.
- Dass die und die Schritte noch offen sind.

Achten Sie dabei ganz genau auf die Körpersprache der anderen Seite, ob Sie ein Nicken, ein Öffnen der Körperhaltung, eine Entspannung der Gesichtszüge, ein tiefes Durchatmen beobachten können. Wenn das der Fall ist, sind Sie auf dem richtigen Weg. Sie konnten der anderen Seite vermitteln, dass Sie deren Position erkannt und verstanden haben. Damit haben Sie die andere Partei gewürdigt. Würdigung ist bei den meisten Menschen die absolute Grundvoraussetzung dafür, überhaupt das kleinste Überdenken der eigenen Position zuzulassen.

Besonders wirkungsvoll ist eine Würdigung, wenn Ihr Vortrag die Grundbedürfnisse der anderen Seite anspricht. Mr. Wolfe geht deshalb mit dem harmonieorientierten Jimmie, der seiner Frau Bonnie keinen Kummer machen möchte, ganz anders um als mit den beiden Killern Jules und Vincent. Zu Jimmie ist er höflich und zurückhaltend: „Ich habe vorher Kaffe gerochen, könnten Sie mir bitte eine Tasse bringen." Vincent und Jules, die entsprechend ihrem „Beruf" natürlich auf Spannung und Intensität stehen, fährt er dagegen schon mal richtig über den Mund: „Ich bin nicht hier, um Bitte zu sagen. Ich bin hier, um Ihnen zu sagen, was Sie tun." Immer, wenn Sie im Einklang mit den Grundbedürfnissen der anderen Partei agieren, ermöglichen Sie es dieser, auf vertraute Muster zurückzugreifen. Das fällt leicht und ist für jeden angenehm. Ein Agieren entsprechend den eigenen Mustern entspannt. Die Dinge kommen in Fluss. Es entsteht eine Vertrauensbasis, die Ihnen erlaubt, sich in den nächsten Schritten auch strittigen Punkten zuzuwenden.

Die andere Partei zum Nachdenken bringen

Sie sind in die Welt des anderen eingetaucht und haben ihn dort „abgeholt". Sie haben die andere Partei wissen lassen, dass bestimmte Fakten von beiden Seiten durchaus ähnlich gesehen werden. Das hat bei Ihrem Gegenüber erst einmal für Entlastung gesorgt. Damit haben Sie die Basis dafür geschaffen, dass Sie die andere Partei bei den Punkten zum Nachdenken bringen können, die Sie anders sehen.

Pulp Fiction: „Kein Depot für Leichen"

Auch Jimmie sieht die Situation mit der Leiche in seiner Garage ganz anders als die beiden Killer Jules und Vincent. Nachdem die Leiche und das blutbesudelte Auto in Jimmies Garage erst einmal vor den neugierigen Blicken der Polizei geschützt sind, ist der Problemdruck für sie erst einmal weg. Dafür hat Jimmie jetzt ein Problem: Bevor seine Frau Bonnie nach Hause kommt, muss er die beiden samt Auto und Leiche loswerden. Dass Vincent und Jules zwei kaltblütige Killer mit einem nervösen Finger am Abzug sind, macht die Situation nicht unbedingt einfacher. Jimmie löst die Situation dadurch, dass es ihm gelingt, den beiden begreiflich zu machen, dass nicht seine Frau Bonnie, sondern die Leiche das Problem ist. Und dass es schon großzügig genug ist, dass er sie nicht sofort wieder aus dem Haus wirft.

Jules und Vincent stehen in der Gästetoilette von Jimmies blitzblank gescheuertem Heim und versuchen die gröbsten Blutspuren von ihren Händen zu waschen. Dass ihr Besuch bei Jimmie nicht wirklich Begeisterung ausgelöst hat, ist ihnen klar. Vincent meint: „Er ist ganz schön ausgeflippt, als er Marvin (die Leiche) gesehen hat."

Anschließend stehen alle drei in der Küche. Jimmie hat Kaffee gekocht. Jules versucht es mit einem etwas plumpen Kompliment: „Uhm, das haut einem um, das ist ein richtiger Gourmetkaffee." Jules sieht versonnen in die Kaffeetasse. Doch Jimmie lässt sich davon nicht einwickeln. Er bleibt bei seinem Punkt: „Du musst mir nicht erklären, wie gut mein Kaffee ist … Aber weißt du, was mich im Moment beschäftigt, das ist nicht der Kaffee in meiner Küche, sondern die Leiche in meiner Garage … Ich will dir 'ne Frage stellen, als du hier vorgefahren bist, ist dir da ein Schild aufgefallen, auf dem stand Depot für Leichen?" Jules versucht eine ausweichende Bemerkung. Doch Jimmie bleibt beim Thema: „Hast du ein Schild vor der Tür gesehen, Depot für Leichen?" Jimmie macht eine Pause, bis Jules reagiert und hält dabei den Blickkontakt. Da lenkt Jules ein: „Nein", „habe ich nicht." Und Jimmie setzt nach: „ …das hier ist kein Lager für Leichen. Ist das klar!" Jules gibt endgültig klein bei: „Wir wollen ihn hier nicht lagern."

Damit ist der entscheidende Schritt getan. Jules hat eingesehen, dass er mit der Leiche wieder verschwinden muss; jetzt geht es nur noch darum, den Abzug schnell genug zu organisieren. Wie geht Jimmie im Einzelnen vor? Nachdem er die Situation mit dem Anbieten einer Tasse Kaffee etwas entspannt hat, holt er sich die Aufmerksamkeit von Jules: „Weißt du, was mich im Moment beschäftigt, das ist nicht der Kaffee in meiner Küche, sondern die Leiche in meiner Garage." Achten Sie darauf, dass er erst an das Thema anknüpft, mit dem sich Jules sowieso schon beschäftigt: dem Kaffee und dessen Qualität. Erst dann lenkt er das Gespräch auf das Problem, die Leiche im Auto. Ohne Lamentieren und Vorwürfe stellt er fest, dass ihn nicht der Kaffee, sondern der Tote in seiner Garage bewegt. Eine Tatsache, die kaum jemand im Raum bestreiten kann. Über die indirekte Variante mit dem „fehlenden" Schild, „Depot für Leichen", lenkt er das Gespräch in die gewünschte Richtung. Mit geschicktem und konsequentem Nachfragen bringt er Jules dazu, dass dieser selbst zugibt, dass es so ein Schild nicht gibt. Das entspricht einem Eingeständnis. Jules wird dadurch Folgendes bewusst: Er kann die Gastfreundschaft seines Freundes nicht überstrapazieren und sollte schleunigst wieder verschwinden.

Sie können dem anderen das Denken nicht abnehmen. Wenn Sie möchten, dass der andere seine Ansichten in einem bestimmten Punkt ändert, dann können Sie ihn nur dahin führen, dass er anfängt, selbst die Dinge aus einem anderen Blickwinkel zu sehen. Was würden Sie tun, wenn Sie in unserer Lage wären? Was wäre eine andere Lösung gewesen, wenn der heutige Wissensstand damals schon bekannt gewesen wäre? Beobachten Sie, was bei der anderen Seite vor sich geht. Nachdenken, insbesondere neue Gedanken, brauchen Zeit und sollten nicht gestört oder unterbrochen werden. Lassen Sie Ihr Gegenüber in dieser Situation in Ruhe. Insbesondere Augenbewegungen deuten darauf hin, dass sich beim anderen intensive Denkprozesse abspielen. Haben Sie Geduld und warten Sie das Ende dieser Phase ab. Wer seine Überlegungen abgeschlossen hat und zu neuen Erkenntnissen gekommen ist, wird sich automatisch mit seinen Ideen am Verhandlungstisch „zurückmelden". Das Entscheidende ist, dass die alte Position überdacht und infrage gestellt wird. Welche neuen Aspekte dabei im ersten

Schritt zutage gefördert werden, ist nicht so wichtig. Außerdem ist es durchaus möglich, dass die andere Seite Lösungen vorschlägt, die besser sind als Ihre. Lassen Sie zu, dass die andere Partei ihre Ideen einbringt.

Dieses Vorgehen ist eine elegante Möglichkeit, um Interessengegensätze zu überwinden, da der andere in seinem Tempo und der ihm gemäßen Weise vorgehen kann. Veränderungen, die auf derart subtile Weise zustande kommen, werden eher als sinnhafte Modifikation der eigenen Ansichten denn als aufgezwungene oder gar beängstigende Veränderungen empfunden. Ansichten kann man immer nur freiwillig aufgeben. Wer dagegen dem anderen seine Ansichten mit Druck aufzwingen oder nur mit freundlichen Worten einreden will, wird das gleiche ernten: Widerstand. Widerstand führt Sie weg vom Verhandeln hin zum Machtkampf. Genau das wird der geschickte Verhandler vermeiden.

Und was, wenn auch der andere versucht, Sie subtil aus der Welt Ihrer vorgefassten Meinungen herauszuführen? Lassen Sie sich ruhig darauf ein, dass auch Sie sich gedanklich in neuen Bahnen bewegen. Wer sagt denn, dass nicht auch Ihnen bei der bisherigen Beurteilung der Lage Denkfehler unterlaufen sind und Sie mentale Schranken aufgebaut haben, die einer optimalen Lösung im Wege stehen. Erst das Geben und Nehmen von Denkimpulsen und das gemeinschaftliche Ringen um eine hochwertige Lösung lässt den gewünschten Verhandlungsdialog entstehen. Dieser Verhandlungsdialog ist das Herzstück des ergebnisoffenen Verhandelns. Das Ressourcen schonende und Werte schaffende Verhandeln, das als Kulturtechnik dem frustriertem Nachgeben genauso überlegen ist wie dem zerstörerischen „sich durchsetzen um jeden Preis“.

Ergebnisoffen statt manipulativ

Im Vorfeld einer Verhandlung stehen traditionell Betrachtungen im Vordergrund, so zu kommunizieren und zu agieren, dass die andere Seite tut, was man will. Kurz gesagt, die andere Seite zu manipulieren. Wer so vorgeht, verhindert nicht nur das Ausschöpfen des gemeinsamen Lösungspotenzials, er engt sich auch in seiner Erwartungshaltung stark ein. Diese starre Erwartungshaltung kostet in der tatsächlichen Verhandlung dann das entscheidende Quäntchen Flexibilität. Der Manipulator hat mit folgendem Problem zu kämpfen: Er möchte zwei Schritte auf einmal machen. Der andere soll seine Ansichten aufgeben und auch noch gleichzeitig die Vorstellungen des Manipulators 1:1 übernehmen. Das wird nur in den seltensten Fällen funktionieren. Wenn jemand beginnt, seine Sicht der Dinge zu hinterfragen, werden bei ihm automatisch neue eigene Ideen entstehen. Das heißt, der Manipulator wird selten genau die Ernte einfahren, die er sich vorgestellt hat. Zugleich plagt den potenziellen Manipulator die eigene starre Erwartungshaltung, die auch sein starkes Kontrollbedürfnis widerspiegelt. Diese Menschen irritiert sehr stark, wenn nicht genau das passiert, was sie sich vorgestellt haben. Sie können sich nicht mehr spontan auf die Situation einstellen und geraten leicht in eine destruktive Spirale der Eskalation. Gehen Sie dagegen ergebnisoffen vor, führen Sie den anderen zwar aus seiner vorgefassten Meinung heraus, doch Sie achten sensibel auf die Lösungsvorschläge der anderen Seite. So bleiben Sie in Kontakt und handlungsfähig.

Dieses behutsame Vorgehen schützt Sie auch davor, aus Ihren eigenen Befürchtungen auf die Absichten der anderen Partei zu schließen. Denken Sie nochmals zurück an die Phase Vorbereitung, die Beschäftigung mit den Stärken und Schwächen der eigenen Position. Gerade wenn Sie sich besonders gut vorbereitet und dabei sämtliche denkbaren Gegenforderungen der anderen Partei durchgespielt haben, sind Sie dieser Gefahr ausgesetzt. Kommt es also zum entscheidenden Punkt, bleiben Sie in der abwartenden Haltung. Vielleicht stellt die andere Seite die befürchteten Forderungen gar nicht.

Wie Sie Ihre Interessen einflechten

Sie haben zugehört, mit Fragen Ihre Informationslücken geschlossen, die Aufmerksamkeit gewonnen und die andere Partei zum Überdenken ihrer Position gebracht. Jetzt noch einige Hinweise, wie Sie in dieser wichtigen Phase der Verhandlung am besten Ihre eigenen Interessen einflechten.

Wenn Sie sicher sein wollen, dass Sie verstanden werden, gehen Sie so wie Jimmie in kleinen Schritten vor. Erst nachdem Jules nachdenklich geworden ist, geht er in die Offensive: „Hier ist kein Lager für Leichen!" Worauf Jules einlenkt, er wolle die Leiche doch nicht „lagern".

Damit Ihre Vorschläge für die andere Seite möglichst gut verständlich sind, packen Sie am besten immer nur eine Information in einen Redebeitrag. In den Filmen ist das genauso: Auch dort wird in einem Dialog pro Redebeitrag nur eine Kernbotschaft übermittelt. Der Zuschauer soll ja genau mitbekommen, worum es geht. Machen Sie es genauso: Immer ein Informationshäppchen pro Redebeitrag. Das führt zu klaren Botschaften, die sicher verstanden werden. Wenn Sie dagegen mehrere Informationen in einen Redebeitrag packen, entstehen schnell gemischte, eventuell widersprüchliche Botschaften. Derartige gemischte Botschaften sind für den Empfänger verwirrend und verunsichern ihn. Wenn Sie Ihre Vorstellungen nicht klar und eindeutig kommunizieren, wie soll der andere da sinnvoll reagieren? In Filmdialogen knüpft Rede und Gegenrede stets genau aneinander an. In „normalen" Gesprächen beobachtet man dagegen oft eine Verschiebung. Die andere Person bezieht sich auf etwas, das vielleicht vor zwei Minuten, z. B. am Anfang des vorangegangenen Redebeitrags, gesagt wurde. So entstehen leicht Missverständnisse. Sollte sich die andere Partei also weitschweifig und kompliziert ausdrücken, fassen Sie den Beitrag der anderen Seite zusammen und fragen Sie nach, worum es der anderen Partei denn wirklich geht. Dieses Vorgehen hat drei Vorteile:

- Sie finden auf diese Weise heraus, was der anderen Seite wirklich wichtig ist.
- Die andere Seite spürt, dass sie sich verständlich machen konnte, was in angespannten Kommunikationssituationen – wie einer Verhandlung – sehr entlastend wirkt.
- Sie haben durch das Zusammenfassen die Möglichkeit, gestaltend in den Kommunikationsfluss einzugreifen und auf bestimmte Dinge hinzuweisen oder von bestimmten Themen abzulenken.

Wie im Kapitel „Vorbereitung“ erläutert, ist der Fokus der Aufmerksamkeit sehr wichtig für die Beurteilung der jeweiligen Verhandlungsmacht. Die Beurteilung der Verhandlungsmacht kann sich verschieben, wenn plötzlich ein anderes Thema den Blick auf bisher unbeachtete Stärken oder Schwächen einer Verhandlungspartei lenkt. Das gezielte Zusammenfassen in Verbindung mit einem geschickten Hervorheben von bestimmten Informationen oder Ausblenden anderer Aspekte ist deshalb ein wichtiges Instrument, die aktuelle Einschätzung der Verhandlungsmacht zu beeinflussen. Der gezielte Einsatz der Technik, den Aufmerksamkeitsfokus zu verschieben, ist eine Königsdiziplin für den professionellen Verhandler. Diese Fertigkeit ist am besten mit gezieltem Videofeedback zu erlernen. Zu diesem Thema werden Sie bei „Phase 7: Nachbereitung“ weitere Hinweise finden.

Ein kleines praktisches Beispiel wie Sie mit Sprache, z. B. der Verwendung von Schlüsselworten, den Fokus der Aufmerksamkeit verändern, ist Ihnen schon in der zweiten Antwort des Verkäufers der Eigentumswohnung begegnet. Er weicht nicht nur geschickt einer klaren Antwort auf die Frage, ob es denn noch andere Interessenten gibt, aus, sondern er lässt durch die pointierte Verwendung von Worten wie „Interessent“ und „Ernsthaftigkeit“, subtil eine Stimmung entstehen, in der ein oberflächliche Zuhörer den Eindruck gewinnt, dass es nicht nur weitere Interessenten, sondern sogar ernsthafte Interessenten gibt. Die meisten Menschen sind eher oberflächliche Zuhörer – hauptsächlich mit ihren inneren Prozessen und Gedanken beschäftigt. Diese Technik können Sie übrigens nicht analytisch-rational zum Einsatz bringen. Dafür ist in der Verhandlungssituation gar nicht die Zeit. Die Technik ist so gut zu trainieren, dass sie eher reflexartig wie eine Rückhand beim Tennis oder ein Schlag beim Golf abläuft.

Auch in Bezug auf die Sprechgeschwindigkeit dürfen Sie sich Filme zum Vorbild nehmen. Denn nicht nur die Informationsdichte ist in Filmdialogen geringer, auch die Sprechgeschwindigkeit ist im Vergleich zu normalen Gesprächen deutlich langsamer. Bei normaler Sprechgeschwindigkeit wäre es sehr schwierig, dem Geschehen eines Films zu folgen. Wenn Sie von diesem Befund auf die Verhandlungssituation schließen, können Sie ermessen, wie viele Hinweise und Botschaften in Verhandlungen einfach untergehen, weil sie in der dargebotenen Geschwindigkeit gar nicht angemessen verarbeitet werden können. Drosseln Sie deshalb in den kritischen Momenten einer Verhandlung Ihre Sprechgeschwindigkeit. Machen Sie Pausen und lassen Sie Ihre Beiträge erst einmal auf die andere Partei wirken. Wenn Sie zurückdenken an das kleine Beispiel zu Beginn dieses Kapitels: Auch Jimmie geht sehr behutsam vor und macht immer wieder Pausen, in denen Jules das Gespräch mental verarbeiten kann. Die Informationsphase sollte überhaupt die Phase der großen und kleinen Pausen sein. Nutzen Sie diese Pausen, um Ihre Beurteilung der Verhandlungssituation zu überdenken, Ihre Verhandlungsleitlinien fortzuschreiben, mögliche Lösungsszenarien zu entwickeln und Entscheider im Hintergrund kontinuierlich in den Fortgang der Verhandlung einzubinden.

Gehen Sie auf allen Ebenen sensibel vor. Ihre eigenen Vorstellungen flechten Sie am besten über Ich-Botschaften in die Verhandlung ein. Das heißt, Sie sagen explizit, dass es sich um Ihre Ansichten oder Ihre Vorschläge handelt. Das entlastet die andere Seite, da Sie damit signalisieren, dass man auch anderer Ansicht sein kann. Neben der Ich-Botschaft ist die indirekte Kommunikation eine elegante und widerstandsfreie Methode, neue Sichtweisen eines Sachverhalts oder neue Lösungsansätze in die Diskussion einzuführen.

- Wie wäre es für Sie, wenn wir so vorgehen würden ...
- Könnten Sie zustimmen, wenn wir folgenden Weg einschlagen?

Diese vorsichtig tastenden Formulierungen erlauben Ihnen unverbindlich, Ihre Argumente und Interessen darzustellen, Ihre Thesen bezüglich der anderen Partei zu prüfen und den Einigungsrahmen auszuloten. Wie aus den vorangehenden Beispielen ersichtlich, dominiert in der Sprache der Konjunktiv.

Nutzen Sie die überlegene Überzeugungskraft der nonverbalen Kommunikation. Auf der Ebene der nonverbalen Kommunikation sind die intellektuellen Filter kaum wirksam. Mit Ihrem Mienenspiel oder Ihrer Gestik können Sie deshalb überzeugend vermitteln, was man Ihnen bei allen verbalen Beteuerungen kaum abnehmen würde. Achten Sie deshalb aufmerksam auf Ihre Körpersprache. Eine unglaubliche Menge an Informationen wird allein durch einen zufriedenen Blick, eine nervöse Pause in einer Antwort oder ein Augenbrauenheben vermittelt. Das Repertoire, mit dem Sie Ihre Vorstellungen vermitteln können, geht also weit über Worte hinaus. Auch mit Pausen, Hand- und Augenbewegungen, einem Zucken der Mundwinkel, einem Lachen und einer Schnute können Sie durchaus Ihre Vorstellungen in einer Verhandlung transportieren, oft noch treffender als mit Worten. Ein leicht angewidert verzogener Mund mit einem gleichzeitigen Lächeln in den Augenwinkeln kann da viel sympathischer „sprechen" als ein intellektuelles Abschmettern eines Vorschlags. Ganz zu schweigen davon, dass Sie ihre Reaktion sofort senden und keine Pause im Redefluss des anderen abwarten müssen. Zudem sind Sie einer verbalen Antwort enthoben, was in manchen Situationen sehr vorteilhaft sein kann.

Wer überzeugend seine Vorstellungen vermitteln will, tut also gut daran, auch sein nonverbales Repertoire in die Kommunikation einfließen zu lassen. Dieses Wort ist mit Bedacht gewählt: „einfließen" lassen, nicht schauspielern, einfach die natürliche Gestik, Mimik, körperliche Beweglichkeit, die Differenzierungsfähigkeit der Stimme in Höhe, Tiefe, Lautstärke und Klangfarbe nutzen. Auch wenn durch Schule (still sitzen statt im Klassenzimmer herumlaufen) und Erziehung („schneide keine Grimassen") bei vielen ihr natürliches nonverbales Repertoire stark dezimiert ist, können Sie all diese Dinge reaktivieren. Da die Körpersprache, egal ob frei und locker oder angespannt und reduziert, unwillkürlich in die Kommunikation einfließt, ist es sinnvoll, aktiv am Repertoire der Körpersprache zu arbeiten und in entsprechende Trainings (Schauspielerei, Improvisation und Humor) zu investieren.

Sie erinnern sich außerdem an das Kapitel Begrüßung, in dem dargestellt wurde, welche Bedeutung der Grad der körperlichen Entspannung für die subtile Hierarchiebildung am Verhandlungstisch hat. Die eingeschränkte Lebendigkeit im Businesskontext lässt für den distanzierten Betrachter viele Verhandlungen blutleer und eher langweilig wirken. Wenn tatsächlich Kreativität und Fantasie ein Schlüssel zur Überwindung von größeren Interessengegensätzen sind, können Sie ermessen, wie wichtig es ist, diesem Thema in der Weiterbildung genügend Raum einzuräumen. Es kommt nicht von ungefähr, dass viele Topverhandler über einen reichen Schatz an Metaphern, Anekdoten und Bildern verfügen. Mit einem lebhaften und gekonnten Vortrag können Sie physisch und mental festgefahrene Verhandlungssituationen auf allen Ebenen wieder in Fluss bringen. Wem das Grundbedürfnis Intensität und Spannung wichtig ist, hat bei diesem Themenbereich besondere Vorteile. Doch auch die anderen Typen können es entsprechend ihrem Naturell in ihren persönlichen Verhandlungsstil integrieren.

Wenn Sie begonnen haben, Ihre Ansichten und Interessen in den Dialog mit der anderen Partei einzuflechten, achten Sie mit großer Aufmerksamkeit auf Einwände, die von der anderen Seite kommen. Nehmen Sie diese Einwände auf und beschäftigen Sie sich mit ihnen. So bleiben Sie in dieser schwierigen Phase der Verhandlung in Kontakt mit der anderen Partei. Spielen Sie auch ruhig den Ball zurück und ermuntern Sie die andere Partei, nach Konzepten zu suchen, die einerseits Ihre Bedürfnisse berücksichtigen und andererseits die Einwände der anderen Seite ausräumen. Oft genügt es schon, wenn Sie Ihre Bereitschaft signalisieren, die fraglichen Bedenken in das Lösungskonzept einzuarbeiten. Von der anderen Partei sollten entsprechende Vorschläge kommen, wie man dies konkret bewerkstelligen könnte. Da die andere Seite die tieferliegenden Interessen hinter ihren eigenen Einwänden natürlich viel besser kennt als Sie, ist das ein guter Weg, um einer Lösung näher zu kommen. Wenn es sich als sehr schwierig erweisen sollte, die Einwände der anderen Seite und Ihre eigenen Interessen in Einklang zu bringen, nutzen Sie das Schema der neun Grundbedürfnisse (siehe Phase 1: Vorbereitung). Welche Grundbedürfnisse stehen hinter den Einwänden der anderen Partei, welche hinter Ihren Vorschlägen: Da die Grundbedürfnisse sehr global gefasst sind, lassen sie in der praktischen Umsetzung sehr viele Lösungen zu. Die Grundbedürfnisse stecken gewissermaßen den maximal möglichen Rahmen ab, in dem sich der Ausgleich zwischen den verschiedenen Positionen bewegen kann.

Macht es Sinn, mit dieser Partei in die Konzessionsphase einzusteigen?

Jetzt ist es wichtig, sich grundsätzlich Gedanken über den weiteren Verlauf der Verhandlung zu machen. Sie haben sich gründlich über die andere Partei und deren Ansichten informiert. Sie haben all Ihre kommunikativen Fähigkeiten in die Erhöhung der Flexibilität der anderen Partei investiert und Ihre eigenen Ansichten in die Diskussion eingebracht. Sie haben eine Vorstellung entwickelt, in welchem groben Rahmen eine Einigung mit der anderen Partei möglich ist. Jetzt stehen Sie vor der wichtigen Entscheidung, ob Sie die Verhandlung mit dieser Partei durchziehen und in die Konzessionsphase, das heißt das Verhandeln im engeren Sinne, einsteigen wollen. Oder ob es besser ist, an dieser Stelle die Verhandlungen abzubrechen und einer alternativen Lösung den Vorzug zu geben. Auch die Kläger aus Hinkley stehen gegen Ende des Films vor einer solchen Entscheidung.

Erin Brockovich: „Eine schwierige Entscheidung!"

Die Opfer der Umweltverseuchung durch PG&E haben einen großen Erfolg verbucht. Die Klage, die Ed und Erin bei Gericht eingereicht haben, wurde trotz der 80 Argumente, die PG&E für die Abweisung der Klage vorgebracht hat, vom zuständigen Richter zugelassen. Damit ist der Weg frei für einen regulären Schadensersatzprozess vor einem Geschworenengericht. Doch Kurt Potter, der Spezialist für Umweltdelikte, hat Ed und Erin von einer anderen Strategie überzeugt. Sie schlagen den Klägern vor, sich in einem Schiedsgerichtsverfahren außergerichtlich mit PG&E über die Höhe der Entschädigung zu einigen. Doch die Kläger können sich überhaupt nicht vorstellen, wie in so einem Schiedsgerichtsverfahren ihre Interessen angemessen vertreten werden sollen. Es gibt keine Geschworenen, sondern alles hängt von der Entscheidung eines Richters ab. Vielleicht kann PG&E, der große Konzern mit den vielen Kontakten, Einfluss auf diese Entscheidung nehmen und das Ganze ist nur ein billiger Ausverkauf ihrer Interessen. Die Kläger sind sehr skeptisch, ob sie weiter Ed ihr Vertrauen schenken können. Vielleicht wäre es besser, sich einen anderen Anwalt zu suchen, der bereit ist, mit ihnen den normalen Prozessweg zu gehen.

In dieser kritischen Situation haben sich die Kläger im Gemeindezentrum von Hinkley versammelt, um sich noch einmal die Argumente von Ed zu dieser schwierigen Entscheidung anzuhören. Es ist ein heißer Sommerabend. Es gibt keine Klimaanlage. Nach einem langen Arbeitstag sitzen die Leute müde und fast apathisch auf den dunkelbraunen Klappstühlen und fächeln sich etwas Luft zu. Es fällt ihnen schwer, den juristischen Ausführungen von Ed zu folgen. Als ihnen klar wird, dass es im Schiedsgerichtsverfahren keine Möglichkeit gibt, das Ergebnis anzufechten, ist für die meisten der Anwesenden die Sache klar: Unter diesen Bedingungen sind sie gegen ein Schiedsgerichtsverfahren. Die

Stimmung kippt, die Leute werden unruhig und tuscheln miteinander. Die ersten stehen auf und wollen gehen. Wenn ein normaler Prozess zehn Jahre dauert, dann warten sie eben zehn Jahre, bis sie ihre Arztrechnungen erstattet bekommen. Doch der Fall liegt etwas komplizierter, es ist nicht jedem Kläger freigestellt, sich individuell für oder gegen ein Schiedsgerichtsverfahren zu entscheiden. Ein Schiedsgerichtsverfahren ist nur möglich, wenn sich 90 Prozent der Kläger für diesen Weg entscheiden.

Unter den Teilnehmern der Versammlung sitzen auch Menschen, die von ihren Krankheiten schon schwer gezeichnet sind. Sie haben nicht mehr die Zeit, um den langwierigen und letztendlich auch unsicheren Ausgang eines regulären Prozesses abzuwarten. Als Ed an die Solidarität der Kläger mit den am schwersten betroffenen Opfern appelliert, dreht sich die Stimmung. Diese Solidarität wiegt für die Kläger so schwer, dass sich am Ende nicht nur 90 Prozent, sondern alle der über 600 Kläger entscheiden, der von Ed vorgeschlagenen Schiedsgerichtsvereinbarung zuzustimmen. Auf Basis dieser Entscheidung können Ed, Erin und Kurt Potter in das Schiedsgerichtsverfahren einsteigen. Dort werden sie die Details der Schadensersatzzahlungen regeln, insbesondere, wie hoch die gesamte Entschädigungssumme ist und wie sie auf die einzelnen Kläger mit ihren unterschiedlichen Krankheiten und Krankheitskosten aufzuteilen ist.

Durch die sorgfältige Informationsbeschaffung und das Ausloten der Alternativen ist sowohl ein Schadensersatzprozess als auch ein Schiedsgerichtsverfahren möglich. Jetzt ist es für die Kläger der richtige Moment zu entscheiden, wie sie ihre Schadensersatzansprüche gegen PG&E geltend machen wollen. Einen derartigen Entscheidungspunkt gibt es in jeder Verhandlung. Wenn die Angelegenheit im Grundsatz entscheidungsreif ist, müssen Sie die Entscheidung treffen, welche Alternative weiter verfolgt wird oder ob es besser ist, die Verhandlungen abzubrechen.

Sie sollten an dieser Stelle nichts überstürzen. Kalkulieren Sie Zeit für das Überdenken Ihrer Position ein, bevor Sie Ihre Entscheidung treffen. Jetzt, mit all den Informationen, die Sie in der Informationsphase zusätzlich gewonnen haben, sind Ihre Vorstellungen über Ihre Verhandlungsposition und Ihre Verhandlungsziele eventuell zu überprüfen. Vielleicht ist es Ihnen gelungen, Ihre Verhandlungsposition zu verbessern. Oder es ist gerade das Gegenteil eingetreten. Ihnen wurde klar, dass Sie Ihre Position am Anfang überschätzt haben und dass es notwendig ist, mit wesentlich bescheideneren Forderungen in die Detailverhandlung zu gehen, um einen ansonsten wünschenswerten Abschluss nicht zu gefährden. Jetzt ist es an der Zeit, sich nochmals gründlich mit Ihren Verhandlungsleitlinien auseinander zu setzen und diese auf den aktuellen Stand zu bringen.

Dass derartige Anpassungs- und Denkprozesse ihre Zeit brauchen, gilt natürlich auch für die andere Partei. Gerade wenn Sie Ihre Sache gut gemacht haben und die andere Partei anfängt, ihre ursprünglichen Vorstellungen infrage zu stellen, braucht sie dafür Zeit. Das ist übrigens auch in Hinkley so. Auch dort gibt es einige, die die Vereinbarung über das Schiedsgerichtsverfahren nicht gleich am Abend im Gemeindezentrum unterschreiben, sondern erst noch einmal darüber nachdenken möchten, was jetzt das Richtige ist. Zeit ist für viele auch wichtig, um einen Meinungswechsel gesichtswahrend durchführen zu können.

Sie brauchen Kriterien, die Ihnen helfen, die Argumente dafür und dagegen abzuwägen. Langfristig werden Sie immer mit den Entscheidungen am besten fahren, die sich an Ihren Grundbedürfnissen orientieren. Die Menschen in Hinkley, die sich für die Solidarität mit den Schwerkranken unter ihnen entscheiden, orientieren sich vor allem an ihrem Bedürfnis nach Fürsorge. Ihr Bedürfnis nach Sicherheit wird dadurch befriedigt, dass das Schiedsgericht in überschaubarer Zeit zu einem endgültigen Ergebnis führt und für die Kläger eine Mindestentschädigung vereinbart wurde, die in jedem Fall ausbezahlt werden muss.

Mit realistischen Vorstellungen in die Konzessionsphase einzusteigen oder die Verhandlung trotz des vorangegangenen Aufwands als uninteressant abzubrechen; diese Entscheidung ist sehr wichtig: Doch es fällt vielen Verhandlern schwer, sich systematisch mit dieser Grundsatzfrage auseinander zu setzen. Nur wenn, gemessen an den Alternativen, eine Einigung mit der anderen Partei vorteilhaft ist, können Sie jetzt zur Konzessionsphase übergehen. Wenn es für Sie nicht vorteilhaft ist, können Sie an dieser Stelle getrost die Verhandlungen abbrechen. Welche Informationen oder Einsichten vonseiten der anderen Partei erhoffen Sie in der Konzessionsphase noch, die Sie nicht schon in der Informationsphase hätten herausfinden oder bewirken können?

Ein gefährlicher Fehler ist es, sich durch die in der Begrüßungsphase einsetzende Gruppendynamik so stark gebunden zu fühlen, dass man sich in die Detailverhandlungen hineinziehen lässt. Die objektiven Kriterien hätten für einen Abbruch der Verhandlungen gesprochen. Sollten Sie also schon in der Begrüßungsphase unbewusst die Entscheidung gefällt haben, dass Sie die Verhandlung gerne zu einem positiven Ende bringen möchten, überprüfen Sie dies jetzt noch einmal.

Natürlich sind auch Sie nicht dagegen gefeit, dass die andere Partei an ihrer Grundsatzentscheidung arbeitet und eventuell ihrerseits die Verhandlungen abbricht. Doch auch für diese Situation haben Sie in der Vorbereitung schon Vorsorge getroffen und sich einen Plan zurechtgelegt. Das Gleiche gilt, wenn sich die andere Partei nicht zu einer Entscheidung entschließen kann und sich die Verhandlungen in die Länge ziehen, ohne dass weitere wichtige Informationen zutage gefördert werden. Auch in diesem Fall müssen Sie prüfen, wann es für Sie sinnvoller ist, auf Ihren Alternativplan zurückzugreifen, als sich in der Hoffnung auf einen fernen Abschluss weiter hinhalten zu lassen.

Zentrale Fehler in der Informationsphase

Der typische Fehler beim Informationsaustausch ist, dass er gar nicht richtig in Schwung kommt. Viele wollen die andere Partei eher überreden, dass sie mit ihnen abschließt, ohne sich ernsthaft mit der Sachlage und den Bedürfnissen der anderen Partei auseinander zu setzen. Blenden wir an den Beginn des Films *Erin Brockovich* zurück. In dieser Szene können Sie beobachten, wie Erin jeden konstruktiven Informationsaustausch verhindert und durch ihr ungeschicktes Verhalten den Verhandlungspartner gegen sich einnimmt.

Erin Brockovich: „Keine medizinische Ausbildung"

Erin ist arbeitslos und benötigt für den Lebensunterhalt dringend einen Job. Sie hat sich auf eine Stelle in einer Arztpraxis beworben und eine Einladung zu einem Vorstellungsgespräch erhalten. Der Arzt sitzt an seinem Schreibtisch. Erin sitzt ihm gegenüber. Sie ist stark geschminkt und ihre blonden Haare wallen in dicken Locken bis über ihre Schultern. Unter ihrem tief ausgeschnittenen Top lugen die Träger ihres Spitzen-BHs hervor.

Dem Arzt liegen ihre Bewerbungsunterlagen vor, aus denen hervorgeht, dass sie keine medizinische Ausbildung hat. Da er sie trotzdem zu einem Vorstellungsgespräch eingeladen hat, ist ihm die Vorbildung vielleicht nicht so wichtig. Die Aufmachung von Erin scheint ihn etwas zu irritieren und er blickt verlegen in die Unterlagen: „Ahm, Sie haben keine medizinische Ausbildung?"

Erin will unbedingt einen Job und fängt an, auf den Arzt einzureden. Sie hat zwar keine medizinische Ausbildung, versteht aber viel von Medizin. Schließlich hat sie ja Kinder und auch schon einmal gesehen, wie man einen Abstrich aus dem Rachen nimmt oder eine Harnuntersuchung macht. So schwer wäre das doch gar nicht. Sie strahlt den Arzt mit großen Augen an. Der Arzt meint etwas pikiert: „Ja, ich verstehe." Doch Erin gibt ihm keine Chance, in das Gespräch einzusteigen. Sie macht eine generöse Handbewegung: „Ich kann unheimlich gut mit Menschen. Sie müssen sich natürlich davon überzeugen, aber das kann ich wirklich gut." Ihr Blick schweift in die Ferne, sie sieht sich im Büro um und hat keinen Blickkontakt zum Arzt. Sie wird etwas unsicher, beißt sich auf die Lippen. Dann erzählt sie von ihrem Job bei einer Baufirma und dass sie seitdem total auf Geologie steht.

Der Arzt sitzt im weißen Kittel an seinem Schreibtisch und schaut fragend durch seine dicke Hornbrille: „Geologie?"

Doch Erin ist voll in Fahrt und muss auch gleich noch ausplaudern, dass sie den Job in der Baufirma verloren hat, weil sie die Arbeit schwänzte, als ihr Sohn mit Fieber im Bett lag. Sie gestikuliert wild mit ihren Händen: „Manchmal läuft alles schief." Der Arzt nickt: „Aha …" und wirft nochmals einen Blick in die Unterlagen, die er über Erin hat. Die rollt verzweifelt ihre Augen und macht einen letzten Versuch: „Sie haben wirklich ein sehr schönes Büro." Erin sieht ihn mit großen hoffungsvollen Augen an. Verblüfft über so viel Unverstand sieht der Arzt von den Unterlagen auf. Er macht eine unheilvolle Pause: „Hören Sie ..." Erin ahnt, dass jetzt eine Absage folgt. Beschämt weicht sie seinem Blick aus.

Sie als Zuschauer genießen den amüsanten Einstieg in den Film, für Erin ist es eine böse Verhandlungsfalle. Sie hört nicht zu, sondern unterbricht ihren Gesprächspartner, als er ihr erklären will, was es mit der fehlenden medizinischen Ausbildung auf sich hat. Erin verfällt genau in den Fehler, dass sie ihre eigenen Befürchtungen – wie soll sie denn ohne medizinische Ausbildung einen Job bei einem Arzt bekommen? – auch bei ihrem Gesprächspartner vermutet. Durch den Redeschwall von Erin erfahren wir zwar leider nicht, was ihr der Arzt für ein Angebot machen wollte, doch er wird sie kaum eingeladen haben, um ihr mitzuteilen, dass er ausschließlich Mitarbeiter mit medizinischer Ausbildung einstellt. Jemand, der wie Erin mit einem solchen Redeschwall loslegt, will häufig seine Ängste und Befürchtungen überdecken. Unter Experten gilt deshalb dieses Verhalten als Signal für Angst. Wer ihnen so gegenübertritt, ist unsicher und fühlt sich machtlos.

Dann begeht Erin die nächste Ungeschicklichkeit; sie unterbricht den anderen nicht nur, sondern sie wertet auch noch dessen Arbeit ab. Sie hat ja tatsächlich schon einmal zugesehen, wie eine Krankenschwester einen Rachenabstrich gemacht hat. Das ist doch alles ganz einfach. Auf der anderen Seite spart sie nicht mit Selbstlob, wie schnell und gelehrig sie sei. Besonders amüsant ist in diesem Zusammenhang, dass Erin meint, sie könne gut mit Menschen umgehen, während sie von einem kommunikativen Fettnäpfchen ins nächste tappt. Generell sind oftmals folgende negative Verhaltensmuster in der Informationsphase zu beobachten: Das Anliegen des Gegenübers wird heruntergespielt, Selbstlob, Ratschläge aller Art, Vorwürfe. Doch es hapert bei Erin nicht nur mit der verbalen Kommunikation, auch die nonverbale Kommunikation ist ungeschickt. Das fängt mit tief ausgeschnittenen Tops, üppiger Schminke und ihrer Frisur an und hört mit ihrer Gestik und Mimik auf. Das alles will so gar nicht zu dem ruhigen Arzt in seinem weißen Kittel und der biederen Hornbrille passen.

Erin stellt keine einzige Frage, um etwas über die Vorstellungen ihres Gesprächspartners herauszufinden. Der Arzt geht viel geschickter vor. Er nutzt kleine sprachliche Ermunterungen, die den anderen manchmal sogar noch besser zum Weitererzählen bringen als richtige Fragen: Die Jas und Hms und das fragende Wiederholen von bestimmten Schlüsselworten wie „Geologie?“. Er weiß nach zwei Minuten die wesentlichen Eckpunkte aus Erins Berufs- und Privatleben. Ist es wirklich eine gute Idee, in einem Vorstellungsgespräch ungefragt auszuplaudern, dass und wieso sie ihre Stelle in der Baufirma verloren hat? In Verbindung mit dem resignierenden „Manchmal läuft alles schief“ bekommt dies die Qualität einer Selbstoffenbarung. Der Zuhörer gewinnt den Eindruck, dass Erin sich für einen Pechvogel hält. Eine Eigenschaft, die sie für einen künftigen Arbeitgeber nicht attraktiver macht.

In dieser kleinen Szene geht es zwar nicht direkt um das Thema Lügen, doch Sie können einige kleine Bobachtungen zum Thema Authentizität machen. Der Körper verrät jeden, bei dem die Gedanken und das, was er sagt, nicht im Einklang stehen. So starrt Erin ihr Gegenüber mit großen Augen an, als sie anfängt, das Büro zu loben, um ihre wahren Gedanken zu verbergen. Denn so aufgedonnert wie Erin ist, ist klar, dass sie sich unter einem schönen Büro etwas ganz anderes vorstellt als dieses schmucklose Zimmer, dessen wichtigste Zierde ein großes gerahmtes medizinisches Diplom ist. Als ihr die Peinlichkeit ihres ganzen Auftritts bewusst wird, weicht sie verschämt dem Blickkontakt aus.

Da Erin schon beim Einstieg in die Informationsbeschaffung furios scheitert, kommt sie gar nicht so weit, ernsthaft Kontakt mit der anderen Seite aufzubauen oder sich als interessante Mitarbeiterin für die Arztpraxis zu profilieren. Vermutlich gibt es noch weitere Bewerber. Weshalb sollte sich der Arzt mit dieser merkwürdigen Person, die total auf Geologie steht, beschäftigen. Egal welchen Vorschlag er Erin zu Beginn des Gesprächs unterbreiten wollte, nach diesem Gespräch ist klar: Er wird sich für den Abbruch dieser Verhandlung entscheiden und sich lieber weitere Bewerber ansehen. Erin bleibt nur die Frustzigarette – draußen vor der Praxis. Sie sollten lieber so vorgehen: Schöpfen Sie die Möglichkeiten des Informationsaustauschs mit der anderen Partei aus, bevor Sie in die konkreten Detailverhandlungen einsteigen.

Zum Thema Informationsaustausch noch folgende Filmempfehlungen: *Hundstage* (1975) mit Al Pacino: In dieser sorgfältigen und sehr realitätsnahen Verfilmung einer Geiselnahme in einer Bank können Sie studieren, wie die New Yorker Polizei Schritt für Schritt Informationen sammelt, bevor sie im Finale die Täter überwältigt und die Geiseln unversehrt rettet. Dieser Film soll in den USA sogar zur Schulung von Polizeipersonal verwendet worden sein. In der Komödie *Verrückt nach Mary* (1998) mit Matt Dillon und Cameron Diaz können Sie dagegen in der Parodie auf klassische Verhörszenen beobachten, wie sich die naive Hauptfigur Ted durch den unbedachten Umgang mit Informationsbruchstücken fast auf den elektrischen Stuhl „verhandelt". In der Komödie *Natürlich Blond* (2001) mit Reese Witherspoon verhilft gegen Ende des Films die Hauptfigur Elle einem Freund zu einem unverhofften Erfolg in der Damenwelt. Durch eine verblüffende Information bringt sie zwei junge Frauen so richtig zum Nachdenken.

Zusammenfassung: Informationsaustausch

- Sie sind im vorläufigen Bereich, die Sicht der Dinge ist noch im Fluss!
- Schließen Sie Ihre Informationslücken durch Zuhören und Nachfragen.
- Halten Sie sich selbst eher bedeckt.
- Nehmen Sie sich die Zeit, um die vorgefassten Meinungen der anderen Seite aufzuweichen.
- Greifen Sie die Lösungsimpulse, die von der anderen Seite kommen, auf.
- Lassen Sie Ihre eigenen Ansichten eher behutsam und indirekt einfließen.
- Treffen Sie eine bewusste Entscheidung, ob Sie – gemessen an den Möglichkeiten der Alternativen – in die Detailverhandlungen einsteigen.

Phase 4: Konzessionsphase oder Verhandeln im engeren Sinne

In dieser Phase der Verhandlung geht es zur Sache. Ihre Verhandlungspartner und Sie haben sich kennen gelernt und über die Begrüßung eine Beziehung aufgebaut. Sie haben von der anderen Partei Signale bekommen, wie die Sache grundsätzlich gesehen wird, wie stark sich die andere Seite fühlt, welche Interessen verbinden und wo Interessengegensätze liegen. Durch geschicktes Nachfragen haben Sie herausgefunden, welche tieferen Bedürfnisse hinter den Interessengegensätzen stecken und wie im Rahmen dieser Bedürfnisse tragfähige Lösungskonzepte aussehen könnten. Sie haben anschließend gründlich über Ihren Verhandlungsrahmen nachgedacht und sind zu folgendem Schluss gekommen: In Anbetracht der Alternativen macht es für Sie Sinn, in die Detailverhandlungen der Konzessionsphase einzusteigen. Jetzt kann der Kuchen verteilt werden!

Das tiefere Wesen der Konzessionsphase besteht im geschickten Nachgeben. In Verhandlungen wird zwar immer wieder beteuert, dass es hier um wichtige Dinge wie den Kaufpreis für ein Unternehmen oder langfristige IT-Dienstleistungsverträge geht und man bei der Entscheidungsfindung ganz rational vorgehen muss. Man befinde sich doch nicht auf dem Basar. Doch kurz darauf wird munter um die Höhe des Kaufpreises, Haftungshöchstgrenzen und Pönalen gefeilscht – genau wie auf dem Basar. Und wehe dem, der dann nicht genug Spielraum zum Nachgeben hat.

Genau das bestätigt auch die Forschung. Viele Menschen fühlen sich geradezu beraubt, wenn diese Phase der harten Verhandlungsarbeit nicht ausführlich genug zelebriert wird. Diese Untersuchungen haben gezeigt, dass für die Zufriedenheit der Verhandler ausschlaggebend ist, dass sich die andere Seite bewegt. Tatsächlich ist die Zufriedenheit besonders groß, wenn es einerseits klar ist, dass es Zugeständnisse geben wird, diese aber zugleich hart erarbeitet werden müssen. Das eigentliche objektive Verhandlungsergebnis tritt demgegenüber in den Hintergrund. Die Bereitschaft zur Flexibilität wird in diesen Experimenten mit einer überdurchschnittlich hohen Anzahl an erfolgreichen Abschlüssen belohnt.

Wenn die Informationsphase sorgfältig durchgeführt wurde, hat das wechselseitige Fordern und Nachgeben auch etwas Spielerisches. Als Konsequenz der sorgfältigen Vorarbeit entsteht ein geordnetes Geben und Nehmen – insbesondere für große und komplexe Verhandlungen ein unverzichtbares Vorgehen.

Wird diese Vorarbeit nicht geleistet, folgen daraus dramatische Hängepartien. Es kommt zu dem berüchtigten toten Punkt. Um diesen zu überwinden, müssen Sie wieder in die Informationsbeschaffung der Phase 3 einsteigen. Da Sie jedoch schon in die Detailarbeit der Angebote und Konzessionen eingestiegen sind, werden Sie den Rest der Verhandlung in einem anstrengenden Prozess des Hin- und Herspringens zwischen Informations- und Konzessionsphase zubringen.

Ein anderer Fehler, der in dieser Phase oft auftritt, ist mangelnde emotionale Distanz. Die Parteien argumentieren dann nicht mehr, sondern versuchen, sich stattdessen eher mit trotzigen Willensbekundungen durchzusetzen. So können Verhandlungen sehr schnell eskalieren. Die Parteien greifen, da sie mit ihrem starren Positionsdenken nicht vorankommen, zur wechselseitigen Schädigung. So werden Gräben zwischen Parteien vertieft und Feindschaften zementiert. Eine vernünftige Einigung ist nach solchen Aktionen meist nicht mehr möglich. Abschlüsse, die unter sachlichen Aspekten vielleicht sehr wünschenswert gewesen wären, sind erst einmal für längere Zeit außer Reichweite gerückt.

***Erin Brockovich*: „Mr. Foil – Eröffnen und Argumentieren"**

Ed Masrys Anwaltskanzlei wirkt altmodisch und bescheiden. Man riecht den Staub auf den Akten. Die Holzvertäfelung an den Wänden gibt dem Ganzen einen warmen und herzlichen Aspekt. Ed selbst, mit seinem Bäuchlein, den aufgeschlagenen Hemdsärmeln und seinen schalkhaften Augen hat eine ähnliche Ausstrahlung wie seine Umgebung – leicht chaotisch, doch mit viel Herz und Mutterwitz. Die belastenden Dokumente, die Erin in der Wasserbehörde gefunden hat, haben bei PG&E gewirkt. Ed ist begeistert: „Sobald Brenda das Fax losgeschickt hatte, waren sie am Telefon wegen eines Termins." Er ist noch in „Zivil", ohne Jackett und mit offenem Hemdkragen. Erin kann ihren Erfolg bei PG&E noch gar nicht so richtig fassen. Sie steht etwas unsicher neben ihm: „Und Sie glauben, wir haben denen Angst eingejagt?" Ed schlüpft in sein Jackett und Erin zieht ein Jäckchen über ihren, wie üblich, tiefen Ausschnitt. Jetzt sind sie bereit, die Herrschaften von PG&E standesgemäß zu empfangen. Ihre Enttäuschung ist umso größer, als im Eingangsbereich der Kanzlei nur der junge Mr. Foil in einem der tiefen Sessel sitzt. Mit seinen blitzblanken Schuhen, dem teuren Anzug und dem permanenten Strahlelächeln wirkt er etwas naiv und überheblich zugleich. Als er Ed und Erin sieht, springt er nervös auf. Mr. Foil, Ed und Erin haben im Konferenzraum Platz genommen. Foils Aktenkoffer liegt verschlossen auf dem Tisch. Mr. Foil macht eine generöse Handbewegung: „Im Interesse einer gütlichen Einigung ist PG&E bereit, den Jensens für ihr Grundstück 250.000 Dollar anzubieten." Mr. Foil strahlt siegesgewiss. Ed hat mit einem so hohen Angebot nicht gerechnet. Er muss sich sogar kurz zur Seite drehen, damit sein spontanes Mienenspiel keine verräterischen Signale aussendet. Als er sich wieder im Griff hat, wiederholt er fragend: „250.000 Dollar?" Vor ihm liegt eine Mappe mit dem Beweismaterial. Er blättert darin. Mr. Foil geht nach vorne und faltet die Hände auf dem Tisch. Er schaut kurz auf die leere Tischplatte vor sich: „Im Hinblick auf den Wert der Grundstücke in Hinkley, Mr. Masry, halten wir das für einen überaus fairen Preis."

Ed schaut nach oben und überlegt kurz, wie er am besten weitermacht. Dann fährt er in ziemlich barschem Ton fort: „Und was ist mit den Kosten für die medizinische Behandlung? 250.000 Dollar decken nicht mal annähernd die Arztkosten, die auf diese Familie noch zukommen." Er sieht Mr. Foil streng an. Mr. Foil schaut wieder auf die leere Tischplatte: „Es ist mir zu Ohren gekommen, dass es mit ihrer (Jensens) Gesundheit nicht zum Besten steht und sie haben mein Mitgefühl, aber damit trifft PG&E keine Schuld." Er lehnt sich zurück und schaut Ed mit großen Augen an. Ed ist jetzt voll in Fahrt: „Das ist nicht ihr Ernst? Sehen Sie in diese Unterlagen, PG&Es Techniker haben darin dokumentiert", er blättert in seinen Unterlagen, „dass in den Kontrollbrunnen oft genug toxische Konzentrationen von sechswertigem Chrom gemessen wurden." Er legt das aufgeschlagene Beweisdokument in die Mitte des Tisches, sodass auch Mr. Foil darin lesen kann. Doch Mr. Foil sieht Ed nur störrisch an. Seine Lippen sind angespannt. Ed fährt fort: „Alle Krankheiten, an denen die Jensens leiden, sind nachweislich Reaktionen auf die Einwirkung von sechswertigem Chrom." Ed hebt den Zeigefinger und sucht die Liste der Krankheiten in den Unterlagen. Der junge Jurist lächelt verlegen: „Dafür kann es unzählige Ursachen geben." Er macht eine abwehrende Handbewegung: „Falsche Ernährung, Vererbung, eine ungesunde Lebensweise und anderes. Unser Angebot steht fest, es ist angemessen."

Ed sieht ungläubig drein und macht einige hilflose Handbewegungen: „Moment mal, ich dachte wir würden eines aushandeln?" Mr. Foil fasst sich verlegen an die Lippe und zupft dann an der Krawatte: „250.000 Dollar sind alles, was ich Ihnen anbieten darf", meint er kleinlaut. Er wirft einen unsicheren Blick auf die Papiere mit den toxischen Konzentrationen in den Kontrollbrunnen. Ed nimmt die Mappe mit den Unterlagen und klappt sie demonstrativ zu: „Ich werde meinen Klienten ihr Angebot unterbreiten, ich bezweifle, dass sie es annehmen."

Eröffnen

Lassen Sie den anderen eröffnen

Ed macht es richtig. Er weiß, dass es meistens besser ist, den anderen eröffnen zu lassen. Bei dem unerfahrenen Mr. Foil erfordert das auch gar keine große Überredungskunst, es genügt schon, dass Ed schweigt und ihn einfach erwartungsvoll ansieht, schon platzt Mr. Foil mit seinem Angebot heraus.

Wer sich zurückhält und den anderen animiert zu eröffnen, befindet sich im Vorteil. Denn er kann dieses Wissen bei der Formulierung seiner eigenen Positionen berücksichtigen. Da viele Verhandlungen mit einem Kompromiss in der Mitte enden, entfernt man sich von dem gewünschten Verhandlungsergebnis einfach die gleiche Strecke in die andere Richtung.

Wenn Sie sich beim Eröffnen zurückhalten, sind Sie auch davor geschützt, dass Sie Ihre eigenen Sorgen und Befürchtungen, die Sie mit der Verhandlung verbinden, in den anderen hineinprojizieren. In vielen Verhandlungen hat die andere Seite nämlich gar keine so unvernünftigen Vorstellungen. Unter Umständen bietet Sie von Anfang an sogar mehr oder fordert weniger als Sie sich als Verhandlungsziel von Ihrer Seite vorgestellt haben. Auch Ed ist ja von Foils Angebot positiv überrascht.

Wenn der andere nicht eröffnet?

Wenn der andere partout nicht eröffnen will, nutzen Sie jetzt Ihre Vorarbeiten aus der Informationsphase. Sie haben eine sehr genaue Vorstellung vom Verhandlungs- und Verhaltensspielraum der anderen Seite. Seien Sie mutig und gehen Sie mit Ihrem Eröffnungsangebot ans Limit. Fordern Sie so viel, dass die andere Seite gerade noch eine Chance auf eine Einigung sieht. In diesem Fall kommt Ihnen der Ankereffekt zu Hilfe: Die von Ihnen genannte Zahl steht im Raum und prägt ab jetzt die Vorstellung der Beteiligten.

Zurück zu Mr. Foil und seinem Angebot von 250.000 Dollar. Wenn es ihm nicht gelungen wäre, Ed zu einer ersten Forderung zu drängen, hätte er so niedrig wie irgend möglich beginnen müssen. Mr. Foil hätte an das alte Angebot von 66.500 Dollar anknüpfen müssen. Es sind tatsächlich schon viel mehr Leute – oft zu ihrem eigenen Erstaunen – mit ihren Forderungen durchgekommen als man gemeinhin denkt. Nur wer mutig einsteigt, hat später den notwendigen Verhandlungsspielraum. Auch mit schwierigen Verhandlern, die Ihnen vielleicht mehr Konzessionsrunden aufs Auge drücken, als Sie am Anfang erwartet haben, kommen Sie dann gut zurecht. Denn dass Sie so viel nachgegeben haben, wird er natürlich nicht Ihrer Einstiegsforderung, sondern seinem großen persönlichen Verhandlungsgeschick zuschreiben.

Beschäftigen Sie sich mit dem Angebot der Gegenseite!

Ed stellt keine Gegenforderung, sondern beschäftigt sich erst einmal mit dem Angebot von PG&E. Er wiederholt einfach fragend die Summe, die genannt wurde, um mehr darüber herauszufinden, wie denn das Angebot von PG&E zu verstehen ist. Dieses Vorgehen ist besser als mit einer entsprechenden Gegenforderung zu kontern. Bedenken Sie, die andere Seite ist innerlich noch mit ihrem eigenen Vorschlag beschäftigt und erwartet, dass Sie gedanklich an das Angebot, das jetzt im Raum steht, anknüpfen. Wiederholen Sie das Angebot der anderen Seite, so wie es Ed macht. Damit zeigen Sie, dass Sie zugehört und das Angebot registriert haben. Dadurch drücken Sie außerdem zugleich Ihren Respekt und Ihre Achtung vor der Partei und Ihrem Anliegen aus. Mit einem schnellen Gegenangebot bringen Sie dagegen eine völlig neue Option ins Spiel, oft sogar ein völlig neues Thema. Das macht die Sache nur komplizierter. Ein sofortiger Gegenvorschlag wird deshalb von der anderen Seite normalerweise eher als Blockade und emotionale Zurückweisung denn als sachliches Angebot erlebt.

Wenn Sie das Angebot der anderen Seite erhalten haben, verschaffen Sie sich eine kleine Denkpause, bevor Sie reagieren. Sie verleiht Ihrer Reaktion mehr Gewicht und Aufmerksamkeit. Sie können entweder kurz nachdenken oder, noch besser, sich mit Ihren Beratern oder Partnern abstimmen. Verzichten Sie auf jede vorschnelle positive oder negative Bewertung des Ansinnens, das die andere Seite an Sie heranträgt. Nur wenn Sie sich mit dem Angebot befassen, können Sie auch dessen Schwachstellen herausarbeiten.

Ed hält sich zurück und verkneift sich irgendwelche anerkennenden Bemerkungen. Er beachtet auch damit die bewährte Strategie, nicht zu zeigen, wenn aus seiner Sicht ein Verhandlungsvorteil für ihn entstanden ist: Er führt gewissermaßen – wie die Chinesen sagen – das Schaf mit leichter Hand weg.

Denn mit Sätzen wie: „Das ist ja ein ganz ordentliches Angebot", mit so viel Entgegenkommen habe man gar nicht gerechnet, nehmen sie den Druck von der anderen Partei. Sie weiß dann, dass sie schon weit in der Einigungszone liegt und wird keine weiteren Zugeständnisse mehr machen, obwohl das anfangs eventuell so von ihr einkalkuliert worden war.

Lassen Sie also ruhig den Druck auf der anderen Partei, indem Sie mit Sätzen wie diesen operieren: „Wenn das Ihr Angebot ist, dann haben wir noch einen sehr weiten Weg vor uns, bis wir zusammenkommen." Oder: „Wenn das Ihr Angebot ist, dann haben wir noch schwierige Verhandlungen vor uns, bis alles geregelt ist." Beachten Sie bitte, neben der Mitteilung, dass Sie mit dem ersten Angebot nicht zufrieden sind, sind beide Formulierungen so gewählt, dass Sie ein deutliches Signal setzen, dass sie mit einer Einigung und einem positiven Ausgang der Verhandlungen rechnen. Das ist wichtig. Sie möchten ja, dass die Partei am Verhandlungstisch bleibt und mit Ihnen weiterverhandelt.

Mit diesen Formulierungen testen Sie auch die Ernsthaftigkeit der Position der anderen Seite. Passen Sie deshalb genau auf, wie die Gegenseite auf diese Ankündigung reagiert. Beobachten Sie vor allem ihre Körpersprache. Diese verrät oft viel mehr von den wirklichen Gedanken als die verbale Reaktion. Ed Masry in unserem Filmbeispiel besitzt viel Verhandlungserfahrung und hat seine Überraschung gleich wieder im Griff. Wenn Mr. Foil jedoch aufmerksam gewesen wäre, hätte er es registrieren können. Besonders verräterisch ist es, wenn Stress- und Spannungssignale auftauchen. So meidet Mr. Foil den Blickkontakt, als er sein Mitgefühl für die Jensens zum Ausdruck bringt. Wenn solche Signale auftauchen, hat die andere Seite nur geblufft und es steckt noch eine Menge Luft in der Position. Bohren Sie weiter! Beachten Sie übrigens, Ed hat bis zu diesem Moment immer noch keine Forderung abgegeben. Zum Schluss wird die Entschädigung für die Jensens 5 Millionen Dollar betragen. Eine Summe, die zu diesem Zeitpunkt bestimmt niemand in den Raum zu stellen gewagt hätte.

Argumentieren

Durch die gute Vorarbeit in der Vorbereitungsphase ist Ed jetzt in der Lage, seine Ablehnung von PG&Es Angebot auch gut begründen zu können. Dabei beherzigt er eine der wichtigsten Regeln beim Argumentieren: Das beständige Beharren und Wiederholen des besten Arguments ist wirkungsvoller als das beste Argument durch Nachschieben weniger guter Argumente zu verwässern. Er konzentriert sich ganz auf die Tatsache, dass PG&Es eigene Techniker immer wieder hohe Konzentrationen des giftigen Chroms in den Kontrollbrunnen gemessen haben. Beschränken auch Sie sich auf Ihr bestes Argument, sonst sind Sie mit der Verteidigung Ihrer schwächeren Argumente beschäftigt, anstatt dass sich die andere Seite die Zähne an Ihrem besten Argument ausbeißen muss. Beachten Sie dabei, das dieses beste Argument sich dadurch auszeichnet, dass es von der anderen Partei als besonders überzeugend eingeschätzt wird, frei nach dem Grundsatz: Der Köder muss dem Fisch schmecken und nicht dem Angler.

Im Hin und Her der Verhandlung brauchen Sie auch keine neuen Argumente zu bringen, weil Sie Ihr bestes Argument schon in Ihrem vorherigen Redebeitrag gebracht haben. Wiederholen Sie lieber dieses Argument. Denken Sie an eine Schallplatte mit einem Sprung. Solange es der anderen Partei nicht gelungen ist, Ihr Argument zu zerpflücken, bleiben Sie hartnäckig bei diesem einen Thema.

Argumentativ nicht unterlegte Angebote und Forderungen können dagegen schon einfach mangels „Gesprächsstoff" ins Rutschen kommen, ihre Beliebigkeit ist einfach zu offensichtlich. So ähnlich ergeht es Mr. Foil im Filmbeispiel. Mit dem Sprung von 66.500 Dollar auf 250.000 Dollar ohne jede sachliche Erklärung ist auch Mr. Foil in die Beliebigkeit eingestiegen. Er argumentiert ohne Bezug zum ursprünglichen Angebot. Was ein fairer Preis für die Immobilie der Jensens ist, hat PG&E ja schon längst ermittelt. Im ersten Angebot lag dieser „faire" Preis bei 66.500 Dollar Die Beliebigkeit der 250.000 Dollar zeigt sich auch darin, dass, ganz im Gegensatz zu dem ersten Angebot von 66.500 Dollar, das mit vielen Vergleichswerten unterlegt war, diesmal keine schriftlichen Bewertungsgutachten vorgelegt werden. Der Aktenkoffer von Mr. Foil bleibt zu. Bezeichnend ist, dass dieser neue Wert just dann auftaucht, als Erin und Ed einen dicken Stapel mit Beweisen für die Trinkwasserverseuchung durch das giftige Chrom in Hinkley zusammengetragen haben.

Die Bedeutung von schriftlichen Dokumenten wird in Verhandlungen oftmals unterschätzt. Dabei ist das Auge für unsere Beurteilung einer Situation viel wichtiger als das Ohr. Wie die Redensart sagt: Wir geben nichts aufs Hörensagen, doch wir trauen unseren Augen. Alles, was wir sehen, hat viel Gewicht bei unserer Entscheidungsfindung. Außerdem haben schriftliche Dokumente auch eine physische Präsenz. Ed kann sich an den Beweisdokumenten regelrecht festhalten. Mr. Foil hat vor sich nur den leeren Konferenztisch. Das Dokument mit den Informationen aus dem Kontrollbrunnen mag er gar nicht so richtig anfassen. Damit wird auch auf der physischen Ebene das defensive Gefühl von Mr. Foil und PG&E weiter verstärkt. Die emotionale Distanz zur Verhandlung schrumpft und das Verhandlungsverhalten wird damit noch ungeschickter. Und an dieser Stelle hilft es auch nicht mehr viel, dass unser junger Jurist auf Nachfrage von Ed den Zusammenhang zwischen der Wasserverseuchung und den Erkrankungen der Jensens abstreitet.

Dabei sah es in der Vorbereitungsphase doch so günstig für PG&E aus. Ed und Erin wollten doch etwas von der Firma. PG&E hätten sich entspannt zurücklehnen und in einer passiven Haltung bleiben können. Man hätte sich auch dumm stellen und den anderen erklären lassen können, wieso er der Ansicht ist, dass die Jensens Schadensersatz von PG&E bekommen müssten. Für Ed wäre es viel schwieriger geworden, wenn sich auch Mr. Foil etwas dumm gestellt hätte und folgendermaßen in das Gespräch eingestiegen wäre: „Mr. Masry, Sie haben uns da einen Stapel Papier gefaxt, mit dem ich rein gar nichts anfangen konnte." Danach Pause und beobachten, wie die Gegenseite reagiert. Des Weiteren wäre es auf jeden Fall vorteilhaft gewesen, beim „eigentlichen" Immobilienthema zu bleiben. Wenn der Verhandler der PG&E sich auf dieses Thema, also die Werkszufahrt und das Gutachten zum Verkehrswert des Grundstücks, konzentriert hätte, hätte Ed Beweise für seine Vermutung, dass die Krankheiten der Jensens ursächlich mit der Verseuchung des Trinkwassers zusammenhängen, vorlegen und alle anderen möglichen Ursachen ausschließen müssen. Diese Beweisführung hat sich später im Verlauf des Verfahrens als ausgesprochen schwierig erwiesen und viel Zeit und Geld verschlungen. In diesem frühen Stadium hätte eine geschicktere Verhandlungsführung in Verbindung mit der Sorge, diese Beweiskette nicht führen zu können, vielleicht zu einer ganz anderen Einigung geführt. Diese Vorgehensweise, sich auf den schwächsten Punkt der anderen Seite, deren Achillesferse, zu konzentrieren, ist deshalb auch eine klassische Strategie zur Optimierung der eigenen Verhandlungsmacht. Etwas nur zu bestreiten, wie es Mr. Foil tut, ist dagegen wirkungslos. Bei dieser Vorgehensweise hätte er dann wenigstens gute Argumente, möglichst mit schriftlichen Dokumenten belegt, vorbringen müssen. Solche Argumente hätten zum Beispiel sein können, dass die Rate der Krebserkrankungen in Hinkley nicht vom Landesdurchschnitt abweicht und statistische „Ausreißer", wie der der Familie Jensen, eben vorkommen. Doch die geschickteste Strategie wäre gewesen, das Thema Krankheiten so lange zu ignorieren, bis Ed alle anderen möglichen Ursachen für die Krankheiten der Jensens ausgeschlossen hätte.

Hüten Sie sich in dieser Phase des Argumentierens vor der Wirkung von internen Programmen. Die Menschen stehen oft unter dem Einfluss unbewusster, lange eingeübter Programme. Diese unbewussten Programme haben die Eigenschaft, dass sie ablaufen, ohne dass man sich über ihre Angemessenheit – insbesondere ihre Berechtigung in der Verhandlungssituation – Gedanken macht. Die größten Fallen stellen dabei Autoritäts- und Reziprozitätsprogramme dar.

Das Autoritätsprogramm setzt beispielsweise ein bei der Verweigerung von Konzessionen mit dem Hinweis, dass das aus firmenpolitischen Gründen oder aus Branchenüblichkeit nicht möglich sei. Um Forderungen schon im Keim zu ersticken, gehört in Verhandlungen der Hinweis auf die Unvereinbarkeit mit einem einschlägigen Standard schon zur ständig wiederkehrenden Routine. Mit diesem Argument ist natürlich die Hoffnung verbunden, dass die andere Partei in Ehrfurcht vor dem großen, übermächtigen Standard erstarrt und ihre Forderungen angesichts einer solchen „Autorität" gehorsam wieder zurückzieht. Das Wesen des Autoritätsprogramms ist es, dass dem Gegenüber eine Autorität präsentiert wird, beispielsweise Branchenüblichkeit, ein hervorragender Wissenschaftler, Standard oder die Firmenpolitik eines Großunternehmens.

Das Gegenüber hat sich – ohne Wenn und Aber – dem zu beugen. Ein erfolgreiches Manöver gegen diesen Automatismus besteht im Einbezug der Autorität, z. B. wenn wir etwa bei einem vorgeschobenen US-Standard mit den amerikanischen Kollegen weiterverhandeln. Sie können auch den Vorschlag machen, die Frage hypothetisch zu diskutieren, also zu überlegen, welches Ergebnis fair wäre, wenn es diesen Standard nicht gäbe.

Das Reziprozitätsprogramm spielt dagegen mit dem Urbedürfnis des Menschen, einen Ausgleich im Geben und Nehmen herzustellen. Geschenke sollen erwidert werden. Gefährlich wird diese Regel jedoch, wenn versucht wird, mit einer Scheinkonzession oder einem Zugeständnis, das nur oberflächlich wertvoll erscheint, dem anderen eine wichtige Konzession abzuringen. Da im Allgemeinen die Menschen eher im Mechanismus von Aktion und Folgeaktion denken statt in der genauen Werthaltigkeit eines Zugeständnisses, findet auch dieses Programm immer wieder seine Opfer. Schon in der chinesischen Strategielehre wird dieses Phänomen mit dem Bild: „Einen Backstein hinwerfen, um einen Jadestein zu erlangen" beschrieben. Eine wirksame Methode, sich gegen das Reziprozitätsprogramm zur Wehr zu setzen, besteht darin, vor jedem Zugeständnis eine kleine Denkpause einzulegen und sorgfältig zu prüfen, ob das „Geschenk" auch in gleicher Münze erwidert wird.

Nachgeben gehört dazu!

Beispiel: Die Handtasche

Nach dem Fall Stötthofer, bei dem Herr Winkler die kritische Situation in der Bankfiliale in den Griff bekommen hat, geht es für die Winklers in den Jahresurlaub. Hans und Jutta Winkler sind Asienfans. Diesmal haben sie eine Rundreise durch Thailand mit einer anschließenden Woche Badeurlaub gebucht. Vor dem Rückflug nach Deutschland sind in Bangkok noch die zwei obligatorischen Shopping-Tage eingeplant. Jutta Winkler hat keine große Shoppingliste, doch sie liebt das Flair der nächtlichen Märkte, das Geschiebe und Gedränge der Menschen, die vielen kleinen Lädchen, voll gestopft mit Handtaschen, Seidentüchern und Kunstgewerbe. Sie ist ein Naturtalent im Feilschen. Außerdem hat sie sich natürlich bei ihrem Mann noch den einen oder anderen Tipp geholt, wie man bei solchen Verhandlungen am geschicktesten vorgeht.

Jutta hat sich auf dem Markt umgesehen, schon das ein oder andere Stück genau betrachtet und nach Preisen gefragt. Beim dritten Rundgang entschließt sie sich für eine große dunkelbraune Tasche aus Rindsleder mit Krokoprägung. Sie lässt sich die Tasche zeigen und wirft schon einmal einen Blick auf die Nähte, sie prüft die Verarbeitung der Tasche und ob die Innenaufteilung ihren Vorstellungen entspricht. Sie hat schon ihre Erfahrungen und so manches „Schnäppchen", das sie auf ihren früheren Reisen aus Hongkong und Singapur mitgebracht hat, hat sich am Ende wegen der unsoliden Verarbeitung dann doch als Fehlkauf herausgestellt. Doch die Tasche, die sie hier gefunden hat, scheint von sehr guter Qualität zu sein. Die Verkäuferin beobachtet Jutta genau. Als sie sieht, dass Jutta mit der Tasche zufrieden ist, nennt sie in singendem asiatischem Englisch ihren ersten Preis: „Eine wunderschöne Tasche, ich mache der Dame einen guten Preis, 60 Dollar." Jutta schüttelt den Kopf: „So viel Geld, wieso ist die Tasche so viel teurer als die in den anderen Läden rundherum?" Die Verkäuferin preist die Vorzüge, die Dicke des Leders, die feine Prägung, die durchdachte Innenaufteilung. Für Jutta als freundliche Kundin könnte sie vielleicht noch etwas am Preis machen, doch auf dem ganzen Markt würde sie keine so schöne Tasche zu so einem günstigen Preis finden. Jutta lässt sich nicht beirren. Sie setzt eine skeptische Miene auf. Mit ihrem sorgfältigen Blick hat sie doch eine kleine Macke entdeckt. Die Naht am Reißverschluss ist am Ende ein klein wenig schief, doch kaum erkennbar und beim Gebrauch wird es sicher nicht stören. Sie deutet auf den Reißverschluss: „Die Tasche ist nicht in Ordnung, da kann ich nicht den vollen Preis zahlen, vielleicht gute 10 Dollar." Im Blick der Verkäuferin ist kurz die Enttäuschung zu sehen. Das ist keine unerfahrene Touristin, die sich über ein paar Dollar Nachlass freut. Doch sie hat sich gleich wieder im Griff. „Nein, nein, sie kann die Tasche doch nicht verschenken. Sie selbst hat für die Tasche ja schon viel mehr bezahlt. Doch weil am Reißverschluss tatsächlich ein kleiner Fehler ist, kann Sie ein wenig nachlassen, 40 Dollar. Jutta ist zufrieden: „Na ja, die Farbe ist ja ganz schön, vielleicht kann sie auch etwas drauflegen, 19 Dollar."

Die Verkäuferin hat sich inzwischen auf Jutta eingestellt: „25 Dollar, weil Sie eine so sympathische Dame sind. Jutta stimmt zu, weil der Laden so nett und die Verkäuferin so zuvorkommend sei, 25 Dollar. Die Verkäuferin nickt und packt die Tasche ein. Außerdem schenkt sie Jutta noch einen passenden Baumwollbeutel, in dem sie die Tasche aufbewahren kann.

Signalisieren Sie von Anfang an ein wenig Flexibilität

Zu einer guten Verhandlung gehört in jeden Fall das Signal der Flexibilität: So beginnt die Verkäuferin mit den Worten: „Das ist eine wunderschöne Tasche. Ich mache für die Dame einen guten Preis." Die anschließende Zahl von 60 Dollar ist eine Eröffnungsposition, über die man auf jeden Fall verhandeln kann. Das Konzessionskarussell kommt zügig in Bewegung, es wird Verhandlungszeit gespart und keiner beißt sich so in einer Position fest, dass es nachher für ihn schwierig ist, sie wieder aufzugeben. Gleich zu Verhandlungsbeginn entsteht ein Klima, das signalisiert, dass jeder zu seinem Erfolgserlebnis kommen wird.

Untersuchungen bestätigen, dass Menschen, die Zugeständnisse erzielt haben, sich besser fühlen als Menschen, die nur ein einziges Angebot bekommen – so fair dieses auch sein mag. Es klingt verrückt, aber sie fühlen sich sogar dann besser, wenn sie dabei mehr bezahlen als bei dem fairen, aber festen Angebot. Für die Zufriedenheit ist ausschlaggebend, dass sich die andere Verhandlungspartei bewegt hat. Bei den Verhandlungen dagegen, in denen die andere Seite starr an ihrer Position festhielt, blieb die größte Unzufriedenheit zurück. Die mangelnde Bereitschaft einer Seite, sich auf die andere zuzubewegen, hat großen Einfluss darauf, ob überhaupt ein Abschluss zustande kommt. Flexibilität – egal von welchem Startpunkt aus – wird dagegen zusätzlich mit einer überdurchschnittlich hohen Anzahl an erfolgreichen Abschlüssen belohnt.

Zerlegen Sie Ihre Zugeständnisse in möglichst viele Teilschritte

Jutta Winkler und die Verkäuferin des Handtaschenladens gehen bei ihrer Verhandlung in Zwischenschritten vor und bewegen sich von ihrer jeweiligen Eröffnungsposition auf den Einigungspunkt von 25 Dollar zu. Am Ende des Prozesses sind beide zufrieden. Jutta hat eine sorgfältig verarbeitete Tasche zu einem guten Preis bekommen, die Verkäuferin hat eine Tasche verkauft. Nicht das Volumen macht das Gefühl des Verhandlungserfolgs aus, sondern die Anzahl der Zwischenschritte gibt das befriedigende Gefühl, dem anderen wirklich etwas abgerungen zu haben. Da die Anzahl der Konzessionen wichtiger ist als die Größe der Konzession, können Konzessionen zum Schluss lächerlich klein und dennoch effektiv sein. Seien Sie also sehr misstrauisch, wenn jemand bestreitet, dass es überhaupt eine Verhandlung geben wird, um gleich Ihr „letztes" Angebot zu hören. Die Wahrscheinlichkeit, dass er Sie beschummelt und Sie mit späteren Forderungen nach weiteren Zugeständnissen „ausziehen" möchte, ist sehr hoch.

Es ist deshalb sehr wichtig, dass Sie sich schon vor Ihrem Einstieg in diese Phase Ihre Konzessionslinie überlegen. Mit welchen Schritten und welchen plausiblen Argumenten könnten Sie sich von Ihrer Einstiegsposition auf eine Kompromissformel zubewegen? Und mit welchen plausiblen Argumenten könnten Sie diese Schritte untermauern? Gibt es Bestandteile, die Sie aus Ihrem Angebot herausnehmen können? Gibt es Elemente, mit denen Sie es anreichern können? So wie sich auch Jutta Winkler in ihren verschiedenen Runden über den Markt über die verschiedenen Angebote kundig gemacht hat. Frau Winkler als auch die Verkäuferin geben zu jedem ihrer Zugeständnisse eine Begründung: der kleine Fehler beim Reißverschluss, die schöne Farbe, die wechselseitige Wertschätzung. Auch für Sie gilt: Teilschritte brauchen eine sachgerechte Begründung, gute Argumente, warum Sie diesen Schritt machen, um jeden Anschein von Beliebigkeit zu vermeiden.

Kooperativ veranlagte Menschen haben mit dieser Technik oft ihre Schwierigkeiten. Sie beschleicht leicht das Gefühl, sie seien unfair, täuschten den anderen über ihre wahre Position. Wer so denkt, irrt! Sie müssen immer im Auge behalten, dass Verhandeln ein Prozess ist. Fair und unfair kann man nur im Rahmen des Prozesses beurteilen. Wenn es Ihnen also schwer fällt, sich für eine Konzessionsrunde entsprechend „warm" anzuziehen, dann halten Sie sich immer vor Augen, dass Sie diese Sicherheitsreserven benötigen werden, um am Ende zu einem wirklich fairen Ergebnis zu kommen. Alles andere ist einfach nicht sachgerecht. Hätte Jutta nicht mit den drastischen 10 Dollar auf die extreme Position der Verkäuferin reagiert, wäre es wohl kaum zu einer vernünftigen Einigung gekommen.

Verkleinern Sie Ihre Zugeständnisse

Der Rhythmus Ihrer Konzessionen weckt auf der anderen Seite eine Erwartungshaltung. Die Verkäuferin hat so ein Schema. Sie fordert 60 Dollar, lässt dann 20 Dollar nach, dann 15 Dollar. Bei Jutta Winkler ist es ähnlich, sie bietet 10 Dollar, dann 19 Dollar, dann akzeptiert sie die 25 Dollar der Verkäuferin. Reduzieren Sie das Ausmaß Ihrer Zugeständnisse im Lauf der Verhandlung, damit die andere Seite merkt, dass Sie sich einem Entscheidungspunkt nähern. Wie die eingangs erwähnten Experimente immer wieder bewiesen haben, orientieren sich die meisten Menschen an dieser Kurve der abnehmenden Zugeständnisse. Sie sehen im wachsenden Widerstand eine Bestätigung dafür, dass Sie erfolgreich verhandelt haben. Auf jeden Fall sollten Sie vermeiden, dass Ihre letzte Konzession im Vergleich zu den vorherigen Konzessionen relativ groß ist. Die Leute meinen dann, dass Sie weiteren Verhandlungsspielraum haben und sind verärgert, wenn das Konzessionskarussell plötzlich zum Stillstand kommt.

Geben Sie eine Konzession nur gegen eine zeitgleiche Gegenkonzession

In unserer kleinen Szene mit Frau Winkler und der Verkäuferin können Sie sehr schön das Wechselspiel zwischen Konzession und Gegenkonzession sehen. Frau Winkler erhöht ihr Angebot nur, wenn ihr die Verkäuferin ebenfalls ein Stück entgegenkommt. Auf dem Markt ist das ganze Muster natürlich gut etabliert. In einer normalen Verhandlung müssen Sie jedoch mit Bedacht vorgehen, wenn Sie für Ihre Konzessionen auch etwas haben wollen. Wenn Sie eine Konzession machen und damit den Verlauf der Verhandlung voranbringen, bringen Sie gewissermaßen ein „Opfer" im Dienst der guten Sache. Sie verhalten sich kooperativ. Da die menschliche Gesellschaft in der Regel auf den fairen Ausgleich von Geben und Nehmen ausgelegt ist, haben Sie jetzt einen Anspruch auf eine Gegenleistung. Die Wirksamkeit dieses Anspruchs ist dann am größten, wenn Ihre Konzession schon im Raum steht, aber noch nicht fest zugesagt ist. Jetzt ist der beste Moment, nach einem entsprechenden Zugeständnis der anderen Seite zu fragen. Das ist besser, als wenn Sie auf die Honorigkeit der anderen Seite hoffen, dass diese Ihnen schon von sich aus entsprechend entgegenkommt. Stellen Sie am besten eine Frage in dem Sinne: „Wenn wir an dieser und jener Stelle, in der und der Form nachgeben würden, was könnten Sie dann an anderer Stelle für uns tun …?" Wenn Sie nicht sofort nach einer Gegenleistung fragen, verliert Ihr Zugeständnis schnell an Wert. Vermeiden Sie jedoch möglichst eine spezifische Gegenforderung. Lassen Sie die Forderung offen. Achten Sie jedoch darauf, dass Sie auch das Volumen an Gegenkonzessionen bekommen, das Sie für gleichwertig erachten. Denn auch bei Konzessionen kann es passieren, dass das „Wechselgeld" nicht stimmt. Achten Sie also sehr darauf, ob man Ihnen auch korrekt „herausgibt".

Beachten Sie auch, an wen die letzte Konzession geht. Das ist psychologisch sehr wichtig für den Gesamteindruck, den die andere Partei von Ihrer Verhandlungsführung mitnimmt. Zum Beispiel, ob Sie als konsequenter, jedoch auch fairer Verhandler in Erinnerung bleiben. Frau Winkler geht in dieser fiktiven Verhandlung auch so vor, dass sie die letzte Forderung der Verkäuferin akzeptiert. Die Verkäuferin schenkt ihr daraufhin noch den Baumwollbeutel zum Schutz der neuen Tasche. Es muss also gar nichts Monetäres sein, auch andere Angebote und Güter tun den gleichen Dienst. Wenn Sie bei einer Preisverhandlung nicht mehr nachgeben wollen, können Sie auch am Umfeld etwas tun. Vielleicht können sich besonders erfahrene Mitarbeiter um die Bearbeitung des Auftrags kümmern oder Sie können den Auftrag bevorzugt in den Produktionsplan aufnehmen. Wichtig ist, dass die andere Seite das Gefühl bekommt, dass sie das letzte Zugeständnis bekommen hat.

Wege zum Kompromiss

In Ihrer Verhandlung sind bereits mehrere Konzessionsrunden gelaufen. Beide Seiten haben ihren Teil beigetragen und sind offenbar hier und heute und mit diesem Partner an einem Abschluss interessiert. Oft bleibt aber noch eine letzte Kluft zwischen den Positionen. Um diese Kluft zu überwinden, hilft kompromissförderndes Verhalten. Beschäftigen Sie sich mit dem anderen und dessen Problem. Drehen Sie Ehrenrunden und betonen sie das gemeinsam Erreichte, auch das Ändern der Sitzordnung (setzen Sie sich neben ihn) kann Wunder bewirken.

Bei der Auffindung von etwaigen Kompromisslösungen sind Erfahrung und Intuition gefragt. Gerade hier kommt Ihnen eine intensive Vorarbeit in der Informationsphase zugute. Sie haben nicht nur die Prioritäten der anderen Seite herausgefunden, sondern erkannt, dass die Verhandlungsmasse größer als ursprünglich angenommen ist. So kann es einem IT-Serviceunternehmen leichter fallen, statt einer Schadensersatzzahlung umfangreiche Schulungen anzubieten.

Unabhängig davon existieren aber auch bewährte Kompromissroutinen, von denen hier die wichtigsten dargestellt werden. Wie könnte man zum Beispiel das letzte Stück Kuchen „gerecht" unter zwei Kindern aufteilen?

- Absolute Gleichbehandlung: Naheliegend ist zunächst, jedem Kind genau die Hälfte des Kuchenstücks zu geben. Genau diesem Vorgehen liegt die wohl bekannteste Kompromissroutine zugrunde, die absolute Gleichbehandlung, das Treffen in der Mitte.
- Proportionale Gleichbehandlung: z. B. nach dem Grad der Bedürftigkeit oder nach dem Leistungsprinzip; ist etwa ein Kind hungriger oder hat es mehr bei der Gartenarbeit geholfen, erhält es ein entsprechend größeres Stück. Auch bei der Verteilung der Schadensersatzsumme für die Opfer in Hinkley wird eine proportionale Aufteilung entsprechend der gesundheitlichen Schäden vorgenommen.
- Neutraler Dritter: Die Beurteilung solcher Situationen wird oft Dritten, etwa Sachverständigen, überlassen. In unserem Beispiel könnten also auch Dritte, wie die Eltern, die Aufteilung des Kuchenstücks vornehmen, so wie ein Gutachter letztverbindlich über eine Immobilienbewertung in einem Erbstreit entscheidet oder das Schiedsgericht in *Erin Brockovich* über die Höhe der Ansprüche gegen PG&E.
- Standards: Bei der Lösung von Interessengegensätzen zwischen den Parteien kann man natürlich auch an Wertmaßstäbe / Standards anknüpfen, die für andere Problemlösungen in
  - der gleichen Verhandlung,
  - ähnlichen Verhandlungen,
  - bereits zwischen den Parteien abgeschlossenen Vereinbarungen,
  - branchentypischen Vereinbarungen,
  - Vereinbarungen anderer Branchen,
  - Gesetzesnormen

  gefunden wurden.

In unserem Kuchenbeispiel wäre das dann die Variante, den Kuchen so zu verteilen, wie man es immer schon gemacht hat oder wie es in anderen Familien gemacht wird. Die beliebte Argumentation des Nachwuchses, dass alle anderen in der Klasse auch dürfen … oder nicht müssen … setzt genau bei diesem Gedanken an.

- Vergleichbarkeit herstellen: Um den Weg zu flexiblen Lösungen zu öffnen, hilft es oft, Vergleichbarkeit zwischen den einzelnen Gütern herzustellen, z. B. durch quantitative Größen wie Geld oder Zeit.
- „Der eine teilt, der andere wählt.“: In unserem Kinderbeispiel würde also das eine Kind den Kuchen aufteilen, während das andere Kind dann sein Stück aussuchen darf. Das erste Kind wird bei der Aufteilung des Kuchens bestimmt auf eine hälftige Teilung Acht geben. Es läuft ja sonst Gefahr, dass es nur das kleinere Stück bekommt. Diese Kompromissroutine findet sich an den verschiedensten Stellen auch im Wirtschaftsleben wieder: So können Nachlassstreitigkeiten vermieden werden, wenn man den einen Erben teilen und den anderen als Ersten wählen lässt. Manche Verträge über Gemeinschaftsunternehmen sehen für den Fall unüberbrückbarer Meinungsverschiedenheiten folgenden Auflösungsmechanismus vor: Ein Partner muss den Preis für die Gesellschaftsanteile nennen. Der andere hat dann die Pflicht, auf Basis dieser Bewertung entweder die Anteile seines Partners zu erwerben oder seine Anteile abzugeben (so genannte Shoot-out-Klausel oder Shootgun-Klausel). Die Partei, die die Bewertung vornimmt, muss ihr Angebot so gestalten, dass auch sie bereit wäre, sowohl ihre Anteile abzugeben als auch die Anteile des anderen zu übernehmen. Diese Regelung verhindert, dass eine Partei bei der Auflösung eines Gemeinschaftsunternehmens versucht, die Anteile der anderen Partei unter Wert zu erwerben oder die eigenen überteuert zu verkaufen.
- Auslosen: Ist das Gut unteilbar oder dessen Teilung wirtschaftlich unverhältnismäßig, so kann auch eine Entscheidung durch Auslosen vorgesehen werden. Die Kinder können im Beispiel

auch eine Münze um das Stück Kuchen werfen. In der Verhandlungspraxis kann diese Lösung gute Dienste in Kombination mit anderen Kompromissroutinen leisten. Dazu folgendes Beispiel: Schon bei Gründung einer Gesellschaft werden im Vertrag nicht nur eventuelle spätere Bewertungsfragen einem Gutachter übertragen, sondern auch gleich ein Modus zur Festlegung des Gutachters vereinbart. Eine besonders ausgeklügelte Methode gibt den Parteien ein Vorschlagsrecht von zum Beispiel jeweils drei Gutachtern. Aus der Gesamtliste der sechs Gutachter dürfen die Parteien dann abwechselnd einen Gutachter streichen, bis nur noch ein Name auf der Liste steht. Da die Partei, die mit dem Streichen beginnt, im Vorteil ist – sie nimmt auch die letzte Streichung vor – wird ausgelost, wer beginnen darf.

Auch beim Kompromiss, dem Treffen in der Mitte, sollten Sie die Regel beherzigen, dass das letzte Zugeständnis an die andere Seite gehen sollte. Bieten Sie deshalb nicht von sich aus an, dass die Differenz geteilt wird. Überlassen Sie das der anderen Seite. Bleiben Sie einfach bei Ihrer letzten Forderung. Fast alle Verhandler neigen zu einem Kompromiss, wenn der Abstand zwischen den Forderungen klein genug ist. Wenn Sie dann auf den Vorschlag eingehen, kommt die letzte Konzession von Ihnen. Je geschickter Sie sich zieren, umso größer ist das Erfolgserlebnis der anderen Seite.

Wall Street: Bluestar Airlines

Zentrale Fehler in der Konzessionsphase

Wall Street: „Ausverkauf bei Bluestar Airlines"

Gordon ist dabei, Bluestar Airlines, die Firma, in der Buds Vater arbeitet, zu übernehmen. Allerdings will Gordon die Firma nicht – wie mit Bud abgemacht – sanieren, sondern liquidieren, um das Firmenvermögen zu Geld zu machen. Bud weiß von all dem nichts, bis er durch Zufall mitten in die Verhandlung über die Finanzierung des Firmenkaufs hineingerät. Der riesige Konferenzraum bietet eine grandiose Aussicht auf die Skyline von Manhattan. Bud sucht sich eine freie Ecke an dem großen, glänzend polierten Konferenztisch. Er ist etwas irritiert. Er war noch nie in einem derartigen Raum und in einer solchen Verhandlung. Das Meeting scheint schon einige Zeit zu laufen und die meisten der Teilnehmer sitzen im Eifer des Gefechts inzwischen ohne Jackett, nur mit ihren hellen Hemden und breiten bunten Hosenträgern am Tisch. Der ist übersät mit Akten und Kaffeetassen. Beeindruckt lauscht Bud dem Vortrag von Gordons Investmentbanker. Er drängt die anwesenden Bankleute, doch endlich den Vertrag über die Finanzierung des Firmenkaufs zu unterschreiben: „Also Leute, wo liegt das Problem? Wir müssen endlich handeln … Steht nun die Finanzierung? Oder wollen wir weiter rumsitzen und eine alberne Sitzung nach der anderen abhalten?“ Er spricht mit großer Eindringlichkeit. Um die Aufmerksamkeit der anderen Teilnehmer auf sich zu ziehen, ist er aufgestanden und breitet seine Arme aus: „Schon vor ein paar Wochen haben wir zugesagt, für 25 Prozent der langfristigen Schulden geradezustehen.“ Die Zuhörer blicken eher skeptisch. „Und wenn ihr hier jetzt nicht dieses Stück Papier sofort unterschreibt, ziehe ich meine Zusage zurück und suche mir eine andere Bank für die 75 Prozent.“ Ein dicklicher Banker mit Brille, Zigarre und mehreren Tassen Kaffee vor sich streicht sich etwas nervös über die Haare: „Hören Sie, wir haben 30 Banken, die bereit sind, mitzumachen, bei einem vierjährigen revolvierenden Kredit.“ Ein anderer Mitarbeiter von Gordon beobachtet aufmerksam den Banker. Vor sich hat er eine zerknautsche Coladose, Kaffeetassen, Controllingunterlagen und einen Taschenrechner. Ein anderer schaut konzentriert in die Akten und Jahresabschlüsse, die aufgeschlagen vor ihm liegen. Der Banker mit Zigarre fährt fort: „Aber wir müssen Ihre Zusicherung erhalten, dass Sie den größten Teil davon im ersten Jahr zurückzahlen. Nach unserer Meinung besteht diese Möglichkeit nur durch einen Verkauf der Hangars und Maschinen. Können Sie denn überhaupt garantieren, dass Bluestar zu Geld gemacht wird?“ Bud versteht die Welt nicht mehr. Er hatte mit Gordon doch geplant, Bluestar zu sanieren, nicht zu liquidieren. Der Investmentbanker grinst: „Garantieren? Na und ob. Die Brüder Bleezburg wollen anstatt der Hangars Eigentumswohnungen bauen. Und die Maschinen verscherbeln wir an die Mexikaner …“ Er fuchtelt wild mit den Armen: „Was gibt es also für Probleme. Ist doch alles geklärt.“ Ein junger Analyst überreicht den Bankern ein Dossier: „Hier sind die Schätzungen für alle Flugzeuge, die Flugsteige, Hangars und Flugrechte. Wir haben alles errechnet bis zur letzten Schreibmaschine.“ Die Banker nehmen das Wertgutachten ehrfürchtig in Empfang.

Einbahnstraße und toter Punkt

Viele Verhandler gehen so vor, dass sie ein Thema nach dem anderen anpacken und versuchen, bezüglich dieses Themas ihr Verhandlungsziel zu erreichen. Graphisch lässt sich dieses Modell als Verhandlungseinbahnstraße darstellen, bei der die Parteien in einer strengen zeitlichen Abfolge einen Themenbereich nach dem anderen erledigen. Sie fangen jeweils hoch an, geben langsam nach und schließen dieses Thema ab. Dann gehen sie weiter zu Thema 2 usw. Das hat den Nachteil, dass wechselseitige Zugeständnisse, die verschiedene Themen berühren, so von vornherein nicht möglich sind. Damit nimmt die Gefahr zu, dass die Verhandlungen scheitern. Denn wenn sich alles nur um ein einziges Thema dreht, haben sich die Parteien schnell in bestimmte Detailpositionen eingegraben, aus denen sie nur schwer wieder herauskommen. Sie haben hier das klassische Problem der eindimensionalen Verteilungsdiskussion, die es nicht erlaubt den Kuchen, das heißt die Verhandlungsmasse zu vergrößern.

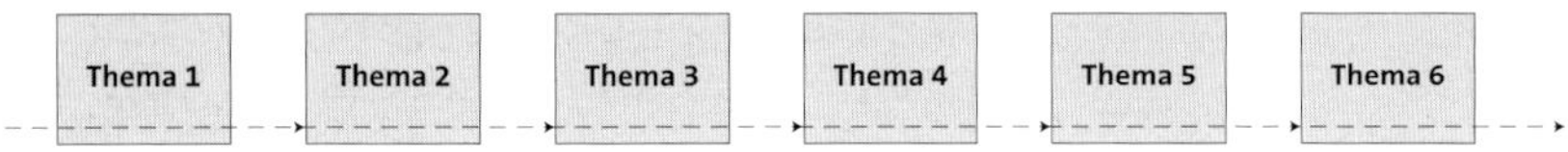

Sequentielle oder Einbahnstraßen-Verhandlung

Diese Vorgehensweise führt daher besonders leicht zu einem toten Punkt, so, wie es in der Bluestar-Verhandlung beschrieben wird. Wollen wir weiter herumsitzen und eine Sitzung nach der anderen abhalten? Die Aktenberge und Kaffeetassen auf dem Konferenztisch demonstrieren ebenfalls, wie lange und wie fruchtlos man sich mit der Verhandlung schon herumschlägt. Während der Verhandlung stellen beide Seiten fest, dass sie nicht mehr weiter wissen, dass ihre Verhandlungsspielräume erschöpft sind und man „eigentlich" die Verhandlung abbrechen müsste. Es herrscht Ratlosigkeit gegenüber dieser Patt-Situation. Jede

Seite drängt – so wie der Investmentbanker mit seiner Drohung, sich andere Banken zu suchen – und hofft gleichzeitig, dass die andere Seite durch weitere Zugeständnisse die Verhandlung wieder in Schwung bringt.

Die flexiblere und gewinnbringendere Methode der Verhandlungsführung besteht darin, die verschiedenen Themen immer unter Vorbehalt zu verhandeln, sodass kein Punkt abgeschlossen ist, bevor nicht alle Themen entschieden sind. Dies gibt den Parteien größtmögliche Flexibilität, die Möglichkeit, Komplexität zu entzerren, für die Detailthemen Lösungen zu entwickeln und dabei die wechselseitige Abhängigkeit der Punkte angemessen zu berücksichtigen. Die Parteien haben so die Chance, früher geschnürte Verhandlungspakete wieder aufzumachen und andere Kombinations- und Variationsmöglichkeiten wechselseitiger Konzessionen zu erkunden. Bildlich lässt sich diese flexible Handhabung als Kreisverkehr darstellen, bei dem die Themenbereiche situationsabhängig vor und zurück angesteuert werden können. Denn meist ist es einfacher, zwischen verschiedenen Themen, die den Parteien unterschiedlich wichtig sind, einen Ausgleich zu finden, als bei einem bestimmten Thema Schritt für Schritt aufeinander zuzugehen. Damit sind Sie auch vor der so genannten Salamitaktik gefeit, die darin besteht, gleichsam scheibchenweise bei jedem einzelnen Punkt Zugeständnisse zu erringen, die man niemals bei einer Gesamtschau gemacht hätte. Werden immer wieder neue Punkte nachgeschoben, ist die beste Gegenmaßnahme zu unterbrechen und die andere Partei zu bitten, alle Forderungen in einer umfassenden Liste zusammenzufassen, bevor man wieder in die Detailverhandlungen einsteigt.

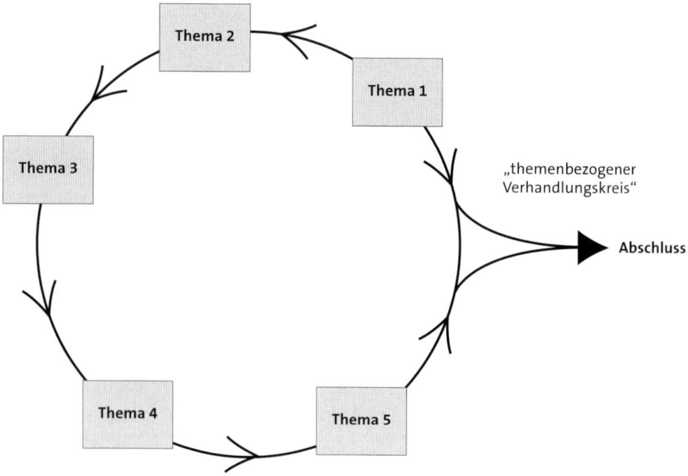

Verhandlungskreis

Verhandlungskreis

So sind zum Beispiel beim Bluestar Deal die Themen:

- Eigenkapitalquote, Gordon deckt 25 Prozent der Schulden mit Eigenkapital,
- Laufzeit des Kredits, vier Jahre,
- die Geschwindigkeit der Rückzahlung, das meiste im ersten Jahr,
- Bewertung des Vermögens von Bluestar, von den Flugzeugen bis zur letzten Schreibmaschine und
- Notwendigkeit der Zusammenarbeit von 30 Banken

miteinander verknüpft.

Dies lässt sich anschaulich in einem Verhandlungsnetz darstellen.

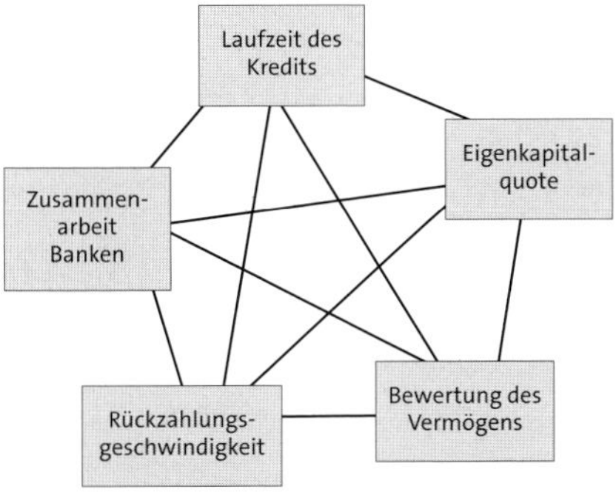

Verhandlungsnetz

Sind die Interdependenzen der einzelnen Themen einmal bildlich dargestellt, springt sofort ins Auge, dass sich ein Punkt, also etwa die Laufzeitfrage, nicht ohne die im gleichen Netz verknüpften anderen Themen verhandeln lässt. Eine Entscheidung in einem Punkt hat Konsequenzen für die anderen Aspekte. Verhandlungsnetze zeigen auch Möglichkeiten von wechselseitigen Konzessionen zwischen den Parteien, die jeweils verschiedene Themen betreffen. So kann die Bank dem Unternehmen im Bereich der Rückzahlungsgeschwindigkeit entgegenkommen, wenn die Eigenkapitalausstattung des Unternehmens verbessert wird. Um solche „Trade-Offs" vorzubereiten, kann es möglicherweise auch sinnvoll sein, ein Thema in mehrere Unterpunkte zu zerlegen. Bei der Finanzierung des Bluestar-Kaufs könnte man zum Beispiel den Punkt Laufzeit des Kredits in verschiedene Varianten aufspalten, je nachdem, welchen Zugriff die Banken auf das Vermögen und die Geschäftspolitik des Unternehmens haben.

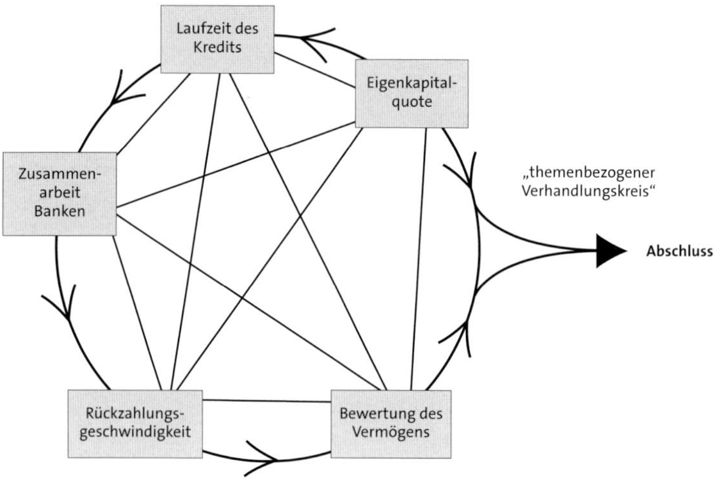

Verhandlungskreis

Die Betrachtung der wechselseitigen Verknüpfung der verschiedenen Verhandlungsthemen im Verhandlungsnetz, bei der gleichzeitigen Möglichkeit der flexiblen Abarbeitung, ermöglicht es den Parteien, entspannter und schneller eine große Stofffülle abzuarbeiten. Durch die Möglichkeit des Zurückgehens stehen die Verhandler nicht so unter Perfektionsdruck, wie wenn Zwischenvereinbarungen zu Einzelthemen nicht mehr angetastet werden dürfen.

Wichtig ist, alles offen zu halten, bis das gesamte Verhandlungspaket geschnürt ist. Da ist der Konjunktiv gefragt. Ein älterer erfahrener Anwalt hatte einen Berufsanfänger in seinem Team. Der Erfahrene streifte verschiedene Punkte und stellte hierzu verschiedene Lösungsmöglichkeiten in den Raum. Die andere Partei deutete an, dass sie sich die eine oder andere Möglichkeit vorstellen könnte, blieb aber auch lehrbuchmäßig im Konjunktiv. Der Verhandlungsnovize verstand diese Technik nicht, sondern stellte ungeduldig fest: „Also haben wir uns ja in diesem Punkt geeinigt.“ Da hakte der Profi ein und sagte schmunzelnd: „Wir haben uns nicht geeinigt, wir denken nur gemeinsam.“

In dieser Phase des gemeinsamen Denkens, wie es der Anwalt im vorangehenden Beispiel genannt hat, haben Sie auch die Möglichkeit, der anderen Partei Alternativangebote zu unterbreiten und damit ihre Prioritäten auszuloten. So könnte man bei einem Firmenkauf dem Gegenüber einen höheren, später auszuzahlenden oder einen niedrigeren, sofort fälligen Kaufpreis anbieten. Je nachdem, welche Variante die Partei bevorzugt, haben Sie einen Hinweis darauf, ob es um sofortige Liquidität oder den absoluten Betrag geht.

Sollte es trotz der gemeinsamen Betrachtung der verschiedenen Themen und ihrer wechselseitigen Abhängigkeiten immer noch nicht möglich sein, einen Punkt zu knacken, und die Verhandlung gerät in eine Sackgasse, sind Sie vermutlich zu früh in die Detailarbeit der Konzessionsphase eingestiegen. Sie haben nicht genug Vorarbeit in die Informationsphase investiert – nicht sorgfältig genug herausgearbeitet, wo die wirklichen Prioritäten der Parteien liegen. Besser wäre es in dieser Situation, die Ebene wechselseitiger Konzessionen zu verlassen und wieder zur Informationsphase zurückzukehren.

Da Sie auf der anderen Seite jedoch schon in die Detailarbeit an verschiedenen Sachpositionen verstrickt sind, werden Sie den Rest der Verhandlung in einem anstrengenden Prozess des Hin- und Herspringens zwischen Informations- und Konzessionsphase zubringen. Durch das kraftraubende Stop and Go geht nicht nur viel Zeit verloren; es werden auch die psychischen Reserven der Verhandlungsteilnehmer stärker angegriffen. Außerdem sind Ihre Möglichkeiten, die andere Partei in Ihren Ansichten zu beeinflussen, deutlich zurückgegangen, da Sie bei der Formulierung von speziellen Sachpositionen schon viele Detailinformationen über Ihre Ziele und Spielräume preisgegeben haben. Die andere Partei kennt zum Beispiel Ihre Eröffnungsposition und Ihre Präferenzen und kann mit diesem Vorwissen ihre eigenen Verhandlungspositionen optimieren.

Ein toter Punkt ist zudem oft ein wichtiger Hinweis, dass die Grundbedürfnisse der Parteien noch nicht ausreichend berücksichtigt sind. Vielleicht wird es einfacher, eine Lösung zu finden, wenn man das Umfeld des Verhandlungsgegenstandes genauer beleuchtet. Dazu gehört es, über die tieferliegenden Motive der anderen Partei Bescheid zu wissen.

Banken sind vor allem sicherheitsorientiert. Für sie ist das Wertgutachten deshalb von besonderer Bedeutung. Für die Banken, die den Bluestar-Deal finanzieren sollen, bringt das Wertgutachten, in dem alle Vermögensgegenstände der Fluglinie bis zur letzten Schreibmaschine aufgelistet sind, den Durchbruch. Ein solches Wertgutachten, von einer renommierten Prüfungsgesellschaft zusammengestellt, können sie zu ihren Akten nehmen. So könnten sie im Fall von Schwierigkeiten später beweisen, dass sie nicht leichtfertig einen großen Kredit gewährt haben, sondern sich sorgfältig kundig gemacht haben, dass die beliehenen Güter auch werthaltig sind.

Sollten Sie es in einem anderen Fall beispielsweise mit einem sehr an Flexibilität orientierten Gegenüber zu tun haben, könnten Sie sich überlegen, ob eventuell eine Öffnungsklausel bei extremen Situationen helfen würde. Eine solche Klausel sieht vor, dass die Vereinbarung im Falle außergewöhnlicher Entwicklungen aufgelöst oder wichtige Aspekte neu verhandelt werden können. Eine derartige Öffnungsklausel ist übrigens grundsätzlich geeignet, das Risiko in sehr unsicheren Situationen besser zwischen den verschiedenen Parteien zu verteilen.

Streit und Eskalation

Der Pate: „Ein schmutziges Geschäft“

Der Pate gewährt dem Rauschgifthändler Sollozzo in seiner Firma die erbetene Zusammenkunft. Das Büro wirkt wie ein altertümliches Kontor mit dunkler Holzvertäfelung und einem großen

Fenster zum Gang. Der Pate hat seine ganze Mannschaft versammelt, seine Söhne Sonny und Fredo, seinen Berater Tom und seine beiden wichtigsten Gefolgsleute Clemenza und Tessio. Sollozzo ist alleine gekommen. Man trinkt etwas Likör. Sollozzo bittet, dass ihn der Pate beim Aufbau des Rauschgifthandels in New York unterstützt. Neben einer Million Dollar in bar braucht er vor allem die Rückendeckung des Paten bei Politik und Polizei. Die Gewinnmöglichkeiten sind gigantisch. Schon im ersten Jahr würde er das Drei- bis Vierfache des Einsatzes an den Paten zurückbezahlen können. Der Pate gibt sich anfangs locker: „Wieso kommen Sie zu mir? Womit habe ich diese Großzügigkeit verdient?" Sollozzo scherzt zurück: „Wenn Sie den lächerlichen Betrag von einer Million Dollar in bar nur als Finanzierung ansehen, ti saluto, Don Corleone." Und er prostet dem Paten mit einem ironischen Lächeln zu. Der Pate steht auf und setzt sich zwischen seinen Sohn Sonny und Sollozzo. Er möchte Sollozzo in wohlgesetzten Worten klar machen, dass er beim Rauschgiftgeschäft nicht auf ihn zählen kann. Doch als der Pate auf das Thema Rauschgift zu sprechen kommt, verliert er plötzlich die Beherrschung. Mit erhobenem Zeigefinger herrscht er Sollozzo ganz unvermittelt an: „... Rauschgift ... ist ein schmutziges Geschäft." Sollozzo versucht sich zu wehren, doch der Pate lässt ihn gar nicht erst zu Wort kommen: „Es geht mich überhaupt nichts an, womit ein Mann seinen Lebensunterhalt verdient, aber verstehen Sie mich richtig ..." Sollozzo versucht nochmals zu argumentieren: „Falls Sie sich Sorgen machen wegen der Sicherheit für Ihre Million, die Tattaglias (ein anderer Mafiaclan) würden bürgen." Da reißt Sonny das Gespräch an sich, er will nicht zulassen, dass ihm das Rauschgiftgeld durch die Lappen geht: „Wollen Sie damit etwa sagen, dass die Tattaglias die Garantie übernehmen?" Der Pate ist empört, dass es Sonny doch tatsächlich wagt, ihm mitten in einer Verhandlung, im Angesicht der anderen Partei, zu widersprechen. Mit einer unwilligen Handbewegung schiebt er Sonny zur Seite. Zu Sollozzo gewandt sagt er: „Ich habe eine sentimentale Schwäche für meine Kinder. Und ich habe sie verwöhnt, wie

Sie sehen. Sie reden, wenn sie zuhören sollten. Wie dem auch sei, Signor Sollozzo, mein Nein ist endgültig."

Die Auswirkung dieser Ablehnung ist verheerend. Wie Tom schon in der Vorbesprechung erwähnt hat, neigt Sollozzo zu Eskalation und Gewalttätigkeit, wenn er sich in seinen geschäftlichen Interessen bedroht fühlt. Auch in diesem Fall geht er in die Eskalation und versucht, den Paten zu ermorden. Als der Pate schwer verletzt im Krankenhaus liegt, übernimmt der hitzköpfige Sonny die Führung des Familienclans. In einem ersten Racheakt wird Sollozzo in eine Falle gelockt und ermordet. Als im anschließenden Bandenkrieg auch Sonny selbst ums Leben kommt, gibt der Pate, der sich von den Folgen des Attentats wieder erholt hat, seinen Widerstand auf und unterstützt den Rauschgifthandel, um mit den anderen Mafiafürsten Frieden zu schließen.

In der vorangehenden Szene wird die Filmsequenz beschrieben, die auf das Vorbereitungsgespräch zwischen Pate, Sonny und Tom aus dem Kapitel „Vorbereitung" folgt. Der nächste Schritt, die Begrüßung zwischen den Parteien, ist im Film noch kurz angedeutet. Doch dann kommt der klassische Fehler, die Informationsphase ist viel zu kurz. Sollozzo steigt sofort mit seinem Eröffnungsangebot in die Verhandlung ein: Er möchte eine Million Dollar in bar und die Rückendeckung der politischen Freunde, die auf der „Gehaltsliste" des Paten stehen. Der Pate reagiert darauf erst einmal ganz geschickt. Er beschäftigt sich mit Sollozzos Angebot und stellt ein paar präzisierende Fragen: Was er denn bei diesem Geschäft verdienen könne, was der Clan der Tattaglias vom Gewinn erhalten soll.

Der Pate hat jetzt zwar von Sollozzo etwas erfahren, doch, wie schon in der Vorbereitung, erkennt er nicht die Brisanz dieser Informationen, insbesondere hinsichtlich der engen Zusammenarbeit Sollozzos mit den anderen Mafiafamilien. Es fehlt ihm die

Sensibilisierung für die Grundbedürfnisse von Sollozzo, wie sie in der Informationsphase hätten entstehen können. Deshalb wäre es jetzt unverzichtbar, in die Informationsphase zurückzukehren und die Verhandlung erst einmal auf solide Grundlagen hinsichtlich der Absichten und Machtverhältnisse zwischen den Parteien zu stellen. Doch genau das macht der Pate nicht, ganz im Gegenteil. Er verweigert durch seine brüske Ablehnung das Verhandeln um Sachthemen, wie z. B. die Höhe seines Anteils am Gewinn oder der eingebrachten Finanzmittel, auf die sich Sollozzo nach dem freundlichen Einstieg innerlich inzwischen eingestellt haben dürfte. Das „Aber ich muss leider nein sagen" des Paten kommt da sicher wie eine kalte Dusche für Sollozzo. Der Pate beginnt seinen Abbruch mit der Mitteilung, dass er nein sagen muss und schiebt die Gründe für die Absage hinterher. Das ist eine unglückliche Reihenfolge. In einer Verhandlung ist es immer geschickter, erst die Gründe zu nennen. So hat die andere Partei eine Chance, die Gedankengänge nachzuvollziehen, die zu einer bestimmten Schlussfolgerung führen. Kommt erst die Schlussfolgerung, z. B. das Nein des Paten, ist die andere Partei erst einmal mit der Verarbeitung dieser Ablehnung beschäftigt. Es bleibt keine Aufmerksamkeit mehr für die nachgeschobene Begründung ihrer Position übrig.

Außerdem wäre das Nennen der Gründe, unter Offenlassung der Schlussfolgerung, eine elegante Brücke zurück in die Informationsphase. Vermutlich wäre das Gespräch ganz anders verlaufen, wenn der Pate etwa wie folgt fortgefahren wäre: „Sehen Sie, Signor Sollozzo (mit Namen ansprechen als Autoritätssignal), ich bin ein altmodischer Mensch und mit Rauschgift tue ich mich nicht leicht (unstrittige persönliche Befindlichkeit als Ich-Botschaft). Das Geschäft bringt viel Geld, sehr viel Geld (ein Punkt, den alle gleich sehen und der deshalb verbindet). Es soll doch so sein, dass die Geschäfte sich nicht gegenseitig im Wege stehen (dem sollte auch Sollozzo zustimmen, ein weiterer Punkt, der verbinden und die andere Partei nachdenklich machen könnte). Ich kann mir nicht vorstellen, wie das gut gehen soll (Einwand in

Form einer Ich-Botschaft). Ich wüsste nicht, wie ich meine Unterstützung des Rauschgiftgeschäfts meinen politischen Freunden vermitteln soll (Einwand in Form einer Ich-Botschaft). Und auf diese Freunde bin ich bei allen anderen Geschäften angewiesen. Dass sie heute hier sitzen und mir ein solches Geschäft anbieten, zeigt, wie unendlich wertvoll und erhaltenswürdig diese Kontakte sind (ein unstrittiger und damit verbindender Punkt, dem Sollozzo durch sein Kooperationsangebot gewissermaßen schon zugestimmt hat)." So hätte er den Ball elegant zu Sollozzo zurückgespielt. Sollozzo will ja etwas von ihm und trägt damit gewissermaßen die „Beweislast", dass das, was er will, auch sinnvoll und für den Paten nicht mit unangemessenen Nachteilen verbunden ist. Der Pate hätte so einfach in seiner passiven Rolle bleiben und damit auch Sollozzo in die Informationsphase zurücklenken können. Doch statt den Weg in die Informationsphase zu wählen, lässt sich der Pate von seinen Emotionen leiten. Seine Ablehnung mündet in einen heftigen verbalen Angriff: „Schmutziges Geschäft", drohender Zeigefinger, mehr eine Strafpredigt als eine Verhandlung. Und um das Maß voll zu machen, schneidet er Sollozzo, der sich verteidigen möchte, auch noch das Wort ab.

Wie kommt es dazu, dass man sich so unvermittelt in der Konfrontation befindet, kein Interesse mehr am Dialog besteht? Der Pate befindet sich in einem Dilemma. Er ist innerlich nicht im Reinen mit seiner Funktion als Boss einer Verbrecherorganisation. Er sieht sich lieber als Geschäftsmann für harmlose Laster wie das Glücksspiel, das engstirnige Gesetze verbieten. Das ist wichtig für sein Selbstbild. Zugleich weiß er, dass das eine Illusion ist. Die Logik des Verbrechens ist eine andere, alles was Geld bringt, wird gemacht und damit weiß auch der Pate tief in seinem Innersten, dass er in der Rauschgiftfrage auf verlorenem Posten steht. Eigentlich müsste er aus der Mafia aussteigen, doch auf der anderen Seite möchte er die Annehmlichkeiten, die ihm seine Position einbringt, natürlich nicht missen. Da er auf der anderen Seite sein Selbstbild als „Geschäftsmann" nicht korrigieren und der „schmutzigen" Realität anpassen möchte, ist er in einem

Dilemma gefangen und nur noch eingeschränkt handlungsfähig. Das Resultat aus einem derartigen Dilemma ist meist das Nicht-hinsehen-Wollen, eine Vogelstraußpolitik, wie sie der Pate betreibt. In einer Verhandlungssituation äußert sich dieses Im-Inneren-nicht-hinsehen-Können meist in einem Festklammern an äußeren Positionen, einem äußeren Korsett, um sich dem inneren Zwiespalt nicht stellen zu müssen. All das lässt die Professionalität des Paten schlagartig kollabieren.

Wenn man mit einer Situation konfrontiert ist, in der man keine angemessene Handlungsmöglichkeit erkennt, ist das Gehirn überfordert und blockiert. Über ältere Gehirnareale wie die Amygdala wird die Situation als bedrohlich eingestuft und ein Notfallprogramm aktiviert, das uns körperliche Kraft für Kampf oder Flucht zur Verfügung stellt. Dieses Übernehmen der Steuerung durch die Amygdala zeigt sich im blitzartigen Kippen der Situation. Unsere Wahrnehmung wird über die Neurophysiologie emotional mit Angst oder Wut eingefärbt, entsprechende körperliche Reaktionen werden in Sekundenbruchteilen ausgelöst. Diese körperlichen Reaktionen reichen von Zittern, feuchten Händen, Rot- oder Bleichwerden, Versagen der Stimme, Atemnot, Druck im Kopf bis zu unkontrollierten Bewegungen wie dem drohenden Zeigefinger des Paten.

Dieser Verlust der emotionalen Kontrolle führt in vielen Fällen zu heftigen verbalen Auseinandersetzungen, zu Streit. Der Pate würgt durch seine Autorität zwar die verbale Auseinandersetzung ab, in die Sollozzo mit seinem Widerspruch einzusteigen versucht, doch in realen Verhandlungen spielt Streit bei einem entsprechenden Temperament der beteiligten Parteien eine größere Rolle als Sie eventuell meinen. Das Typische eines Streits ist genau dieser Verlust der emotionalen Kontrolle. Rede und Gegenrede in einer Streitsituation haben nichts mehr mit einem Informationsaustausch zu tun. Es gibt keine inhaltliche Auseinandersetzung mit den Argumenten der anderen Seite. Jeder dient dem anderen gleichsam als Stichwortgeber, um Schritt für Schritt ein „Ritual“ durchlaufen zu können. „Erfahrene“ Streitpartner haben ihr verlässliches Muster an Schleifen, aus denen ein Ausstieg aus eigener Kraft nur schwer möglich ist. Ist nur eine der Parteien emotional kollabiert, kann die Situation meist durch ein einfaches Auslaufenlassen der emotionalen Welle wieder in geordnete Bahnen zurückgebracht werden. Auch wenn Sie dabei beschimpft werden, bleiben Sie unbeeindruckt. Handeln Sie nach dem Motto: Sei wie ein Esel: Man mag dich schlagen, du bewegst dich keinen Millimeter. Allerdings funktioniert das natürlich nur, wenn Sie emotional im Gleichgewicht bleiben. Dann ist es oft sogar so, dass nach dem Dampfablassen der emotional betroffenen Partei die Verhandlungen strukturierter und effektiver fortgesetzt werden können, als es vor dem emotionalen Ausbruch der Fall war.

Diese Chance zur Deeskalation haben der Pate und Sollozzo nicht, da sich auch Sollozzo voll in die Eskalation hineinziehen lässt. In Sollozzo findet der Pate den komplementären Partner, der den Fehdehandschuh aufnimmt und in die nächste Stufe der Eskalation einsteigt. Dabei wäre es für Sollozzo eine einfache Alternative, den Paten mit Hilfe der anderen Mafiafamilien weiter unter Druck zu setzen. Da die Mafiafamilien grundsätzlich zur wechselseitigen Hilfestellung bei ihren Aktivitäten verpflichtet sind, müsste der Pate das Rauschgiftgeschäft unterstützen. Doch diesen logischen Weg beschreitet Sollozzo nicht. Stattdessen baut auch er sein Feindbild auf und verübt im nächsten Schritt das Attentat auf den Paten. Man hat das Verhandeln verlassen und geht in den Kampf, um nach der Zerstörung von Menschenleben und viel Frustration und Leid genau dort zu landen, wo man schon ganz am Anfang hätte starten können, wenn man sich sorgfältig mit den Machtverhältnissen und den eigenen Bedürfnissen auseinander gesetzt hätte. Wenn es auch in normalen Verhandlungen natürlich nicht so blutrünstig wie im *Paten* zugeht, so finden Sie doch oft ähnliche Muster wechselseitiger Feindbilder und anschließender Eskalation. Da, wie gesagt, eine Befreiung aus eigener Kraft meist nicht möglich ist, wäre es deshalb beim Auftauchen destruktiver Schleifen immer zu empfehlen, auf eine Hilfe von außen, unter Umständen sogar die Hilfe eines professionellen Mediators, zurückzugreifen. Er hat die Werkzeuge und die notwendige Distanz, um die destruktive Vermengung von inneren Konflikten, wechselseitigen Feindbildern und Reaktionsmustern aus früheren Frustrationssituationen in einem geordneten Verfahren so aufzulösen, dass wieder produktiv an den Sachthemen gearbeitet werden kann. Er wird auch darauf achten, dass keiner „sein Gesicht verliert". Ein Gesichtsverlust spielt sich allein im Kopf der betroffenen Person ab. Sobald sie das Gefühl hat, dass sie gegen ihre Prinzipien verstoßen hat und dies auch öffentlich bekannt wird, entsteht bei der betreffenden Person das Gefühl, in den Augen der relevanten Gruppe das Gesicht verloren zu haben. Wie die Gruppe diese Situation tatsächlich beurteilt, ist dabei ohne Belang. Ist man sich dessen einmal bewusst, kann man den drohenden Gesichtsverlust vermeiden, indem man Gründe findet, die von solcher Bedeutung sind, dass sie das Brechen des Prinzips rechtfertigen.

Haben Sie umgekehrt ein Gegenüber, das sein Gesicht verloren hat, helfen Sie ihm mit der gleichen Technik aus seiner psychischen Bedrängnis heraus. Bauen Sie dem fliehenden Feind – wie es in der chinesischen Strategielehre bildhaft heißt – goldene Brücken.

Unter all diesen Aspekten ist der Ausbruch von Sonny, der plötzlich dem Paten ins Wort fällt, nur noch das Tüpfelchen auf dem i. Es ist natürlich völlig indiskutabel, in einer Verhandlung interne Meinungsverschiedenheiten nach außen zu tragen, sodass es auch die andere Partei mitbekommt. Doch im Wesentlichen hat sich der Pate diese Entgleisung selbst zuzuschreiben, da er in der Vorbereitung nicht für eine klare gemeinsame Verhandlungslinie gesorgt hat. Auch wenn sich die Reaktion des Paten auf die Zwischenbemerkung von Sonny recht geschliffen und geschickt anhört, es bleibt doch eine öffentliche Bloßstellung der zweitwichtigsten Person in der Organisation. So sendet der Pate nochmals ein Signal der Schwäche an Sollozzo, was dessen Rachepläne nur noch weiter beflügelt.

Weitere Filmhinweise zur Konzessionsphase oder dem Verhandeln im engeren Sinne: *Lilien auf dem Felde* (1963) mit Sidney Portier: Eine Nonne und ein Wanderarbeiter verhandeln einen „Arbeitsvertrag" mit Hilfe von Bibelzitaten. *Die zwölf Geschworenen* (1957) mit Henry Fonda und die deutsche Fassung (1963) mit Mario Adorf. Sie können beobachten, wie die verschiedenen Geschworenen entsprechend ihren unterschiedlichen Grundbedürfnissen durch jeweils ganz unterschiedliche Argumente und Argumentationsketten umgestimmt werden. *Rain Man* (1988) mit Dustin Hoffman und Tom Cruise. Spannend gegen Schluss des Films die sehr emotional geführte Verhandlung von Charlie Babbitt mit dem Psychiater Dr. Morrison, der über das künftige Sorgerecht für den geisteskranken Bruder Raymond Babbitt entscheiden wird. *Lawrence von Arabien* (1962): Eine interessante Szene zum Thema Eskalation und Gesichtsverlust finden Sie gegen Ende des Films. Die beiden arabischen Freunde von Lawrence, Ali und Auda, geraten nach der Einnahme von Damaskus in Streit. Auda möchte Ali einen Gesichtsverlust zufügen, den dieser jedoch sehr elegant pariert.

Zusammenfassung: Konzessionsphase

- Lassen Sie den anderen eröffnen.
- Falls Sie eröffnen müssen, kalkulieren Sie bei Ihrem Angebot angemessenen Verhandlungsspielraum ein.
- Beschäftigen Sie sich mit dem Angebot der anderen Seite.
- Konzentrieren Sie sich auf Ihr bestes Argument.
- Signalisieren Sie von Anfang an Flexibilität. Verhandler lieben Zugeständnisse.
- Machen Sie kleine Schritte und begründen Sie jedes Ihrer Zugeständnisse.
- Versichern Sie sich einer Gegenkonzession, bevor Sie ein verbindliches Zugeständnis machen.
- Denken Sie auch an andere Formen des Kompromisses als das Treffen in der Mitte, z. B. an die proportionale Teilung entsprechend der Leistungsfähigkeit.
- Verhandeln Sie im Kreisverkehr statt in der Einbahnstraße. Nutzen Sie die wechselseitige Verknüpfung der verschiedenen Verhandlungsthemen und lassen Sie ein Hin- und Herspringen zwischen den verschiedenen Themen zu.
- Gehen Sie bei einem toten Punkt von der Detailebene wieder zurück auf die Ebene der übergeordneten Bedürfnisse wie Freiheit, Sicherheit usw.
- Vermeiden Sie in emotional entgleisten Situationen einen Gesichtsverlust der anderen Seite.
- Ein Gesichtsverlust ist oft die zentrale Quelle für destruktive Spiralen der Eskalation.

Phase 5: Einigung

Das Verhandeln im engeren Sinne, das schrittweise Fordern und Nachgeben ist vorbei. Die Lösung steht im Raum, doch es fehlt noch das förmliche Einschlagen. Das ist der Moment der Einigung, auf den Sie hingearbeitet haben. Die Wahrnehmung der Parteien verändert sich. Die Spannung im Raum löst sich. Die Einigung ist ein emotionales Geschehen, das die meisten Menschen nicht nur auf der sachlichen, rationalen Ebene berührt. Je stärker Sie um die Überwindung der Interessengegensätze gerungen haben, umso intensiver ist das Gefühl, eine besondere Leistung vollbracht zu haben. Das Erreichen einer guten, ausgewogenen Einigung, die die Zustimmung aller Beteiligten findet, ist ein ganz besonderer Moment. Es kann sogar ein beglückendes Gefühl von Zeitlosigkeit entstehen. Dieser Glücksmoment ist es übrigens, der den Win-Win-Gedanken für viele so anziehend macht. Win-Win ist für viele vor allem das Gefühl, dass der unangenehme Zustand des Interessengegensatzes einvernehmlich überwunden wurde und alle wieder harmonisch miteinander verbunden sind. Die Parteien sind gewissermaßen zu einem Lösungsteam zusammengewachsen.

Das Ziel aller Verhandlungen ist eine Vereinbarung, die hält und bewirkt, dass jeder tut, was vereinbart wurde, also eine echte Verbindlichkeit entsteht. Dafür sind drei Punkte besonders wichtig. Die Einigung muss:

- freiwillig erfolgen,
- wechselseitig von den Parteien eingegangen werden,
- auf umfassender und korrekter Information beruhen.

Damit eine Einigung wirklich tragfähig ist, müssen vor allem die Freiwilligkeit der Einigung und die Wechselseitigkeit gegeben sein. Es darf nichts Wichtiges verschwiegen worden sein, sonst schafft man nur einen Anknüpfungspunkt für das erneute Aufrollen der Verhandlung.

Bei der Herstellung der Verbindlichkeit wird Ritualen eine große Bedeutung beigemessen. Doch verlassen Sie sich nicht auf Rituale; viel wichtiger ist, dass die vorgesehene Umsetzung der Einigung mit den Grundbedürfnissen der Parteien in Einklang steht. Auf diese Weise werden Sie eine Verbindlichkeit schaffen, die die Wechselfälle des Lebens viel besser übersteht als eine formale Einigung, die eher auf Rituale und die damit verbundenen Sanktionen baut.

Sobald gegen die oben genannten Punkte verstoßen wird, ist die Gefahr groß, dass sich die erzielte Einigung dann doch nicht umsetzen lässt. Es kommt zu Fehlschlüssen, Enttäuschungen oder sogar zum richtigen Wortbruch. Haben sich beispielsweise Partner nicht aus einem inneren Bedürfnis, sondern nur unter dem massiven Druck einer Partei gefunden, realisiert die andere Seite sofort oder später, dass der Ausgleich von Geben und Nehmen nicht gewährleistet ist und wird versuchen, bei der nächsten Gelegenheit aus den eingegangenen Verpflichtungen wieder auszusteigen. Gegen die Ausgewogenheit von Geben und Nehmen wird natürlich besonders schwer verstoßen, wenn eine Partei verführt wird, sich auf etwas zu verpflichten, das gegen ihre Grundbedürfnisse verstößt.

Der Pate: „Bonasera“

Werfen Sie einen Blick auf die Einigung zwischen dem Paten und dem Bestattungsunternehmer Bonasera.

Das Arbeitszimmer des Paten ist gegen die sommerliche Hitze New Yorks mit Jalousien abgedunkelt. Das gedämpfte Licht gibt der ganzen Szenerie etwas Geheimnisvolles. Der Pate sitzt hinter seinem großen, dunklen Schreibtisch, ihm gegenüber der Bestattungsunternehmer Bonasera. So beginnt der Film *Der Pate*. Bonasera berichtet tief bewegt vom Verbrechen an seiner Tochter. Als sie sich gegen einen Vergewaltigungsversuch zur Wehr setzte, wurde sie so brutal zusammengeschlagen, dass sie für den Rest ihres Lebens entstellt sein wird. Bonasera kommen die Tränen: „Sie war das Licht meines Lebens … Sie wird nie wieder schön sein." Bonasera hat die Täter zwar vor Gericht gebracht, doch der Richter hat die Strafe zur Bewährung ausgesetzt. Das ist für Bonasera keine Gerechtigkeit. Er möchte, dass jetzt der Pate für ihn Rache übt. Dafür würde er dem Paten bezahlen, was immer dieser verlangt. Der Pate gibt ihm zu verstehen, dass man seine Gerechtigkeit nicht einfach kaufen kann. Nur wer sich ganz dem Paten unterwirft, sich in das Netz der Mafia eingliedern lässt, darf mit seiner Hilfe rechnen.

Bonasera steht vor einer schwierigen Entscheidung. Unterstellt er sich dem „Schutz" des Paten, ist er ihm künftig mit Leib und Leben verpflichtet. Bonasera schaut beschämt zu Boden: Hier geht es nicht um ein Geschäft, hier geht es um eine grundsätzliche Übereinkunft. Bonasera ringt mit sich. Er schluckt: „Wollen Sie mein Freund sein?" Der Pate schüttelt leicht den Kopf. Das ist zu wenig. Der Pate will mehr. Bonasera verneigt sich tief und sagt: „Mein Pate." Don Corleone hält ihm wortlos den Ring zum Kuss hin. Bonasera greift entschlossen nach der Hand und küsst den Ring. Der Pate nickt kurz: „Gut." Die wechselseitige Übereinkunft ist geschlossen. Der Pate wird für Bonasera Gerechtigkeit üben. Das Problem ist gelöst. Beide sind mit der Übereinkunft zufrieden und werden sie einhalten. Im Gehen weist der Pate Bonasera allerdings noch darauf hin, dass jetzt, da er Bonasera eine „Gefälligkeit" erweist, ihm natürlich bei Bedarf auch eine Gegenleistung seitens Bonaseras zusteht. Im weiteren Verlauf des Films wird der Pate Bonasera tatsächlich im Gegenzug um einen Gefallen bitten. Als der älteste Sohn des Paten, Sonny, im Kugelhagel eines rivalisierenden Mafiaclans tot zusammengebrochen ist, sucht der Pate Bonasera auf. Er bittet ihn, den übel zugerichteten Leichnam mit allen Mitteln seiner Kunst für die Begräbnisfeierlichkeiten zu präparieren. Vor allem seine Frau, Sonnys Mutter, soll ihn so nicht sehen.

Freiwilligkeit, Wechselseitigkeit, Vollständigkeit

Eigentlich wollte Bonasera ein „sauberes Geschäft" abwickeln. Nach seinem sizilianischen Ehrgefühl müssten die Halunken, die über seine Tochter hergefallen sind, sterben. Als wohlhabender Geschäftsmann wäre er auch bereit, sich diesen Dienst eine ordentliche Summe kosten zu lassen. Deshalb wollte er den Paten gegen Geld für einen Auftragsmord dingen. Doch das Gespräch nimmt eine völlig andere Wendung, da der Pate in diesem Fall sehr geschickt vorgeht. Er sieht die Sache nämlich ganz anders und es gelingt ihm, Bonasera seine Sichtweise zu vermitteln: Erstens, da das Mädchen noch lebt, kann man die Männer im Sinne ausgleichender Gerechtigkeit bestenfalls zusammenschlagen, jedoch nicht ermorden. Zweitens ist die Hilfe des Paten nur gegen künftige Loyalität zur Mafia zu haben. Eine Übereinkunft auf dieser Basis kann natürlich nur funktionieren, wenn Bonasera seine ursprüngliche Position, bezahlter Auftragsmord, aufgibt.

Deshalb lässt der Pate Bonasera die Wahl, ob er auf seine Forderung eingehen will. Bonasera soll zu seiner eigenen Entscheidung kommen. Das drückt sich auch in der Körpersprache des Paten aus. Er nimmt sich zurück und schweigt, um die inneren Prozesse Bonaseras ungestört ablaufen zu lassen.

Was in dieser Szene wenige Sekunden dauert, kann in der Realität einer komplexen Verhandlung wesentlich mehr Zeit beanspruchen. Oft empfiehlt es sich sogar, die Einigung die berühmte Nacht zu überschlafen, bevor man endgültig einschlägt. So prüft auch Bonasera die Vereinbarkeit dieser Lösung mit seinen Grundbedürfnissen. Er schluckt und ringt sichtlich mit der Frage. Sein Blick ist ganz nach innen gekehrt, bis er sich mit den Worten: „Mein Pate" der Mafia unterwirft.

Eine bindende Übereinkunft ist etwas Freiwilliges. Wenn sich jemand aus eigenem Entschluss zu etwas durchgerungen hat, hat er eine hohe Identifikation mit seiner Entscheidung. Das gilt sogar dann, wenn sich die Entscheidung im Nachhinein als gar nicht so günstig herausstellt. Während andererseits selbst ein „günstiges“ Ergebnis, das unter Druck entstanden ist, viel weniger geschätzt wird, da die Identifikation mit dem Ergebnis fehlt.

Deshalb gilt für die Einigung, dass es, gerade wenn Sie sich in der stärkeren Position befinden, wichtig ist, sich zurückzuhalten und den anderen in Ruhe seine Entscheidung fällen zu lassen. Sie haben Ihre Argumente gebracht; wenn Sie jetzt drängeln, untergräbt das nur Ihre Souveränität.

Gute Verhandler sind in der Phase des Abschlusses besonders aufmerksam. Sie beobachten genau die Reaktionen der anderen Seite. Sie sind innerlich dabei und stehen selbst voll hinter der Übereinkunft, die sie ausgehandelt haben. Der Pate beobachtet Bonasera ganz genau. Er ist in diesem entscheidenden Moment voll präsent. Beide, der Pate und Bonasera, fühlen sich gut mit dem Ergebnis. Beide strahlen.

Eine Einigung ist eine wechselseitige Angelegenheit. Alle Parteien müssen hinter der Vereinbarung stehen. Der Pate steht voll hinter seinem Angebot, die Rache für Bonasera zu übernehmen. Wenn sich Bonasera entschließt, auf die Forderungen des Paten einzugehen, wird er seine Verpflichtungen erfüllen. In der Wahrnehmung der beteiligten Parteien ist die Angemessenheit des Ausgleichs von Geben und Nehmen gewahrt. Gleich nach der Unterredung mit Bonasera erteilt der Pate seinem Berater Tom Hagen entsprechende Anweisungen, wer sich die Burschen, die Bonaseras Tochter zusammengeschlagen haben, vornehmen soll: „Er soll absolut zuverlässige Männer auswählen, Männer, die sich beherrschen können. Schließlich sind wir keine Mörder, auch wenn sich dieser Leichenbestatter das so vorstellt.“

Da bei einer Einigung auch nichts Elementares verschwiegen worden sein darf, weist der Pate Bonasera nochmals ausdrücklich darauf hin, dass ihm für seine „Gerechtigkeit“ bei Bedarf natürlich auch eine Gegenleistung zusteht. Bonasera ist ein rechtschaffener Mann, der schon seine Gründe hatte, bisher den Kontakt zum Paten trotz alter Familienbande zu meiden. Er hat ungute Vorahnungen. Gerade er als Bestattungsunternehmer könnte ja in vielfältiger Weise beim Verschwindenlassen von Leichen herangezogen werden.

Rituale als Schutz gegen den Wortbruch

Die Einigung ist vollzogen. Doch jede Vereinbarung, selbst wenn es sich um einen schriftlichen Vertrag handelt, kann gebrochen werden. Da ein derartiger Wortbruch natürlich den ganzen Verhandlungsaufwand wieder hinfällig macht, sind die Menschen immer schon bestrebt gewesen, dieses Risiko in den Griff zu bekommen. Als Lösung für dieses Problem haben sich in den verschiedenen Kulturen Rituale herausgebildet, um die Einhaltung einer Vereinbarung sicherzustellen. Rituale sind ein archaischer Weg, um in einer ursprünglich schriftlosen Welt Verbindlichkeit zu schaffen. Durch die Ausführung des Rituals wurde die Zäsur zwischen unverbindlichen Vorschlägen und verbindlichen Verpflichtungen markiert. Auf die Durchführung des Rituals konnten sich bei späteren Unstimmigkeiten zum Beispiel auch Zeugen berufen, die bei späteren Streitigkeiten hinzugezogen werden konnten. Der eigentliche Kern der Rituale ist jedoch, dass das Brechen von rituell besiegelten Verpflichtungen mit gesellschaftlichen und in den meisten Fällen auch religiösen Sanktionen verknüpft wurde. Die gesellschaftlichen Sanktionen drehten sich dabei im Wesentlichen um den Status in und die Zugehörigkeit zu der Gruppe. In der Gruppe wurden letztendlich nur die Mitglieder geduldet, auf deren Zusagen man sich verlassen konnte. Das erleichterte einerseits den Umgang in der Gruppe, andererseits war in den frühen Zeiten der menschlichen Gesellschaft der Ausschluss aus der Gruppe eine schwere Strafe mit einer entsprechenden Abschreckungswirkung. In der Simulation mit Computermodellen hat man übrigens herausgefunden, dass sich im Wettbewerb unterschiedlicher Modelle des gesellschaftlichen

Umgangs die Regel: „Toleriere zweimaligen Wortbruch, doch schließe ein Mitglied bei der dritten Verfehlung aus" als besonders erfolgreich erweist.

Rituale gehen jedoch meist noch einen Schritt weiter. Der Bruch der Rituale hatte auch noch göttliche Strafen zur Konsequenz. So ist es natürlich kein Zufall, dass die Verpflichtung Bonaseras in das Netzwerk der Mafia in einen fast religiösen Kontext gerückt wird. Die gedämpfte schummrige Atmosphäre im Büro des Paten erinnert an die Stimmung in einer katholischen Kirche. Bonasera küsst den Ring des Mafiabosses, wie man den Ring eines Bischofs küssen würde. Noch weiter geht das Ritual in einer anderen Szene, in der der Pate beim Seelenheil seiner Enkelkinder gelobt, auf Rache für den Mord an seinem Sohn Sonny zu verzichten und den Friedensschluss mit den Mafiarivalen zu respektieren. Hier müssten nach traditionellen Glaubensvorstellungen also sogar die Enkelkinder einen Wortbruch des Großvaters mit ewigen Höllenqualen büßen.

Obwohl wir heute von solchen Vorstellungen sehr weit entfernt sind, haben Rituale erstaunlicherweise als Absicherungsinstrumente auch in den heutigen Verhandlungen noch immer ihren Platz. Vor allen Dingen dann, wenn es sich um Parteien mit einer langen Beziehung handelt, die wechselseitig großes Vertrauen zueinander haben, reicht ein einfacher Handschlag, um die Einigung zu vollziehen und die Umsetzung in Gang zu bringen. Im privaten Bereich wird es natürlich auch viele Fälle geben, in denen Sie sich einfach mit der wechselseitigen mündlichen Zustimmung begnügen. Das Wort der anderen Seite ist in diesen Fällen genug. Es gibt auch heute noch so manche Branchen, in denen auch wichtige Abschlüsse per Handschlag oder, z. B. auf dem Börsenparkett, nur durch Zuruf bindend abgeschlossen werden. In den Börsenszenen in *Wall Street* sehen Sie immer wieder die wild gestikulierenden und schreienden Händler, die auf diese simple Art die großen Aktienmassen an der New Yorker Börse bewegen.

In vielen Verhandlungen werden die Dinge zuerst mündlich ausgehandelt und von jeder Partei nur in ihren eigenen Notizen festgehalten. Erst zum Schluss macht man sich daran, daraus einen für alle Parteien verbindlichen Vertragstext zu formulieren. Professionelle Verhandler gehen hier effizienter vor. Sie arbeiten an einem einzigen Dokument, in das nur die gemeinsam gefundenen Verhandlungsergebnisse einfließen. Mit diesem so genannten „Eintextverfahren" wird die Gefahr von Missverständnissen erheblich reduziert.

Hinsichtlich der schriftlichen Fassung des Vertragstextes gilt natürlich das alte Sprichwort: „Wer schreibt, der bleibt". Derjenige, der nur die aktualisierten Versionen gegenliest, muss ständig auf der Hut sein, dass sich nicht doch die eine oder andere sprachliche „Präzisierung" zu seinem Nachteil eingeschlichen hat. Die moderne Technik, den revidierten Text mit PC und Beamer gleich im Verhandlungszimmer für alle sichbar an die Wand zu projizieren und gemeinsam zu bearbeiten, schafft hier endlich eine befriedigende Abhilfe und erspart so manches unproduktive Hin-und-Herschieben von Vertragstexten.

Doch was ist mit den vielen Verhandlungen, in denen der komplizierte Apparat eines ausführlichen schriftlichen Vertrages gar nicht zur Verfügung steht? Außerdem schützt auch der ausgefeilteste Vertrag mit seiner rechtlichen Verbindlichkeit nicht vor Vertragsbruch oder Anfechtung. Das hat auch damit zu tun, dass in unserer heutigen Welt die Wirkung und der Respekt vor jeglichen Ritualen sehr verblasst sind. In unserer vom Grundbedürfnis nach Freiheit geprägten Gesellschaft wurden sogar ganz im Gegenteil zu vielen Bindungsritualen komplementäre Auflösungsmechanismen hinzugefügt, wie z. B. zur Eheschließung die Scheidung oder zum Vertrag die Schadensersatzregelung bei Nichteinhaltung. Und so erscheint es in unserer den „ewigen" Dingen sehr distanziert gegenüberstehenden Gesellschaft angemessener, die potenzielle Vergänglichkeit von Einigungen gleich miteinzukalkulieren. Dennoch bleibt natürlich das Bestreben, aufgrund des hohen Investments in den Verhandlungsprozess, dessen Ergebnis gegen all zu schnellen Verschleiß zu schützen.

Kongruenz mit den Grundbedürfnissen

Das Modell der neun Grundbedürfnisse kann auch in diesem Zusammenhang Hinweise für einen differenzierteren und damit letztendlich erfolgreicheren Umgang mit den Thema Einigung und Verbindlichkeit geben. Wie im Kapitel „Vorbereitung“ schon beschrieben, haben Menschen, je nach ihren dominierenden Grundbedürfnissen, ganz unterschiedliche Stärken und Schwächen, was den Umgang mit dem Verhandeln, aber auch den Umgang mit Verbindlichkeit angeht. Die tragfähigsten Einigungen werden deshalb erzielt, wenn man von vornherein die jeweiligen Grundbedürfnisse der Parteien bei der Ausarbeitung einer Vereinbarung berücksichtigt. Wie stehen nun die neun Grundbedürfnisse:

1. Sicherheit
2. Freiheit
3. Macht
4. Anerkennung
5. Spannung / Spiel
6. Harmonie
7. Konsistenz / Integrität
8. Fürsorge
9. Neugierde

zur verbindlichen Umsetzung einer Vereinbarung?

1. Der Sicherheitstyp

Der Berater des Paten, sein Anwalt Tom Hagen, der auch schon in der Vorbereitungsszene für den Paten das Dossier mit den Fakten über Sollozzo vorgelegt hat, ist sicherheitsorientiert. Er führt die schriftlichen Dossiers und übernimmt die Verantwortung, dass alles auch genau so umgesetzt wird, wie es der Pate anordnet. Sollten Sie es also mit einer Verhandlungspartei zu tun haben, bei der das Grundbedürfnis Sicherheit im Vordergrund steht, dann richten Sie sich darauf ein, dass man erstens auf der genauen schriftlichen Ausformulierung der verschiedensten Eventualitäten bestehen wird. Und dass zweitens später bei allen Zweifelsfragen das schriftliche Vertragswerk im Zentrum der Diskussion stehen wird. Solche Verhandler haben natürlich auch die Neigung, vor allem die andere Seite ganz genau festlegen zu wollen. Achten Sie also darauf, dass auch Ihre Ansprüche und die Verpflichtungen der anderen Seite mit der gleichen Präzision festgehalten werden, wie das für Ihre Verpflichtungen gilt. Das mag zwar eine umständliche und sehr langwierige Prozedur sein, sie ist aber bei einem derartigen Vertragspartner unabdingbar dafür, dass Sie sich bei späteren Fragen der Vertragsauslegung ebenfalls auf genau festgehaltene Ansprüche berufen können.

2. Der Freiheitsliebende

Gordon hält es dagegen gar nicht mit festen Verpflichtungen. Ihm ist es am liebsten, wenn möglichst viele Dinge offen bleiben, sodass er sich opportunistisch immer wieder spontan entscheiden kann, was für ihn gerade die beste Lösung ist. Er hält sich auch bedeckt mit seinen Absichten, lässt den anderen schon mal bewusst im Unklaren darüber, wie die Sache weitergehen könnte. Hier sind Sie auf eine ganz andere Weise gefordert. Es macht wenig Sinn, einen solchen Verhandler zu sehr im Detail festlegen zu wollen. Er wird doch immer wieder Schlupflöcher finden. Akzeptieren Sie diesen Wesenszug und richten Sie sich darauf ein, das Beste aus der Sache zu machen. Arbeiten Sie eher mit Szenarien als mit detaillierten Regelungen. Machen Sie es zum Thema, unter welchen Umständen sich der andere nicht mehr an die Vereinbarung gebunden fühlen könnte. Mit einem sehr freiheitsorientierten Verhandler werden Sie vermutlich am besten zusammenarbeiten, wenn Sie für potenzielle Bruchpunkte Öffnungsklauseln vereinbaren und eine Wiederaufnahme der Verhandlungen in diesen Fällen gleich von Anfang an vorsehen, statt durch die Ausbruchsversuche der anderen Partei in solche Verhandlungen hineingezwungen zu werden. Damit ersparen Sie sich Streit und Enttäuschung.

3. Der Machtorientierte

Der Pate repräsentiert natürlich das Bedürfnis nach Macht. Er macht die Angebote, die anderen können sich entscheiden, ob sie sie annehmen. Bonasera, der weitläufig zu seiner Familie gehört, hat dabei tatsächlich eine Wahlfreiheit. Mit anderen, die den eigenen Vorstellungen im Weg stehen, wird nicht so zimperlich verfahren. Wenn sie eine Vereinbarung mit einem machtorientierten Menschen schließen wollen, ist es besonders wichtig, dass er ganz hinter seiner Entscheidung steht und dass er wirklich aus freien Stücken eingeschlagen hat. Im Idealfall sollte es ein derartiger Verhandler gerade als Demonstration seiner Macht empfinden, dass er in der Lage ist, die Vereinbarung auch einzuhalten und nicht von äußeren Einflüssen gezwungen wird, seine Zusagen zurückzuziehen. Er sollte sich deshalb stark mit seiner Entscheidung identifizieren. So wie es für den Paten eine Selbstverständlichkeit ist, seinen Teil der Vereinbarung mit Bonasera einzuhalten.

4. Der Anerkennungsbedürftige

Bud Fox steht in seinem Streben nach Status und Wohlstand im Bann seines Bedürfnisses nach Anerkennung. Einerseits neigt dieser Typus zu Einigungen „unter Wert“, solange sein Bedürfnis nach Anerkennung befriedigt wird, andererseits reagieren diese Menschen hoch sensibel, wenn sie das Gefühl haben, dass es an der Anerkennung fehlt. Wenn sie fehlt oder, noch schlimmer, plötzlich entzogen wird, können solche Menschen möglicherweise mit einem Amoklauf reagieren. Sie fühlen sich dann an gar nichts mehr gebunden. Ein Wesenszug von Bud, den Gordon im weiteren Verlauf des Films *Wall Street* noch sehr heftig zu spüren bekommen wird. Wenn Sie also eine Vereinbarung mit einer Partei schließen, die diesem Grundbedürfnis sehr stark verpflichtet ist, dann müssen Sie auf diesen Punkt ein besonderes Augenmerk richten. Am besten lässt sich das realisieren, wenn Sie von vornherein eine Anhörung oder noch besser ein Mitspracherecht bei wichtigen Entscheidungen im Rahmen der Umsetzung vorsehen. Hier geht es um höchst penible Fragen der Gesichtswahrung für die andere Seite. Da ist die andere Seite sehr empfindlich, vielleicht gerade auch deshalb, weil sie in der eigentlichen Entscheidungssituation oft nicht in der Lage ist, sich konsequent abzugrenzen und ihre Interessen durchzusetzen. Für diesen Typ spielt auch das Thema Verfahrens- und Prozessgerechtigkeit eine große Rolle. Sie wollen in ihrer Rolle als Verfahrensbeteiligte besonders gewürdigt und anerkannt werden.

5. Der Spieler

Gordon liebt das Spiel. Ohne Emotionen und dramatische Gesten geht bei ihm gar nichts. Prinzipiell lieben solche Menschen die Intensität der Einigung, die sie gern mit emotional aufgeladenen Ritualen ausstatten. Sie stehen gerne auf der Bühne. Doch diese Haltung steht natürlich in einem gefährlichen Widerspruch zu einer reibungslosen Abwicklung und Umsetzung einer Vereinbarung. Das wäre ja langweilig. So könnte es ein, dass ein Intensitätstyp schon aus Lust an der Aufregung und Abwechslung unbewusst in der Abwicklung etwas zündelt, um sein Bedürfnis nach Spannung und Aufregung zu befriedigen. Richten Sie sich darauf ein, dass dergleichen passieren kann. Spielen Sie das Spiel mit. Regen Sie sich mit auf, ohne in Panik zu verfallen. Im Idealfall finden Sie äußere Anlässe, die für „Abwechslung" sorgen, sodass nicht das Innenverhältnis für derlei Zündeleien missbraucht werden muss.

6. Der Harmonieorientierte

Mit harmonieorientierten Menschen sollte die Umsetzung einer Vereinbarung keine Schwierigkeiten machen, insbesondere wenn durch ein achtsames Verhandeln eine gute Grundlage für eine Identifikation mit dem Verhandlungsergebnis geschaffen wurde. Ed Masry ist einer dieser Menschen mit einer starken Harmonieorientierung. Wie schon im Ton der Verhandlung, so ist auch in der Abwicklung immer wieder herauszustreichen, wie wichtig die harmonische Zusammenarbeit grundsätzlich und wie angenehm die Zusammenarbeit in diesem besonderen Fall ist. Eine gewisse Schwäche der harmonieorientierten Menschen ist, dass sie, um eine Einigung zu erzielen, schon einmal einer Illusion über ihre eigene Leistungsfähigkeit erliegen. Sie versprechen dann mehr, als sie später bei der Umsetzung wirklich beitragen können. Bei der Festlegung der Rechte und Pflichten mit einem harmonieorientierten Menschen können sie sich also manche Enttäuschung ersparen, wenn Sie noch vor Abschluss der Vereinbarung einen sorgfältigen Blick auf die tatsächliche Leistungsfähigkeit der anderen Seite werfen. Für diese Beurteilung ist natürlich eine ausreichende Erfahrung mit den anstehenden Aufgaben unabdingbar.

7. Der Konsistente und Integre

Bonasera ist einer der Zeitgenossen, denen die innere Widerspruchsfreiheit ihres Verhaltens von ganz großer Bedeutung ist. So schwierig diese Menschen durch ihre Kompromisslosigkeit als Verhandler sind, so zuverlässig stehen sie zu ihrem Wort. Für sie haben auch all die Rituale des Handschlags und des Ehrenwortes eine ganz besondere Bedeutung. Für sie bedeutet das eine tiefe Verpflichtung. In der Zusammenarbeit mit diesen Menschen ist es natürlich von großer Bedeutung, dass auch Sie sich genau an ihre Verpflichtungen halten. Und sollten tatsächlich einmal Abweichungen vom vereinbarten Vorgehen notwendig sein, dann gehen Sie frühzeitig auf den anderen zu. Kleine Abweichungen kann man im Frühstadium auch einem Integritätstypen noch verkaufen. Wenn jedoch große Veränderungen anstehen, die nicht als konsequente Weiterentwicklung der ursprünglichen Vereinbarung erklärt werden können, müssen Sie mit großen Schwierigkeiten und heftigen Schuldzuweisungen rechnen.

8. Der Fürsorgliche

Fürsorgliche Menschen sind in der Abwicklung einer Vereinbarung natürlich besonders angenehme Partner. Der Vater von Bud Fox ist die personifizierte Fürsorge. Er hat sich als Gewerkschaftsführer für die Interessen seiner Männer aufgerieben und seine persönlichen Bedürfnisse stets zurückgestellt. Wenn sich eine Person dieser Veranlagung mit einer Vereinbarung identifiziert, erstreckt sich die Fürsorge natürlich auch auf die erfolgreiche Abwicklung der Vereinbarung. Bei diesen Menschen werden Sie auch stets ein offenes Ohr finden, wenn die aktuelle Sachlage es notwendig macht, einzelne Punkte einer Vereinbarung zu modifizieren. Fürsorgliche Menschen sehen die Gesamtzusammenhänge und können in diesem Sinn auch sehr pragmatisch mit Vereinbarungen umgehen.

9. Der Neugierige

Unternehmungslustige und neugierige Menschen, ein Typus, wie er in manchen Wesenzügen auch bei Gordon erkennbar ist, haben oft einen kindlich verspielten Zug. Sie sind sich der Verbindlichkeit einer Situation nicht so richtig bewusst. Ihre Schwierigkeit ist, dass sie sich nicht so viele Gedanken um die Realisierbarkeit ihrer Pläne machen. Außerdem sind sie durch neue Möglichkeiten auch leicht ablenkbar und haben keine Hemmungen, Ressourcen, die eigentlich für die Abwicklung der Vereinbarung notwendig wären, in neue Projekte zu investieren. Hier hilft nur, einerseits die Dinge möglichst zügig abzuwickeln und andererseits für den Kreativ-Neugierigen immer wieder schöpferische Inseln zuzulassen, auf denen er sich austoben kann. Eine minutiöse Festlegung von Verpflichtungen wird dagegen wenig bringen, da der Neugierige sich daran sowieso nicht gebunden fühlt. Wichtiger ist die Wertschätzung des kreativen Potenzials. Wenn es Ihnen gelingt, einen guten Kontakt aufzubauen, werden Sie einen wertvollen Verbündeten bei der kreativen Überwindung der Probleme haben, die bei jeder Umsetzung einer Vereinbarung sowieso auftauchen.

Vollendete Tatsachen

Die Menschen gehen je nach ihren Grundbedürfnissen sehr unterschiedlich mit dem Thema Einigung und Verbindlichkeit um. Eine ganz spezielle, nicht unproblematische Art der Einigung ist, vollendete Tatsachen zu schaffen. Ein klassisches Beispiel wäre der Nachbarschaftsstreit mit dem über Nacht abgesägten Baum und der Torte mit einem Entschuldigungsbrief vor Ihrer Tür. Der netten Nachbarin ist es ja so peinlich, was ihr Mann in seinem Wutanfall angerichtet hat.

Pulp Fiction: „Wir brauchen für ein paar Stunden deine Garage"

Sich gegen vollendete Tatsachen zu wehren, ist nicht so einfach. Auch Jimmie aus *Pulp Fiction* hat da so seine Mühe.

Sie erinnern sich an Jules, Vincent, das blutverschmierte Auto und die Leiche aus der Szene mit Mr. Wolfe. Die beiden mussten mit ihrem Auto und der heißen Fracht schnellstens von der Straße. In seiner Not erinnert sich Jules an seinen alten Bekannten Jimmie: „Ich rufe meinen Partner in Toluka Lake an. Wenn Jimmie nicht zu Hause ist, fällt mir auch nichts mehr ein." Über das Mobiltelefon erreicht ihn Jules. „Jimmie, ja wie geht's, Mann? Hier ist Jules. Mann, ich stecke hier mit einem Kumpel ganz schön in der Klemme. Wir sitzen in einem Wagen, der von der Straße muss, pronto, wir brauchen für ein paar Stunden deine Garage." Von der Leiche und dem Blut erzählt Jules natürlich nichts. Sie stellen Jimmie einfach vor vollendete Tatsachen. Jimmie flippt ziemlich aus. Doch es ist zu spät. Der Wagen steht in seiner Garage. Jetzt muss er dafür sorgen, dass die beiden Gangster mit Leiche und Auto verschwunden sind, bevor seine Frau Bonnie von der Nachtschicht nach Hause kommt.

„Vollendete Tatsachen" ist eine verführerische Möglichkeit, schnell zu dem gewünschten Ergebnis zu kommen. Man lässt die ganzen komplizierten Verhandlungsphasen einfach weg. Das Spiel kommt übrigens öfter vor, als man im ersten Moment vermuten möchte. Die Miete, die nicht rechtzeitig auf dem Konto ist, die Lieferung, die zwar auf dem Hof steht, aber nicht der Spezifizierung entspricht, all das sind vollendete Tatsachen. Es gibt keine Verhandlung, sondern Sie werden einfach mit der „Lösung" überfallen und müssen sich erst einmal mit der Situation abfinden. Das Raffinierte am Manöver „vollendete Tatsachen" ist, dass das Prinzip „Wer will was von wem" und damit die jeweilige Verhandlungsposition erst einmal umgedreht wird. Jules bettelt nicht bei Jimmie, dass er dessen Garage benutzen darf, nein, Jimmie hat plötzlich die beiden Killer am Hals und muss sich überlegen, die beiden wieder loszuwerden, ohne dass die Situation eskaliert. Doch so verführerisch diese Vereinfachung des „Verhandlungsvorganges" ist, letztendlich wird das Verfahren nur funktionieren, wenn es sich entweder um Kleinigkeiten handelt, die dem anderen den Aufwand einer Auseinandersetzung nicht wert sind, oder der Übergriff durch eine Gegenleistung nachträglich wieder ausgeglichen wird. So erhält beispielsweise Jimmie im weiteren Verlauf der Szene von Mr. Wolfe einen dicken Batzen Geld für seine Unterstützung. Wenn dieser Ausgleich jedoch nicht gegeben ist oder „vollendete Tatsachen" gar zum Standard in einer geschäftlichen oder privaten Beziehung werden, vergiftet es Stück für Stück die Atmosphäre. Ein kleiner Anlass kann dann die große Krise auslösen.

Die beste Reaktion auf „vollendete Tatsachen" ist, auf einer Rückabwicklung bzw. auf einem angemessenen Ausgleich zu bestehen, statt sich auf wachsweiche Entschuldigungen und kleine Trostpflaster einzulassen. In gewisser Weise hat sich derjenige, der mit den vollendeten Tatsachen operiert, auch selbst unter Zugzwang gesetzt. Das können Sie nutzen. Signalisieren Sie zum Beispiel in der Angelegenheit mit dem Nachbarn, dass Sie prinzipiell bereit wären, die Entschuldigung anzunehmen und die Sache auf sich beruhen zu lassen. Als Ausgleich für das forsche Vorgehen sollte die andere Seite jedoch eine Ihrer Forderungen erfüllen und beispielsweise die hässlichen Mülltonnen aus Ihrem Sichtbereich wegräumen. Seien Sie nicht zu bescheiden, schließlich hat der andere das Spielchen gestartet. Die Regel „keine Konzession ohne Gegenkonzession" gilt auch bei „vollendeten Tatsachen".

Wall Street: **Gordon invites Bud**

Zentrale Fehler bei der Einigung

Gordon Gekko hat seine ganz speziellen Pläne mit dem jungen Bud Fox. Bud Fox ist kein satter Absolvent einer Nobeluniversität. Bud stammt aus bescheidenen Verhältnissen. Er ist wild entschlossen, nach oben zu kommen. Das möchte Gordon für sich ausnutzen, doch der Schuss wird nach hinten losgehen. Am Ende wird sich Bud genauso wenig an Gordon gebunden fühlen, wie sich Gordon gegenüber Bud verpflichten wollte. Die Einigung hat nicht Bestand.

Wall Street: „Ich rede vom großen Geld"

Gordon gewährt Bud kleine Aufmerksamkeiten. Eine Einladung in ein teures Restaurant, ein gemeinsames Squashmatch in einem noblen Sportclub. Durch das Squashmatch und das anschließende Dampfbad ist eine entspannte und vertrauliche Atmosphäre entstanden. Jetzt macht man sich in der Umkleide mit dunklen Holzschränken für den nächsten Termin zurecht. Jetzt schlägt Gordon völlig unerwartet zu und eröffnet Bud, dass ihre Geschäftsbeziehung beendet ist: „Ich habe 20 andere Broker … mein Freund, noch einen brauche ich nicht." Bud ist wie vom Schlag getroffen. Damit hatte er nicht gerechnet. Bettelnd läuft er Gordon hinterher: „Geben Sie mir noch eine Chance. … Mr. Gekko, bitte!" Jetzt kommt Gordon zur Sache: „Du willst noch 'ne Chance? Dann schick mir nicht diese alltäglichen Informationen, sondern verschaff mir richtige." Ein klein wenig später in Gordons Limousine. Bud und Gordon sitzen nebeneinander im Fond. Gordon zündet sich genüsslich eine Zigarette an: „Wildman ist in der Stadt. Irgendetwas Großes kocht er aus. Klar? Ich will wissen, wo er hingeht und was er sich ansieht. Und ich will, dass du, mein Freund, mir den Rest der Informationen besorgst." Bud ist schockiert: Er soll illegale Spitzeldienste leisten. Gordon ist da nicht so zimperlich und malt erst einmal die Vorteile dieser Geschäfte aus: „Ich rede vom großen Geld. So viel Geld, dass du einen eigenen Jet hast. So viel Geld, um keine Zeit zu verschwenden, 50 ... 100 Millionen Dollar. Buddy, eben richtig oder gar nicht." Zugleich setzt er Bud mit der Angst vor Elend und sozialem Abstieg unter Druck und zeigt auf einen Penner am Straßenrand. Um die Gefahr des Abstiegs für Bud so richtig präsent zu machen, lässt er seinen Fahrer unvermittelt anhalten und zwingt Bud auszusteigen. Bud zwängt sich gedemütigt an Gordon vorbei und steigt aus. Sein Traum vom großen Geld ist geplatzt. Die schwere Wagentür fällt ins Schloss. Die Kamera bleibt bei Gordon im Fond der Limousine. Man hört es an die Wagentür klopfen. Gordon lässt nur gönnerhaft die Scheibe herunter. Bud ist dem psychischen Druck nicht gewachsen. Er hat es so weit gebracht, dass er mit dem großen Gordon Gekko Geschäfte macht. Er lässt sich nicht wieder hinunterstoßen in das banale Leben eines Brokers, der fremde Leute am Telefon anbetteln muss, ihr Geld bei ihm anzulegen. Er akzeptiert Gordons Bedingungen: „Also gut, Mr. Gekko, Sie haben mich." Doch diese Einigung steht auf tönernen Füßen. Gordon fühlt sich so mächtig, dass er Bud gegenüber keine Verpflichtungen eingeht. Kein Einschlagen von Gordon, nur ein schmieriges Grinsen. Bud bleibt am Straßenrand im Regen stehen, während Gordon mit seiner noblen Karosse entschwindet.

Sobald es Gordon vorteilhaft erscheint, wird er Bud hinters Licht führen und Bluestar, die Airline, für die Buds Vater arbeitet, nicht wie besprochen sanieren, sondern zur Maximierung seines Profits liquidieren, selbst wenn dadurch einige Tausend Mitarbeiter arbeitslos werden. Bud ist schockiert von so viel Illoyalität und Gewissenlosigkeit.

Da er sich nicht mehr an Gordon gebunden fühlt, wird er gegen Ende des Films eine letzte vertrauliche Aussprache mit Gordon auf Tonband aufzeichnen. Dieses Tonband, auf dem sich Gordon seiner illegalen Machenschaften brüstet, wird der Börsenaufsicht als wichtiges Beweismittel dienen. Gordons Schicksal ist damit besiegelt. Er wird sich in einem Strafprozess wegen Insidergeschäften verantworten müssen. Ein Straftatbestand, der in den USA mit langen Haftstrafen geahndet werden kann.

Verführung statt Einigung

Gordon macht sich die Sache einfach. Er will nur die Züge an Bud sehen, die in sein Konzept passen. Natürlich will Bud nach oben und ist bereit, dafür einiges einzustecken, doch er hat auch noch andere Anliegen. Bud möchte ernst genommen werden. Gordon übersieht das und verweigert es ihm immer. Er sorgt dafür, dass Bud ihm im Sportclub bettelnd hinterherläuft; er lässt ihn im wahrsten Sinne des Wortes am Straßenrand im Regen stehen und bezieht ihn auch in wichtige Entscheidungen, wie die über das weitere Schicksal von Bluestar Airlines, nicht mit ein. Das kann ein auf Anerkennung gepolter Mensch wie Bud nur kurzfristig ertragen. Irgendwann wird er ausbrechen und dafür sorgen, dass auch die anderen Werte, die ihm wichtig sind, wieder zum Tragen kommen. Er hat von seinem Vater ganz andere Vorstellungen zum Thema Arbeit und ehrlich verdientem Erfolg mitbekommen. Diese Werte sind Bud sogar im Vergleich mit den Verlockungen des eigenen Jets und all der anderen Statussymbole, die Gordon bietet, wichtig. Letztendlich ist Bud den Verführungskünsten von Gordon erlegen. Gordon hat dagegen das irrige Gefühl, dass Bud zu 100 Prozent für ihn verfügbar ist, während er noch völlig frei entscheiden kann. Dass die Ausgewogenheit von Geben und Nehmen in der Wahrnehmung beider Parteien gegeben sein muss, damit eine Vereinbarung funktioniert, berücksichtigt er nicht.

Auch Bud sieht an Gordon nur das, was ihn anspricht. Was für ein Mensch Gordon ist, wie er sein Geld verdient, das hat er in den kleinen und größeren Geschäften, wie z. B. bei Anacott Steel, mitbekommen. Doch Bud, der aus einem anderen Milieu stammt, fehlt einfach die Erfahrung, um sich vorstellen zu können, was in Gordon wirklich vorgeht. Bud und Gordon gehen davon aus, dass der andere genauso tickt wie man selbst. Damit ist die große Enttäuschung vorprogrammiert. Dass es kein Einigungsritual zwischen ihm und Gordon gegeben hat, ist Bud nicht aufgefallen. Während Bud meint, er hätte einen Deal mit Gordon, sieht sich dieser im Unverbindlichen. So ist die Verhandlung natürlich nicht wirklich zu Ende. Später wird bei Bud das Bedürfnis nach Revanche kommen. Materiell wird er Gordon große Verluste durch den von ihm provozierten Absturz der Bluestar-Aktien zufügen. Als Person wird er Gordon durch die Überführung des Insiderhandels und den damit drohenden Strafprozess vernichten.

Weitere Filmempfehlungen zum Thema Einigung: *Casablanca* (1942) mit Ingrid Bergman und Humphrey Bogart: Die Schlüsselszene des Films, in der die weibliche Hauptfigur Ilsa mit Waffengewalt von Rick, ihrem früheren Geliebten, die Ausreisedokumente für sich und ihren Mann Victor beschaffen möchte, endet mit einem „klassischen" Einigungs-Versöhnungsritual. Obwohl als romantischer Liebesfilm bekannt, finden Sie in *Casablanca* auch eine ganze Reihe spannender Verhandlungsszenen zu dem Thema, wer wem zu welchem Preis die begehrten Ausreisevisa beschaffen könnte. *Titanic* (1997) mit Kate Winslet und Leonardo DiCaprio: Die lebensmüde Rose ist über die Schiffsreling geklettert, um sich in die Tiefe zu stürzen. Die Kommunikationsmuster, mit denen Jack sie davon abbringt, ins eisige Wasser zu springen, sind vorbildlich für die Auflösung von festgefahrenen Ansichten.

Zusammenfassung: Einigung

- Die Einigung beruht auf wechselseitiger Freiwilligkeit.
- Verlassen Sie sich nicht auf die Bindungswirkung von Ritualen und Sanktionen.
- Stellen Sie sich darauf ein, dass die Menschen, entsprechend ihren Grundbedürfnissen, unterschiedliche Vorstellungen von der Bindungswirkung einer Einigung haben.
- Berücksichtigen Sie diese Grundbedürfnisse, um eine verlässliche Einigung zu erzielen.

Phase 6: Abschied

Sie haben verhandelt und sich geeinigt. Die Parteien haben sich Schritt für Schritt angenähert und sind in der Bewältigung der gemeinsamen Verhandlungsaufgabe immer enger zusammengewachsen. Unter diesem Aspekt wird klar, dass es auch eine gewisse Herausforderung ist, sich jetzt wieder zu trennen und die Verhandlungsrunde aufzulösen. Auch für diesen Akt der Trennung stehen alte, überkommene Rituale zur Verfügung. In diesen Ritualen, wie Händeschütteln, Zunicken, Verneigen, geht es vor allem um Signale der Respektbezeugung. Signale, die ausdrücken, dass die wechselseitige Achtung auch nach der räumlichen Trennung noch fortbesteht.

Beim Abschied handelt es sich um eine Schlüsselsequenz, denn hier entsteht der emotionale Eindruck, der in der Erinnerung die ganze Verhandlung prägen wird. Diese Erinnerung ist wichtig für die Umsetzung der getroffenen Vereinbarung und eine eventuelle weitere Zusammenarbeit. Umso überraschender ist es, dass im Verhandlungskontext dem Abschied, im Gegensatz zur Begrüßung, von den meisten Menschen keine allzu große Bedeutung beigemessen wird. Ein Vorgehen, von dem nur abgeraten werden kann. Ja sogar wenn die Verhandlung zu keinem erfolgreichen Abschluss geführt hat, ist es wichtig, sie mit einer angemessenen Verabschiedung zu beenden. Finden Sie auch in diesem Fall einen würdigen Abschluss, indem Sie auf die emotionalen Bedürfnisse der verschiedenen Parteien eingehen. Ein höflicher Abschied erleichtert zudem im Bedarfsfall, den Gesprächsfaden wieder aufzunehmen.

Beim Abschied gibt es zwei typische Fehler, die in Verhandlungssituationen immer wieder auftauchen. In Verhandlungen, die nicht zu einem erfolgreichen Abschluss gekommen sind, können sie besonders verhängnisvoll sein. Einmal trennt man sich gewissermaßen zu früh. Die Möglichkeiten der persönlichen Zusammenkunft werden nicht ausgeschöpft, obwohl es in Anbetracht der vielleicht spannungsgeladenen Situation zwischen den Parteien nur hilfreich sein könnte, das Gespräch noch fortzusetzen, um die Spannungen zu reduzieren. Im anderen Fall verabschiedet man sich gewissermaßen zu spät. Ohne Notwendigkeit werden nochmals wichtige Informationen preisgegeben oder neue Themen angeschnitten, die die eigene Position schwächen und dadurch die andere Partei animieren, nochmals in die Verhandlungen, ins Nachkarten einzusteigen.

Pulp Fiction: „Eine Taxifahrt"

Mr. Wolfe, der Retter in der vertrackten Situation zwischen Jimmie und den beiden Killern Vincent und Jules, ist nicht nur ein Meister der Informationsbeschaffung, sondern weiß auch, wie man sich perfekt verabschiedet. Die Fahrt zum Schrottplatz von Monster Joe hat geklappt. Die drei sind mit dem geputzten Auto und der Leiche im Kofferraum durchgekommen, ohne dass ein Polizist aufmerksam geworden wäre. Monster Joe hat das Gefährt mit dem delikaten Inhalt übernommen. Vincent und Jules stehen auf der staubigen Straße vor dem Schrottplatz mit dem großen Schild „Monster Joe". Statt ihrer coolen Gangsterklamotten, die über und über mit Blut besudelt waren, tragen die beiden jetzt die bunten T-Shirts und Shorts, die ihnen Jimmie gegeben hat. In dieser Aufmachung wirken sie eher klein und hilflos, gar nicht mehr so selbstbewusst und dreist wie am Anfang. Mr. Wolfe kommt aus dem Tor von Monster Joe's Schrottplatz. Die beiden fragen ihn ganz ungläubig: „Sind wir da raus?" Mr. Wolfe, immer noch im Smoking, steckt ganz entspannt eine Hand in die Hosentasche und meint: „Als wäre es nie passiert!" Dann fragt Mr. Wolfe die beiden, ob er sie noch ein Stück mitnehmen kann, denn Jules´ Wagen ist ja in Monster Joe's Schrottpresse gelandet. Die beiden nennen ihre Adressen. Da ihre Appartments nicht auf dem Weg von Mr. Wolfe liegen, macht er einen kleinen Scherz. Er hebt seine Hände vor seine Augen, wie wenn er sich sehr konzentrieren würde. „Ich habe eine Vision. Ich sehe in eurer Zukunft“, er macht eine kunstvolle Pause, „eine Taxifahrt.“ Alle schmunzeln. „Macht, dass ihr wegkommt! Bis zum nächsten Mal. Aber haltet euch aus Schwierigkeiten raus.“ Als sich Mr. Wolfe zum Gehen wendet, spricht ihn Jules nochmals an: „Mr. Wolfe, es war ein echtes Vergnügen, Ihnen bei der Arbeit zuzusehen.“ Er streckt ihm die Hand hin, um sich mit einem formellen Händeschütteln von Mr. Wolfe zu verabschieden. Und auch Vincent schließt sich an: „Und vielen Dank, Mr. Wolfe.“ Auch er reicht ihm die Hand und verbeugt sich fast ein wenig. Da macht Ihnen Mr. Wolfe noch ein kleines Abschiedsgeschenk und bietet ihnen eine weniger formelle Anrede an: „Nennen Sie mich Winston!“ und braust in seinem Sportwagen in einer großen Staubwolke davon. Vincent und Jules bleiben tiefbeeindruckt zurück.

Auflösung der Verhandlungsrunde

Der Abschied ist das Gegenstück zur Begrüßung. War die Begrüßung eine letzte kleine Insel, in der die Anspannung der Teilnehmer etwas zurückgefahren wurde, um den Einstieg in eine konstruktive Zusammenarbeit zu erleichtern, so fällt jetzt nach der Einigung die Anspannung ab. Die Verhandlungsparteien bemerken plötzlich, wie erschöpft sie sind. Zugleich sorgt die Erfahrung der Einigung für eine angenehm entspannte Atmosphäre. Das gilt auch für Mr. Wolfe, Vincent und Jules. Ganz ähnlich bei der Verhandlung zwischen dem Paten und Bonasera. Sobald sich die beiden geeinigt haben, verändert sich die Atmosphäre im Raum. Die angespannte gereizte Stimmung verschwindet, ein leichtes, fast freundschaftliches Gefühl liegt in der Luft.

In diesem veränderten inneren Zustand setzt auch ein nochmaliges geistiges Aufarbeiten der Verhandlung ein. Jede der Parteien nimmt nochmals Stellung zu dem, was geschehen ist. Dabei steht vor allem der Ablauf der Verhandlung im Zentrum. Ob man eine gute Lösung gefunden hat, ob es fair und gerecht zuging. Ob beide Parteien den gleichen Eindruck vom Ablauf der Verhandlung haben. Ob die Beteiligten, jetzt, wo sie kurz vor der räumlichen Trennung stehen, auch den gleichen emotionalen Eindruck mit nach Hause nehmen. Auch in der kleinen Filmszene, die oben beschrieben wurde, dreht sich der letzte Dialog zwischen Vincent, Jules und Mr. Wolfe um diese Themen: Vincent und Jules sind raus, wie wenn es nie geschehen wäre. Mr. Wolfe hat die Situation hoch professionell gerettet. Vincent und Jules sind dankbar.

Damit taucht ein weiteres wichtiges Element des Abschieds auf. Die Parteien bedanken sich wechselseitig für die gute Zusammenarbeit und für das, was jeder zum Erfolg beigetragen hat. Der Dank kann dabei sowohl durch Worte als auch durch Gesten, wie ein dankbares Lächeln, zum Ausdruck gebracht werden. Gerade auch nach sehr schwierigen Verhandlungen, in denen um die Verteilung des Kuchens heftig gerungen wurde, haben souveräne Verhandler die Größe, der anderen Seite zu ihrem Verhandlungserfolg zu gratulieren. Sie sorgen dafür, dass die andere Seite mit dem Gefühl den Heimweg antritt, als Sieger vom Verhandlungstisch aufzustehen. Auch Jules und Vincent finden anerkennende Worte für das geschickte Vorgehen von Mr. Wolfe, der mit seinem beherzten Vorgehen und guten Kontakten die Leiche und den besudelten Wagen aus der Welt schaffen konnte. Der Handschlag und die angedeutete Verbeugung ist ein Zeichen der Dankbarkeit. Bonasera bedankt sich mit einem „Grazie" beim Paten, welches dieser mit der entsprechenden Höflichkeitsfloskel, „Prego" (im Sinne von bitte, ganz meinerseits), beantwortet.

Wie die Begrüßung hat auch der Abschied rituelle Komponenten. Rituale dienen dazu, einen klaren Anfang und ein klares Ende zu schaffen. Sie sind das eindeutige Signal, dass sich etwas verändert. Da ihre Wurzeln in die archaische Zeit ohne Sprache und ohne Schrift zurückreichen, haben sie viele nonverbale Komponenten. Ganz wichtig ist der Blickkontakt, das Zulächeln und ein körperlicher Kontakt, z. B. durch einen Händedruck, Händeschütteln oder eine Umarmung. Natürlich laufen alle diese Rituale ganz selbstverständlich ab, ohne dass man groß darüber nachdenkt. Im Film Pulp Fiction kommt das Abschiedsritual auf jeden Fall zu seinem Recht und Jules und Vincent reflektieren nicht nur über den Verhandlungsverlauf, sondern verabschieden sich auch mit Handschlag von Mr. Wolfe. Bonasera verbeugt sich leicht vor dem Paten. Dieser nimmt nochmals einen höflichen Blickkontakt zu Bonasera auf und berührt ihn leicht am Arm.

Ein wichtiger Gegenpol zu dem oft verbissenen Ringen um materielle und immaterielle Vorteile in den vorangehenden Verhandlungsphasen ist das Ritual des Abschiedsgeschenks. Es wird nicht mehr taktiert und gefeilscht, die Verhandlungssituation ist zu Ende. Jetzt herrscht wieder Großzügigkeit und Freiwilligkeit. Souveräne Verhandler können nicht nur ihre Positionen im Verhandlungsgeschehen wahren, sie können auch schenken. Das Angebot Winston Wolfes, ihn beim Vornamen zu nennen, ist so ein typisches kleines Abschiedsgeschenk, das gut in die entspannte Atmosphäre passt. So soll auch Bonasera die Gerechtigkeit, die der Pate für ihn übt, erst einmal als Geschenk des Paten betrachten. Auch wenn dieses Geschenk unter dem Vorbehalt einer eventuellen späteren Gegenforderung steht, tritt eine entspannte Atmosphäre der Großzügigkeit in den Raum. Auch Ed macht Erin zum erfolgreichen Abschluss der Verhandlungen ein Geschenk. Sie erhält einen Scheck mit einem Betrag, der weit über dem liegt, was die beiden ursprünglich als Erfolgsbeteiligung für sie vereinbart hatten. In jedem Fall gilt, der letzte Eindruck zählt, und was gibt es für ein schöneres Gefühl als eine Verhandlung mit einem Geschenk zu verlassen? So wie die Konzessionen die Sprache der Kooperation und Kompromissbereitschaft sind, so sind in der Phase des Abschieds die kleinen und großen Geschenke Symbole für wechselseitige persönliche Wertschätzung und die künftige Kooperation bei der Umsetzung.

Auch das Abschiedsessen ist ein altes Ritual, das daran erinnert, dass früher die Unterhändler einen langen und vielleicht gefahrvollen Weg zurück vor sich hatten, den sie gesättigt antreten sollten. Zudem ist das gemeinsame Mahl das große Ritual der Verbundenheit und der Gastfreundschaft. All das sind Elemente, die auch heute noch in einem Abschiedsessen mitschwingen. Das gemeinsame Essen zum Abschied kann auch elegant die Funktion übernehmen, die eigentlichen Entscheider, die oft am Verhandlungstisch gar nicht anwesend sind, zu einem verbindenden Ritual zusammenzubringen. Jetzt gewinnen die einzelnen Parteien wieder stärker an Konturen. Die Gruppenzugehörigkeit rückt wieder stärker ins Blickfeld. Es werden Grüße an Personen ausgerichtet, die nicht persönlich bei der Verhandlung dabei waren, Aufträge bestätigt, die vereinbart wurden, aber nur von Spezialisten zu Hause erledigt werden können. Der Übergang von der Verhandlungsgruppe zur normalen Situation wird in Pulp Fiction durch das Frühstück symbolisiert, das sich an die Szene vor Monster Joe's Schrottplatz anschließt.

Die Verantwortung für das endgültige, angemessene Loslassen der Verhandlungsparteien hat übrigens die Alpha-Figur, die sich im Rahmen des Gruppenprozesses etabliert hat. In *Pulp Fiction* gibt Mr. Wolfe das Signal, dass alle aufbrechen. Der Pate bringt Bonasera zur Türe und beendet damit dessen Audienz.

Auch für die Abschiedssituation gilt, dass Menschen und Organisationen ihre ganz persönliche Art entwickelt haben, wie sie mit der kritischen Übergangssituation des Abschieds umgehen. Eine Situation, die ja auch mit Verlust und der Einschränkung von Kontakt zu tun hat. Die einen wollen es schnell und schmerzlos hinter sich bringen; die nächsten Aufgaben warten schon. Die anderen ergehen sich in heftiger Aktivität und besprechen noch zum x-ten Mal, wer jetzt welche Aufgaben übernommen hat und was bei deren Erledigung alles zu beachten ist. Andere brauchen Zeit für etwas Smalltalk. Wichtig ist, dass Sie im Auge behalten, dass diese unterschiedlichen Bedürfnisse meist sehr tief in den Gewohnheiten der einzelnen Personen verankert sind und es von jedem als sehr angenehm empfunden wird, wenn er eine Abschiedssituation in der von ihm gewohnten Geschwindigkeit und Art und Weise bewältigen kann. Das Respektieren der Gewohnheiten der anderen Beteiligten verleiht dem Abschied eine angenehme Komponente. Wenn Sie so vorgehen, wird Sie die andere Seite als machtvoll und souverän in Erinnerung behalten.

Achten Sie darauf, dass auch in den „Kurzversionen" des Abschieds die Grundstruktur von entspannter Distanz zum Verhandlungsgeschehen und Würdigung der verschiedenen Beiträge zum erfolgreichen Verhandlungsverlauf wenigstens in ein bis zwei Sätzen anklingen. Nehmen Sie sich Zeit für eine kleine Abschiedsgeste, auch wenn es nur ein freundlicher entspannter Blickkontakt, ein kurzes Zunicken ist. Solche Gesten können sogar ersatzweise für ein kleines Abschiedsgeschenk stehen. Wenn Sie den Abschied so gestalten, hinterlassen Sie einen positiven Eindruck, an den Sie jederzeit wieder anknüpfen können.

Abschied beim Abbruch der Verhandlungen

Auch wenn die Verhandlung nicht zu einer Einigung geführt hat, sollten Sie sich angemessen verabschieden. In der zweiten Hälfte des Films beendet George seine Beziehung zu Erin und führt ein letztes Gespräch mit ihr.

Erin Brockovich: „George verlässt Erin"

George sitzt mit einer Bierflasche in der Hand vor dem Haus. Er wartet auf Erin, die jedoch wie immer erst spät nachts aus der Kanzlei nach Hause kommt. Als sie mit ihrem Auto einbiegt, steht er auf und geht ins Haus und dann ins Schlafzimmer. Er sitzt traurig und in sich zusammengesunken auf der Bettkante. In der Hand hat er ein kleines Schmuckdöschen, neben dem Bett steht seine gepackte Reisetasche.

Erin läuft durch die Wohnung und macht George als erstes Vorwürfe, dass es nicht ordentlich genug ist: „George, hier sieht es aus wie auf einem Schlachtfeld. Hast du die Kinder rumtoben lassen?" Sie stutzt und bleibt an der Schlafzimmertür stehen, als ihr Blick auf die gepackte Reisetasche fällt. Sie beißt sich auf die Lippen, ahnt, was kommt: „Was ist das?" George öffnet das kleine herzförmige Schmuckdöschen und hält es hoch. Man sieht zwei kleine Perlohrringe. Erin schluckt. „Die habe ich in einem Laden entdeckt." George sieht versonnen auf die Ohrringe: „Ich dachte, verdammt, das wäre was für ihre hübschen kleinen Ohren. Ich habe sie gekauft und dachte, wenn mir Erin wieder mal was Nettes sagt, dann überrasche ich sie einfach damit." Er sitzt immer noch ganz in sich zusammengesunken da: „Weißt du, wie lange das her ist?" Er sieht sie kurz an, „sechs Monate genau." Dann bittet er Erin ein letztes Mal, nicht all ihre Kräfte in die Arbeit zu investieren, sondern auch noch für ihn da zu sein. Doch Erin sieht nur die Chance, die ihr der Fall in Hinkley bietet, die Bewunderung und Anerkennung, die sie sich schon immer gewünscht hat und die sie jetzt endlich bekommt. Bevor Sie das aufgibt, verzichtet sie lieber auf George.

George steht auf, nimmt seine Tasche und legt das Schächtelchen mit den Ohrringen auf das Bett. Er geht an Erin vorbei durch die Tür. Wenn sowieso keine Zeit für Liebe und Partnerschaft ist, dann fällt es doch gar nicht auf, wenn er geht. Er meint zum Abschied: „Du verdienst doch jetzt ganz gut. Such dir irgendein Kindermädchen. Du brauchst mich nicht."

Er geht. Erin setzt sich auf das Bett und nimmt die Schmuckschachtel in die Hand. Sie atmet tief durch und schaut nach oben. Sie weiß, dass George Recht hat. Doch sie kann sich nicht vorstellen, dass sie irgendetwas anders machen könnte. Sie reißt sich zusammen.

In der Schlussphase wird George Erin doch noch einmal unterstützen und sich um die Kinder kümmern, als sie rund um die Uhr unterwegs ist, um die Zustimmung aller Kläger zum Schiedsgerichtsverfahren zu beschaffen. Und auch Erin macht

George noch ein Geschenk. Als Geste der Wertschätzung nimmt sie George mit, als sie nach der Verkündung des Schiedsspruchs zu Donna Jensen fährt, um ihr vom großen Erfolg zu berichten. Er soll dabei sein und auf diese Weise an dem Erfolg teilhaben, zu dem er durch seine Unterstützung so viel beigetragen hat. Allein Familie Jensen erhält 5 Millionen Dollar Entschädigung zugesprochen.

Statt des großen Aufatmens geht es hier um die Bewältigung einer frustrierenden Situation. Die beiden haben auf eine positive Lösung ihrer Probleme gehofft, doch ihre unterschiedlichen Wünsche und Bedürfnisse haben keine Einigung zugelassen. Doch auch diese schwierige Situation muss mit Würde bewältigt werden.

George geht nicht unvorbereitet in das Gespräch. Er hat sich vermutlich genau überlegt, wie er vorgehen wird. Als Signal seiner Entschlossenheit hat er seine Tasche gepackt. Er hat das Geschenk bereitgelegt, das er vor vielen Monaten für Erin gekauft hat. Er nimmt sich Zeit und wartet auf einen günstigen Moment, in dem sie ungestört sprechen können. Er drängt sich nicht auf, sondern wartet, bis sie auf ihn zukommt. Er sucht immer wieder den Blickkontakt und beobachtet, wie Erin reagiert. Erins Vorwürfe, dass das Haus unordentlich sei, übergeht er einfach. Jetzt geht es nicht mehr um Vorwürfe oder Schuldzuweisungen, jetzt geht es darum, den Moment des Abschieds in angemessener Weise zu bewältigen. Obwohl George die Tasche schon gepackt hat und sein Entschluss, unter diesen Umständen nicht mehr zu bleiben, schon feststeht, fragt er Erin nochmals, ob ihr die Arbeit wirklich so viel wichtiger ist als er und die Kinder. Er will sich ganz sicher sein, auch wenn er nicht mehr mit ihrem Einlenken rechnet. Durch die Bitte, etwas zu ändern, ist Erin auch am Prozess beteiligt. Sie wird nicht einfach vor vollendete Tatsachen gestellt. George hört sich ihre Position noch einmal an. Zugleich enthält er sich jeder Wertung ihres Verhaltens, doch er lässt keinen Zweifel daran, dass unter diesen Umständen für ihn keine befriedigende Beziehung mehr möglich ist. Er möchte Erin, nicht einen Job als Kindermädchen. Seine Trauer und sein Bedauern zeigen sich in seiner matten und müden Haltung, in seiner ruhigen, gedämpften Stimme. Er ist traurig darüber, dass sie keine Zukunft haben. Er spricht langsam und macht viele Pausen, ab und zu entlädt sich seine Anspannung in einem kleinen Seufzer.

Die wunderschönen Ohrringe, das Abschiedsgeschenk, bringen eine versöhnliche Note in das ganze Geschehen. Sie haben eine Geschichte, erinnern an die Zeit, als George noch glücklich mit Erin war, viel an sie dachte und hoffte, dass auch wieder bessere Zeiten kommen. Diese schönen Erinnerungen machen den besonderen Wert der Ohrringe aus. Dass George in dieser traurigen Abschiedssituation ein Zeichen seiner Liebe und Verbundenheit zurücklässt, ist ein Zeichen von großer Souveränität. In diesem Geschenk wird all das bewahrt, was Positives zwischen den beiden war. Es bleibt eine freundliche Erinnerung. Mit seinen Abschiedsworten erinnert George Erin nochmals daran, wie viel sie doch in der Zeit, in der sie zusammenwaren, erreicht hat, dass sie gut verdient und jetzt gut allein für die Kinder sorgen kann. Die Möglichkeit eines zukünftigen Kontakts bleibt erhalten. George hat einen Weg gefunden, im Guten zu gehen.

Andere Muster, um Abschied und Verlust zu bewältigen

Nicht alle Menschen haben die Souveränität, eine derartige Abschiedssituation so gut zu meistern wie George. Sie werden in Verhandlungssituationen deshalb viel öfter auf andere Muster der Bewältigung von Verlust und Abschied stoßen. Gerade wenn Sie derjenige sind, von dem der Abbruch ausgeht, sollten Sie sich bei der anderen Seite auf eine breite Palette von Reaktionen einstellen. Dabei ist es wichtig, dass Sie sich immer wieder bewusst machen, dass die Reaktion der anderen Seite sehr viel mit deren Gewohnheiten, und vermutlich recht wenig mit Ihnen zu tun hat. Es fehlen in unserer Kultur meist die Rituale, mit der die Trennung bei Erfolglosigkeit der vorangehenden Verhandlung standardmäßig zu bewältigen wäre. Wir sind bei der Gestaltung dieser Trennungsmomente vielmehr auf uns gestellt. George macht seine Sache gut, der Übergang von Gemeinschaft zum Getrenntsein wird so bewältigt, dass er und Erin damit leben können und eher positive als schlechte Gefühle die Erinnerung prägen. Doch auch mit den anderen Verhaltensweisen kann man leben, wenn man sie einfach als persönliche „Rituale" der Verlustbewältigung begreift.

Schweigender Rückzug

Diese Form der Bewältigung ist für die andere Partei noch am ehesten zu akzeptieren. Man möchte ja den Abbruch, die Trennung und der andere geht darauf ein. Das Problematische an einem Auseinandergehen mit Schweigen ist, dass Sie keine Informationen über den Innenzustand der anderen Partei haben. Hat man sich nur schnell und problemlos einer anderen Lösung zugewandt und war vielleicht sowieso nicht mehr so richtig an der Verhandlung interessiert oder ist jemand im Groll geschieden und brütet über Racheakten? Zudem kann ein schweigender, vielleicht sogar grußloser Rückzug auch für Sie selbst verletzend oder enttäuschend sein, da Sie selbst in einer ähnlichen Situation ganz anders reagieren würden und sich deshalb auch in diesem Fall auf ein ganz anderes Verhalten der anderen Seite eingestellt haben. Vielleicht können Sie unauffällig doch noch einige Informationen über die Haltung der anderen Partei einholen. Sollte das Schweigen im Zusammenhang mit großer Frustration über den Abbruch zusammenhängen, senden Sie einige versöhnliche Signale an die andere Partei, halten Sie lose den Kontakt, um die Gefahr von unerfreulichen Racheaktionen zu minimieren.

Klagen

Die klassische Trauerreaktion. Wenn es von der anderen Seite Schuldzuweisungen und Vorwürfe hagelt, nehmen Sie es auch als Bewältigungsritual und nicht als Angriffe, die gegen Ihre Person gerichtet sind. Sie müssen sich nicht verteidigen. Bleiben Sie einfach dabei, akzeptieren Sie die Trauer und Frustration der anderen Seite. Beobachten Sie, ob auch von Ihnen im Sinne von Spannung und Intensität eine Beteiligung an dem Lamento erwartet wird oder ob es eher darum geht, ein würdiges Publikum für die Klagen abzugeben.

Kontaktterror

Nah verwandt mit der Klage ist der Kontaktterror, der einfach nicht wahrhaben will, dass keine Lösung gefunden wurde und der Abschied endgültig ist. Hier wird die Partei, die schon lange nicht mehr interessiert ist, weiter mit schriftlichen oder mündlichen Vorschlägen bombardiert, wie man doch noch zu einer Lösung kommen könnte. Man möchte fast meinen, die andere Partei hofft, durch ein schlichtes Auf-die-Nerven-Gehen doch noch ein Einlenken zu bewirken. Oft ist es so, dass der, der den Kontaktterror inszeniert, einfach noch Zeit braucht, um das Ende der Verhandlung zu verarbeiten, um sich später anderen Lösungsansätzen zuzuwenden.

Bei einer Konfrontation mit den beiden letzten Bewältigungsmustern ist es das Wichtigste, dass Sie sich nicht um des lieben Friedens willen wieder in Verhandlungen hineinziehen lassen. Es bringt normalerweise auch nichts, wieder und wieder zu erklären, dass die Verhandlung beendet ist. Erklären Sie stattdessen, dass auch Sie sehr enttäuscht sind und dass Sie deshalb volles Verständnis für die Frustration der anderen Seite haben. Bleiben Sie bei dem Gefühl der Frustration und sprechen Sie gar nicht mehr von der Verhandlung oder irgendwelchen Argumenten dafür oder dagegen.

Zentrale Fehler beim Abschied

In der Verhandlung des Paten mit dem Rauschgifthändler Sollozzo läuft einfach nichts, wie es soll. Auch der Abschied zwischen dem Paten und Sollozzo ist ein Negativbeispiel.

Abschied ohne innere Anteilnahme

Der Pate: „Rauschgift"

Der Pate versucht zu verbergen, wie getroffen er von Sonnys Missgriff ist. Er ist so mit sich und seinen Gedanken und der Peinlichkeit von Sonnys Verhalten beschäftigt, dass er niemandem und schon gar nicht Sollozzo ins Gesicht sehen mag. Er schaut zu Boden. Doch dann gibt er sich einen Ruck, um die ganze missglückte Veranstaltung so schnell wie möglich zu beenden. Er richtet sich etwas auf und spricht Sollozzo an: „Wie dem auch sei, Signor Sollozzo, mein Nein ist endgültig." Und damit nicht nochmals irgendjemand auf die Idee kommt, ihm mit einer dummen Bemerkung ins Wort zu fallen oder Sollozzo eine verfängliche Frage stellt, beginnt er noch im gleichen Atemzug mit der Verabschiedung: „Aber ich möchte Ihnen zu Ihrem neuen Geschäft gratulieren." Sollozzo lässt die Abfuhr fast regungslos über sich ergehen, nur einmal huscht ein kurzes Zucken über sein Gesicht. Der Pate murmelt weiter von Erfolg und unterschiedlichen Interessen, die nicht in Konflikt kommen werden, doch man spürt, wie wenig der Pate innerlich an all dem beteiligt ist, was er da so formelhaft vorträgt. Er steht auf und streckt Sollozzo, der ebenfalls wie alle anderen im Raum aufgestanden ist, die Hand zum Abschied hin, doch das wirkt sehr mechanisch. Und genauso wenig dürfte es Sollozzo ernst sein, als er sich höflich bedankt. Dass der Pate ganz zum Schluss Sollozzo nochmals die Hand auf den Arm legt, hat etwas rührend Beschwichtigendes. Doch Sollozzo geht darauf nicht ein. Er nickt den anderen nur noch kurz zu, bevor er den Raum verlässt. Auch Sonny will mit den anderen unauffällig zur Türe hinaus.

Der Pate hat sich selbst matt gesetzt. Die Aufmerksamkeit für das, was um ihn herum vorgeht, ist verloren gegangen. In diesem Dilemma weiß er sich nicht anders zu helfen, als die Verhandlung abzubrechen. Was dann folgt ist kein Abschied, in dem es nochmals zu einem echten Dialog, mit Dank, wechselseitiger Bestätigung und kleinen Geschenken kommt, sondern ein eher mechanisches Abspulen von Gesten und Floskeln, die man üblicherweise in einer solchen Situation verwenden würde.

Die innere Abwesenheit des Paten erkennt man am fehlenden Blickkontakt, den mühsamen Versuchen, sich zusammenzureißen und wieder aufzurichten. Mechanische Gesten und äußere Rituale ersetzen jedoch nicht die innere Anteilnahme. Sie sind hohl und können auch leicht als Zynismus verstanden werden. Natürlich ist es geheuchelt, wenn der Pate Sollozzo zu seinem neuen Geschäft gratuliert und von Erfolg und Interessen, die nicht in Konflikt kommen, spricht. In Wirklichkeit hofft er vielleicht, dass Sollozzo scheitert und seine eigene Position im Machtgefüge der Mafia erhalten bleibt. Da er noch vor wenigen Augenblicken ganz offen über das Rauschgift, ein schmutziges Geschäft, gewettert hat, wirkt dieser plötzliche Umschwung umso unglaubwürdiger. Heuchelei ist das Gegenteil von Authentizität und untergräbt jede Souveränität. Die Art und Weise, wie sich Sollozzo verabschiedet, gehört zur Rubrik „schweigender Rückzug". So angenehm es ist, dass die angespannte Atmosphäre so schnell durch den Rückzug von Sollozzo aufgelöst wird, so hoch ist der Preis, den sein anschließender Rachefeldzug fordert.

Wer sich in einem Moment der Schwäche so verabschiedet, verstärkt die Wahrnehmung der eigenen Schwäche. Sie wird als letzter prägender Eindruck von der Verhandlung mitgenommen. Geradeso ist es bei Sollozzo. Er meint, dass der Pate die beste Zeit hinter sich hat. Wenn er ihn aus dem Weg räumt, hätte er freie Bahn, mit dem jungen Sonny handelseinig zu werden. Er wird ein Attentat auf den Paten anzetteln, das dieser nur knapp überlebt.

Viel klüger wäre es, wenn der Pate sich etwas Zeit nehmen würde, um Abstand zu gewinnen und selbst wieder in eine bessere Verfassung zu kommen. Am besten wäre es, einfach das Thema zu wechseln und mit etwas Unverfänglichem allen Beteiligten die Chance zu geben sich zu entspannen. Alle würden wieder mehr in Kontakt mit der Realität kommen. Die inneren Prozesse und Gedanken würden wieder in den Hintergrund treten. Das Gefühl von Schwäche und sich verteidigen zu müssen könnte Platz machen für eine lösungsorientierte Haltung: leben und leben lassen. Eine Verabschiedung sollte aus einem Gefühl des inneren Gleichgewichts heraus beginnen. Denken Sie an George, der so in Balance ist, auch nach der letzten erfolglosen Aussprache Erin daran zu erinnern, wie viel sie erreicht hat und ihr Mut macht, dass sie jetzt auch ohne ihn zurechtkommt. Sollozzo ist dagegen frustriert und fühlt sich missachtet.

Der Abschied ist nicht der richtige Moment, neue Themen anzuschneiden

***Erin Brockovich*: „28 Milliarden Dollar"**

Mr. Foil hat sich ins Aus manövriert. Ed hat bei seinem großzügigen Angebot von 250.000 Dollar für das Haus der Jensens nicht angebissen. Da er keinen Verhandlungsspielraum mehr hat, ist ihm der Gesprächsfaden gerissen. Ed nimmt die Mappe mit dem Belastungsmaterial gegen PG&E und klappt sie demonstrativ zu. Er klopft sie sogar noch etwas zurecht, um seinen Unmut über das „mickrige" Angebot nochmals so richtig Ausdruck zu verleihen. Mr. Foil sieht hilfesuchend zu Erin, ob sie vielleicht etwas sagt, sodass auch er sich wieder ins Spiel bringen kann. Doch dafür ist Erin viel zu clever. Sie schweigt ebenfalls. Mr. Foil ist definitiv aufgelaufen. Ed verabschiedet sich: „Ich werde meinem Klienten ihr Angebot unterbreiten." Ed beschäftigt sich weiter mit seinen Akten: „Ich bezweifle, dass sie es annehmen." Ed steht auf. Foil ist ebenfalls aufgesprungen. Verzweifelt versucht er nochmals, das Gespräch in Gang zu bringen „Mr. Masry", ruft er ihm hinterher. Ed dreht sich zu ihm und wedelt unübersehbar mit dem leidigen Beweismaterial. Mr. Foil zieht seinen letzten „Trumpf": „Bevor sie jetzt schwere Geschütze auffahren, möchte ich sie noch einmal daran erinnern, wer ihr Gegner ist. PG&E ist ein 28 Milliarden Dollar schweres Unternehmen." Doch Ed, der routinierte Kämpfer an der Schadensersatzfront, zieht aus dieser Information ganz andere Schlüsse, als es Mr. Foil erwartet hat. 28 Milliarden Dollar haben für Ed überhaupt nichts Bedrohliches an sich. Ganz im Gegenteil, 28 Milliarden Dollar sind in seinen Augen eine offene Kasse, die dazu einlädt, einmal so richtig zuzugreifen. „28 Milliarden Dollar, das hätte ich nun wirklich nicht erwartet. Wow. 28 Milliarden Dollar." Ed ist begeistert und strahlt. Mr. Foil steht wie angewurzelt da und fragt sich im Stillen, was er jetzt wohl wieder falsch gemacht hat.

Ihr Angebot wurde abgelehnt und Sie ziehen geschlagen vom Feld. Jetzt hilft es nichts, sich an der Situation festzuklammern, um das Eingeständnis der Niederlage hinauszuzögern. Doch genau das versucht Mr. Foil. Die richtige Reaktion wäre gewesen, das Gespräch an dieser Stelle erst einmal ausklingen zu lassen, um später unter günstigeren Umständen, z. B. nach einer besseren Vorbereitung oder einer Rücksprache mit einem verhandlungserfahreneren Kollegen, den Verhandlungsfaden wieder aufzunehmen. Mr. Foil bedient sich stattdessen einer sehr beliebten, jedoch ungeschickten Methode, um ein Gespräch, das zu versanden droht, am Laufen zu halten. Durch den Aufbruch von Ed endet das Gespräch, Mr. Foil versucht, durch eine neue Information das Ruder noch einmal herumzureißen. PG&E ist nicht ein kleines Kraftwerk in Hinkley, PG&E ist ein Riesenunternehmen, mit dem man sich besser nicht anlegen sollte. Doch eine solche nachgeschobene Drohung ist ein schlechter Ersatz für gute Argumente. Eine Drohung, die aus einer Position der Schwäche vorgebracht wird, hat immer den Geschmack einer leeren Drohung.

Was wollen Sie jetzt mit einem Hüftschuss bewirken, wenn Ihre wohlüberlegten Argumente bei der anderen Partei nichts ausgerichtet haben? Lassen Sie der anderen Seite doch das Gefühl von Triumph. Machen Sie unter günstigeren Umständen einen neuen Anlauf. Arbeiten Sie lieber im Hintergrund an Ihrer Verhandlungsposition. Suchen Sie nach Alternativen und nehmen sie erst wieder Kontakt auf, wenn Sie neue bessere Argumente für ihre Position gefunden und entsprechend aufbereitet haben. Die Preisgabe von neuen oder bisher unbeachteten Informationen, nur um ein Gespräch am Laufen zu halten, ist gefährlich. Durch den Informationsvorteil, den Sie der anderen Seite verschaffen, schwächen Sie Ihre eigene Position.

Auch wenn die Verhandlung gut gelaufen ist, gibt es einen Missgriff, den Sie auf jeden Fall vermeiden sollten. In der Abschiedssituation wird ausgeplaudert, dass man noch Verhandlungsspielräume gehabt hätte. So etwas ist Gift für jede weitere Zusammenarbeit. Und selbst wenn es Ihr bester Freund ist, prahlen Sie nicht mit irgendwelchen Verhandlungsvorteilen, die Sie für sich herausgeholt haben. Er wird es Ihnen in 20 Jahren nicht verzeihen. Man wird Sie nicht für Ihr Verhandlungsgeschick bewundern, so wie Sie sich das vielleicht erhofft haben, sondern ganz im Gegenteil Ihnen Ihren Erfolg noch lange übel nehmen. In den Augen der anderen Seite zerstören Sie die Fiktion, dass hart, aber fair verhandelt wurde. Die ganze Verhandlung, die bis zu diesem Moment vom anderen als erfolgreich erlebt wurde, erscheint plötzlich in einem anderen Licht. Es entsteht ein Gefühl von Frustration und Versagen. Diese Negativität wird zudem eng mit Ihrer Person verknüpft. Seien Sie deshalb sogar zurückhaltend mit Ihrem Mienenspiel. Schon wenn Sie allzu sehr strahlen, könnte die andere Seite das missverstehen und Ihnen unterstellen, Sie hätten sie über den Tisch gezogen. Deshalb gratulieren Sie lieber der anderen Seite zu Ihrem Verhandlungserfolg und zwar egal, wie sie Ihrer Meinung nach tatsächlich verhandelt hat.

Zusammenfassung: Abschied

- Bedanken Sie sich bei der anderen Seite für ihre Kooperation.
- Orientieren Sie sich bei der Gestaltung der Abschiedsrituale vorrangig an den Bedürfnissen der anderen Seite.
- Wenn Sie die Verhandlung abbrechen, lassen Sie der anderen Partei Zeit, die Situation zu verarbeiten.
- Die Menschen haben sehr unterschiedliche Gewohnheiten, wie sie mit derartigen Verlustsituationen umgehen. Beziehen Sie dieses Verhalten auf die Situation, nicht auf Ihre Person.
- Widerstehen Sie der Verführung, sich über die Frustration der anderen Seite wieder in die Verhandlung hineinziehen zu lassen.
- Beginnen Sie eine Verabschiedung nur aus einer Situation des inneren Gleichgewichts heraus. Sie verstärken sonst nur die Wahrnehmung Ihrer Schwäche.
- Wenn Sie eine Absage erhalten, versuchen Sie nicht, durch die Preisgabe wichtiger Informationen die Verhandlung am Laufen zu halten.

Phase 7: Nachbereitung

Es ist vorbei. Die Parteien haben sich, hoffentlich mit einem angemessenen Abschiedsritual, getrennt und jede Partei ist wieder für sich. Jetzt ist der Moment, um erst einmal die ganze Anspannung der Verhandlungssituation mental und körperlich loszulassen. Sobald das passiert ist, sollten Sie jedoch in eine systematische Analyse dessen, was da gerade abgelaufen ist, einsteigen. Jetzt gleich, wenn Ihre Erinnerungen noch frisch sind, wird Ihnen die Auswertung am besten von der Hand gehen. Stützen Sie sich dabei auf Ihre Notizen und die Verhandlungsleitlinien, die Sie sich in der Vorbereitung angelegt und im Verhandlungsverlauf fortgeschrieben haben. Wissenschaftliche Untersuchungen wie z. B. von Leigh Thompson zeigen, dass es um die Verhandlungsfähigkeit von Managern, aber auch Privatleuten weltweit schlecht bestellt ist. Die meisten Menschen geben sich mit suboptimalen Ergebnissen zufrieden oder schlagen attraktive Angebote unnötig aus. Das besonders Erschreckende dieser Studien ist, dass die Teilnehmer mit viel Verhandlungserfahrung kaum besser abschnitten als die mit wenig Praxis. Das dürfte vor allem daran liegen, dass es die meisten an einer systematischen Aufarbeitung ihrer Verhandlungserfahrungen fehlen lassen. Es kann nur dringend geraten werden, die Chance zu nutzen und der Nachbereitung die gebührende Aufmerksamkeit zu schenken.

Nehmen Sie sich nach der Verhandlung die Zeit und identifizieren Sie die verschiedenen Phasen im Verhandlungsverlauf. Analysieren Sie, wie systematisch Sie die verschiedenen Phasen der Verhandlung abarbeiten konnten oder ob es noch viel Hin-und-Herspringen zwischen Informationsbeschaffung und Detailverhandlung gegeben hat. Prüfen Sie genau, ob die andere Seite nicht doch mit dem einen oder anderen Verhandlungsspielchen gepunktet hat, die im Kapitel „Meisterklasse“ beschrieben werden. Die Nachbereitung schlägt den Bogen zur Vorbereitung: Was haben Sie im Vergleich zu Ihren Verfahrens- und Verteilungszielen tatsächlich erreicht? Was würde ich beim nächsten Mal genauso, was anders machen? Ein gängiger Fehler in der Phase der Nachbereitung ist es, bei Misserfolgen auf die Suche nach einem Sündenbock zu gehen. Ein anderes beliebtes unproduktives Verhalten ist es, verpassten Gelegenheiten hinterherzujammern, ohne sich konkrete Gedanken zu machen, wie man in der nächsten Verhandlung geschickter vorgehen könnte.

Wall Street: „Anacott Steel – Buddy lernt dazu"

Nach dem Aufbruch von Larry atmet Gordon erst einmal tief durch. Er ist heilfroh, dass der Verkauf der Aktien so rasch und erfolgreich über die Bühne gegangen ist. Er sieht Larry noch kurz nach. Er zwinkert schelmisch mit den Augen und ein Schmunzeln umspielt seine Lippen. Noch unterdrückt er einen lauten Freudenschrei. Dann dreht er sich zu Bud: „Ich musste verkaufen. Er hat Recht. Der Schlüssel zum Erfolg liegt in der Liquidität. Wenn du nicht genug hast, kannst du auch niemandem ans Bein pinkeln." Bud hängt förmlich an seinen Lippen. Er ist ein gelehriger Schüler. Wie von Gordon empfohlen hat er den chinesischen Strategieklassiker *Die Kunst des Krieges* von Sun Tsu gelesen. Bud zitiert begeistert einige Kernsätze, die Gordon nach seiner Ansicht meisterlich umsetzt: „Jede Kriegsführung basiert auf Täuschung, wenn dir der Feind überlegen ist, gehe ihm aus dem Weg, ist er zornig, reize ihn, und wenn er ebenbürtig ist, kämpfe und falls nicht, teile mit ihm." Bud schaut Gordon treuherzig an. Gordon grinst über beide Backen, geht auf Bud zu und fasst ihn am Kinn, tätschelt ihn mit einem freundschaftlichen Klaps auf die Wangen und die Schulter: „Heyhey, er lernt dazu ... Buddy lernt dazu." Bud lacht und dreht sich verlegen weg.

Emotionale Verarbeitung des Geschehens

Während der Verhandlung ist Ihre volle Konzentration und Aufmerksamkeit gefordert. Jetzt nach der Verabschiedung ist als erstes Loslassen angesagt. In diesen ersten Minuten der Nachbereitung geht es um den Abbau der physischen Anspannung. Auch Gordon atmet erst einmal tief durch. Schließlich stand ja seine Existenz auf dem Spiel. Doch es hat geklappt und er konnte wieder ein paar Millionen Dollar für sich einsacken. Die körperliche Anspannung sucht sich ihr Ventil in den freundschaftlichen Klapsen, die er Bud auf die Wangen gibt. Jetzt ist es wichtig, dass Sie sich körperliche Aktivität gönnen. Stehen Sie auf, laufen Sie herum. Auch Austausch mit den Kollegen, gemeinsam einen Kaffee trinken, Fenster öffnen u. a. sind empfehlenswert, um den emotionalen Verarbeitungsprozess in Gang zu bringen. Und wenn es nicht so gut gelaufen ist, akzeptieren Sie, dass Sie traurig oder wütend sind. Nach diesem physischen Loslassen folgt wie bei Gordon eine erste Aufarbeitung des Geschehens. Erinnerungen an bestimmte Details schwappen nach oben. Fragen tauchen auf. Dann werden der innere Dialog, die kleinen Selbstgespräche und Gedankenfetzen wieder ruhiger. Vielleicht können Sie schon wieder lachen und schmunzeln. Ihr Blick weitet sich wieder, die Aussöhnung mit dem Geschehen beginnt. Sie realisieren, dass die Verhandlung vorbei ist, egal, ob Sie jetzt mit dem Ergebnis etwas mehr oder weniger zufrieden sind.

Systematische Analyse

Wenn das emotionale Loslassen stattgefunden hat, ist der Moment gekommen, um die Verhandlung in einem größeren Rahmen zu betrachten. Jede Verhandlung ist ein Schritt in einer langen Kette auf dem Weg zur Meisterschaft. So suchen Bud und Gordon Inspiration bei Sun Tsu. Mit ihren strategischen Überlegungen schaffen Gordon und Bud den Sprung in eine rationale Analyse des Geschehens. Wesentlich präzisere Informationen als die sehr allgemein gehaltenen Ratschläge von Sun Tsu bietet jedoch der Vergleich einer Verhandlung mit anderen, die Sie selbst erlebt haben, von denen Sie gehört haben, oder mit den Beispielen aus diesem Buch. Jetzt sind die Erinnerungen noch frisch und so manches Detail zum Verhandlungsverlauf kann noch rekonstruiert werden. Jetzt ist der optimale Zeitpunkt, um in die systematische Analyse einzusteigen.

Viele Menschen haben Scheu vor diesen Vergleichen. Sie befürchten, dass sie dann auf Fehler und Schwächen Ihrer Verhandlungsführung stoßen könnten und das möchten sie sich lieber ersparen. Lassen Sie sich davon nicht abhalten. Denken Sie an das Sprichwort: Gefahr erkannt, Gefahr gebannt. Wirklich gefährlich sind nur die Fehler, die unerkannt ständig wiederholt werden. Wer einmal eine Fehlerdynamik analysiert und verstanden hat, ist auf dem besten Weg sein Verhalten zum Besseren zu verändern. In diesem Sinne haben auch missglückte Verhandlungen ihren Sinn. Nutzen Sie den Lerneffekt, den Sie aus solchen Fällen für zukünftige Verhandlungen ziehen können. Jetzt ist es auch von großem Vorteil, wenn Sie sich die Notizen, die Verhandlungsleitlinien aus dem Kapitel „Vorbereitung“ zur Hand nehmen. Anhand dieser Notizen können Sie überprüfen, wie treffend ihre ursprünglichen Annahmen waren. Ob es Ihnen gelungen ist, in der Informationsphase Ihre Wissenslücken zu schließen. Welche Schlüsse Sie aus diesen zusätzlichen Informationen für Ihre Verhandlungsstrategie ziehen konnten. Ob es Wendepunkte in der Verhandlung gab. Was die erfreulichen und unerfreulichen Überraschungen waren, die sich im Verlauf des Geschehens ergeben haben.

Nutzen Sie das Modell der sieben Verhandlungsphasen

Wissenschaftler wie Leigh Thompson sehen in der mangelnden Analyse und Aufarbeitung von abgeschlossenen Verhandlungen eine der Hauptursachen für die weite Verbreitung von ineffektivem Verhandlungsverhalten. Das hängt sicher auch damit zusammen, dass viele Menschen gar keine Instrumente haben, um eine

Verhandlung schnell und effektiv zu analysieren. Das Modell der sieben Verhandlungsphasen leistet hier gute Dienste. Fangen Sie doch einfach damit an, dass Sie in Ihrer Verhandlung die in diesem Buch vorgestellten sieben Phasen lokalisieren. Nehmen Sie ein Blatt, notieren Sie die sieben Phasen und ordnen Sie jeder Phase die wichtigsten Ereignisse der Verhandlung zu. Schon durch diese kleine Übung bekommt die Verhandlung in Ihrem Kopf eine ganz neue, übersichtlichere Struktur. Jetzt machen Sie sich nochmals ganz gezielt die Filmbeispiele aus dem Buch bewusst. Vergleichen Sie die Beispiele mit der Realität. Was haben Sie gut gemacht, wo besteht noch Verbesserungsbedarf? War Ihnen während der Verhandlung immer bewusst, in welcher Verhandlungsphase Sie sich gerade befunden haben? Es ist relativ einfach, die einzelnen Phasen einer Verhandlung zu analysieren, da die Handlungsanweisungen für jede Phase in sich konsistent sind.

Wenn Sie die Übergänge von einer Phase zur anderen genauer untersuchen, gehen Sie gedanklich noch einmal kurz zurück zur Verhandlung um Anacott Steel aus dem Einleitungskapitel. Sie werden feststellen, dass die Protagonisten nicht im Gleichschritt in die nächste Phase wechseln. Larry macht sein Eröffnungsangebot, doch Gordon befindet sich noch in der Informationsphase. Das erkennen Sie daran, dass Larry schon die präzise Sprache der Konzessionsphase spricht („65 Dollar"), während Gordon noch in der vagen, sondierenden Sprache der Informationsphase bleibt. Diese Situation ist in der Praxis nicht unüblich. Der routinierte Verhandler erkennt, wo er und sein Gegenüber sich befinden und kann im Bedarfsfall zwischen den Phasen flexibel hin- und herspringen.

Gerade für den Wechsel zwischen Informations- und Konzessionsphase gibt es die Faustregel: Drängt ihr Gegenüber in die Konzessionsphase – kann es sinnvoller sein, nicht mitzuziehen, sondern auf notwendigen Information zu bestehen.

Wie Sie Ihr Verhandlungsgeschick weiter verfeinern

Identifizieren Sie in der betrachteten Verhandlung für jede Phase ein Thema, an dem Sie besonders intensiv arbeiten möchten. Spielen Sie mit den Filmszenen und Ihren Erinnerungen. Fragen Sie sich, wie würde Ed Masry in dieser Situation vorgehen. Wenn es etwas heftiger und intensiver zugeht, überlegen Sie, wie sich Erin oder Gordon verhalten würden. Vielleicht entsteht so Ihr ganz persönlicher „Verhandlungsfilm“, den Sie mit der wachsenden Erfahrung immer weiter perfektionieren und entsprechend den unterschiedlichen Charakteren der Verhandlungsteilnehmer auch mit verschiedenen Varianten anreichern.

So erkennen Sie am besten, wo Ihr persönliches Verbesserungspotenzial beim Verhandeln liegt. Vielleicht gönnen Sie sich rechtzeitig vor der nächsten Verhandlung ein entsprechendes Training. Dabei kann es sich um Themen wie Kommunikation in Verhandlungssituationen, strategisch-taktisches Denken oder auch ein individuelles Coaching zum emotionalen Umgang mit stressigen Verhandlungssituationen handeln. Machen Sie es so, wie Sie auch für eine Sportart wie Tennis oder Golf immer wieder Trainingsstunden buchen würden. Gerade anspruchsvolle Techniken wie die Arbeit mit dem Fokus der Aufmerksamkeit sind kontinuierlich mit Videofeedback zu trainieren, um die Routine und Selbstverständlichkeit zu entwickeln, die für einen zuverlässigen Einsatz in stressigen Verhandlungen notwendig ist. Zum Einstieg können Sie mit Filmszenen arbeiten. Wie könnte der Pate anders mit Sollozzo umgehen? Wie könnte er die Aufmerksamkeit weg von der Konfrontation mit Rauschgift lenken? Wie könnte er Sollozzo ein Gefühl für die Loyalität innerhalb der Corleone-Familie vermitteln? Wenn Sie mit diesen Themen, die Sie persönlich nicht betreffen, zurechtkommen, können Sie sich an ihre eigenen Verhandlungen wagen. Ist es Ihnen schon einmal gelungen, den Fokus der Aufmerksamkeit in einer Verhandlung zu beeinflussen? Wie haben Sie das gemacht? Ist es der anderen Partei schon einmal gelungen, Ihren Fokus der Aufmerksamkeit zu beinflussen? Wie sind die Verhandlungsführer auf der anderen Seite vorgegangen? Spielen Sie die Situationen nach und zeichnen Sie sie mit einer Videokamera auf. Sie werden erstaunt sein, wie schnell sich bei konsequentem Training Ihre Wahrnehmung der Verhandlungsdynamiken schärft.

Zentrale Fehler bei der Nachbereitung

Zu einer verkorksten Verhandlung gehört auch eine verkorkste Nachbereitung. Genau dafür sorgt der Pate.

***Der Pate*: „Bist du verrückt!"**

Die Besprechung mit Sollozzo ist zu Ende. Sonny versucht sich aus dem Raum zu mogeln. Ihm ist die ganze Angelegenheit peinlich. Der Pate kocht vor Wut über die verunglückte Besprechung mit Sollozzo. In einem barschen Ton befiehlt der Pate Sonny zu bleiben: „Komm her!" Sonny gehorcht widerwillig. Der Gesichtsausdruck des Paten ist sehr angespannt: „Bist du verrückt geworden, kriegst du allmählich Gehirnerweichung von dem Unfug, den du mit dem jungen Ding da treibst." Wahrscheinlich ist es nicht die erste Gardinenpredigt, die sich Sonny in seinem Leben anhören muss. Er schaut missmutig zur Decke. Er macht mehr den Eindruck eines trotzigen Schulkindes, das abwartet, bis die Strafpredigt des Alten vorbei ist. Der Pate fährt fort: „Du darfst nie einen Menschen, der nicht zur Familie gehört, merken lassen, was du denkst." Sonny möchte etwas zu seiner Verteidigung sagen. Der Pate reagiert jedoch nicht darauf. Sonny schluckt. Sein Gesichtsausdruck wird noch trotziger und verschlossener. Der Pate ist mit seiner Strafpredigt zu Ende: „Geh raus." Sonny beißt sich auf die Lippen und geht verärgert hinaus. Dass Tom anfangs noch im Raum war und dass die Tür offen stand, sodass auch andere hören konnten, wie der Pate Sonny zur Rede stellte, macht die Sache nur noch schlimmer.

Die Suche nach dem Sündenbock

Mag die anfängliche Wut des Paten auch als emotionaler Stressabbau verständlich sein, die Art wie der Pate mit dem Problem umgeht, ist die denkbar schlechteste. Wie alle in der Verhandlung Fehler gemacht haben, wurde Schritt für Schritt analysiert. Jetzt alles nur Sonny in die Schuhe schieben zu wollen, ist einfach unfair. Doch leider kommt es auch in der Realität noch viel zu oft vor, dass manchmal sogar vor allen anderen Kollegen eine bestimmte Person zum alleinigen Sündenbock gemacht wird. An sich hatte ja auch der Pate die Absicht, dass Sonny etwas aus der Angelegenheit lernt und den Fehler nicht wiederholt. Doch die Form, mit der er vorgeht, macht das unmöglich. Auch die Vermengung von ungeschicktem Verhalten in der Verhandlung mit der Missbilligung des Verhältnisses, das Sonny mit einer jüngeren Cousine angefangen hat, produziert bei Sonny nur inneren Widerstand und reduziert die Chance, vom Paten einen Rat anzunehmen. Der schlimmste Fehler des Paten ist, dass er Sonny nicht zu Wort kommen lässt. So verliert er die Aufmerksamkeit von Sonny. Am Ende der kurzen Unterredung steht unversöhnlich Meinung gegen Meinung und die Chance der produktiven Auseinandersetzung, die sich durch die Einwände von Sonny ergeben hätte, ist vertan. So verlässt Sonny nicht einsichtiger, sondern nur öffentlich gedemütigt das Feld.

Viel hilfreicher wäre es, die verschiedenen Absichten anzuhören und herauszufinden, wo jeder die Ursachen der Entgleisung vermutet. Dann könnte man sich Gedanken machen, wie man künftig solche Problemsituationen schon im Vorfeld verhindert. Oder wie man auch auf offener Bühne einen Ausrutscher eines Kollegen besser auffangen und die Verhandlung gemeinsam wieder in Fluss bringen könnte.

Verpassten Gelegenheiten nachjammern

Ein anderer weit verbreiteter Fehler ist es, „Was-wäre-gewesen-wenn-Spielchen“ zu träumen und dem vermasselten Verhandlungserfolg hinterherzutrauern und die Verhandlung global nach dem Gesamtergebnis zu beurteilen. Vielmehr wäre zu fragen, wie es genau zu dem Misserfolg kam. Wo, bei welchen Detailschritten lag die Wurzel der späteren Fehlentwicklung? Hatten Mitglieder der eigenen Delegation vielleicht Informationsdefizite oder sind sie überhaupt in die Phasen und Spiele der erfahrenen Verhandler zu wenig eingeweiht? Brauchen Sie auf dieser Seite Hilfestellung und eine bessere Ausbildung oder hatten Sie Probleme mit der nervlichen Belastung der Verhandlungssituation? Sobald Sie dafür sorgen, dass alle eine klare Vorstellung von den verschiedenen Abschnitten einer Verhandlung haben und wann mit welchen Manövern zu rechnen ist, haben Sie die besten Chancen, auch sensible Naturen in beherzte Verhandlungskünstler zu verwandeln.

Weitere Filmempfehlungen zum Thema Nachbereitung: *Erin Brockovich* (2000): Zu fast allen Verhandlungsszenen gibt es eine Nachbesprechung zwischen Erin Brockovich und ihrem Chef Ed Masry. *Die zwölf Geschworenen* (1957): Nach dem Votum der Geschworenen gibt es vor dem Gerichtsgebäude eine kurze Aussprache zwischen zwei Geschworenen.

Zusammenfassung: Nachbereitung

- Gewinnen Sie durch physisches Loslassen emotionale Distanz zur Verhandlung.
- Ordnen Sie die wichtigsten Ereignisse den verschiedenen Phasen einer Verhandlung zu.
- Vergleichen Sie die aktuelle Verhandlung mit anderen Verhandlungen.
- Ermitteln Sie Ihr individuelles Verbesserungspotenzial.

Meisterklasse: weitere Tipps für Verhandlungsprofis

Im folgenden Abschnitt finden Sie Hinweise zum Verhandeln im Team und zu beliebten „Verhandlungsspielen". Im Rückblick auf eine Verhandlung, die Sie gerade geführt haben und die Ihnen deshalb noch gut präsent ist, lässt sich beides gut analysieren. Und wer die Dynamik eines typischen Verhandlungsspiels einmal live erlebt und anschließend durchschaut hat, ist meist für den Rest seines Verhandlerlebens gefeit dagegen.

Verhandeln im Team

Erin Brockovich: „Der Mann mit den Beweisen"

Erin ist spätabends noch unterwegs. Es fehlen noch Unterschriften für die Zustimmung zum Schiedsgerichtsverfahren. In einer kleinen Kneipe in Hinkley trinkt sie vor dem Nachhauseweg noch einen Kaffee. Ein älterer Mann spricht sie an. Erin hat erst Angst, er könnte sie „anmachen", doch dann erzählt er, dass er im Kraftwerk arbeitet und dort Unterlagen vernichten sollte. Erin fühlt sich von der Situation überfordert. Sie entschuldigt sich und rennt nach draußen. Ed muss ihr helfen. Erin ist ganz durcheinander, als sie ihn endlich am Telefon hat: „Ed, Ed, hören Sie zu! Also, da kommt dieser Typ, der sagt, er hat Unterlagen vernichtet, in dem Werk in Hinkley." Ed versucht, Sie als Erstes zu beruhigen. Doch Erin ist kaum zu bremsen: „Ich versuche ja ruhig zu sein … Zuerst dachte ich, der will mich umbringen. Dann dachte ich, der will mich anbaggern." Erin ist immer noch sehr aufgeregt. Ed ist aufgestanden. Er hat begütigend die Hand gehoben. Den Kopf gebeugt. Er kriecht fast in den Telefonhörer: „Ja, ähm, Großer Gott. Versuchen Sie, eine Aussage von dem Mann zu kriegen." Erin hat sich ein wenig beruhigt: „Gut, eine Aussage." Sie streicht sich die Haare aus dem Gesicht. Ed: „Aber vorsichtig, erschrecken Sie ihn nicht." Er fuchtelt mit der Hand: „Und Sie sollten Ruhe bewahren. Vergessen Sie nicht, wenn Sie nicht wären, würde ich längst in Palm Springs in der Sonne liegen." Erin lächelt. Ed: „Ihre Überredungskünste sind beeindruckend. Und denken Sie daran, bombardieren Sie ihn nicht mit Fragen." Ed macht einige beschwichtigende Handbewegungen: „Tun sie das nicht. Sie, Sie ... jeder Mensch will seine Geschichte erzählen. Lassen Sie ihn einfach reden, lassen sie Embry ganz in Ruhe erzählen." Erin befolgt diesen Rat. Im folgenden Gespräch mit Charles Embry ist Erin sehr aufmerksam, ohne allzu viel zu reden. Sie signalisiert einfach durch ihre Körperhaltung und ihren Blickkontakt, dass sie mit ihrer ganzen Aufmerksamkeit dabei ist. Von Charles Embry wird sie die Dokumente erhalten, die beweisen, dass auch die Zentrale in San Francisco schon seit vielen Jahren über die Umweltdelikte informiert war und letztendlich sogar den Auftrag zu ihrer Vertuschung gegeben hat. Damit haftet der Gesamtkonzern PG&E mit seinem ganzen Vermögen für die Schäden. Das macht die hohe Schadensersatzsumme überhaupt erst möglich.

Diese Szene illustriert die Vorteile, die das Verhandeln im Team mit sich bringt. Ein Verhandlungsführer ist auf das Verhandlungsziel, seine Strategie und seine Argumente konzentriert. Er hat meist nur noch begrenzte Kapazitäten für das Zuhören und Verarbeiten der Informationen, die von der anderen Seite ausgesendet werden. Parteien, die die Aufgaben Verhandlungsführung und Verhandlungsanalyse trennen, sind deshalb im Vorteil. Stimmen Sie vorher die verschiedenen Rollen im Team genau ab. Wer ist dafür verantwortlich, das Gespräch mit der anderen Seite zu führen? In dem Gespräch mit Charles Embry ist Erin die Frau an der Verhandlungsfront. Wer unterstützt den Verhandlungsführer mit seinen Analysen? In unserem Beispiel übernimmt Ed diesen Part. Ed beschäftigt sich nur noch mit Erin. Er steht sogar auf, um Abstand von seinen Akten zu bekommen und konzentriert sich ganz auf das Telefonat. Er bringt Ruhe und Übersicht in die Situation. Er hat die Expertise, um zu wissen, was in dieser Situation notwendig ist: Ed und Erin brauchen eine Zeugenaussage von Charles Embry. Auf Kopien von Dokumenten, die die Beteiligung der Zentrale in San Francisco belegen, wagt Ed in diesem Moment noch gar nicht zu hoffen. Damit Erin entspannt in das Gespräch geht, stärkt er nochmals ihr Selbstvertrauen. Er erinnert sie daran, wie gut sie Menschen, z. B. ihn, überzeugt und für ihre Ideen gewinnt. Er gibt ihr jedoch auch genaue Anweisungen, was sie tun soll, zuhören, erzählen lassen, und was sie nicht tun soll, mit Fragen bombardieren. So hilft er Erin, über ihre Aufregung hinwegzukommen und mit der entsprechenden inneren Distanz in das wichtige Gespräch einzusteigen. Ohne den Rückhalt von Ed wäre Erin vor der Situation vermutlich davongerannt und hätte die Beweise verpasst.

Noch günstiger ist es natürlich, wenn der, der unterstützt, direkt bei der Verhandlung dabei sein kann und – um eine Eskalationsstufe zu gewinnen – der eigentliche Entscheider nicht am Tisch sitzt.

Der Partner des Verhandlungsführers entlastet diesen auch im Bedarfsfall. Er verfolgt die Verhandlung aus einer eher distanzierten Haltung. Er steht gewissermaßen auf der Tribüne und achtet auf die Interaktionsdynamik, die sich zwischen den Parteien entfaltet. Um sich diese distanzierte Haltung bewahren zu können, wird er möglichst wenig in die Verhandlung eingreifen. Allerdings ist seine Aktivität immer wieder gefordert, um dem Verhandlungsführer notwendige Ruhepausen und Entspannung zu verschaffen, z. B. wenn er sich reorganisieren muss, um eine neue Argumentationskette aufzubauen.

Bei einer zahlenmäßigen Überlegenheit der anderen Seite ist diese zweite Person besonders wichtig. Er kann über Blickkontakt und vereinbarte Signale auf Ungeschicklichkeiten aufmerksam machen oder zu einer Pause für eine Lagebesprechung auffordern. Wichtig ist die klare Aufgabenverteilung, vor allem wer spricht und wer eher passiv bleiben sollte. Ein routinierter Arbeitsrechtler, der immer wieder schwierige Sozialplanverhandlungen mit Betriebsräten und Gewerkschaftsvertretern führte, pflegte vor einer Verhandlungsrunde die Delegationsmitglieder seiner Partei folgendermaßen auf das Geschehen einzustimmen: „Bedenken Sie, das ist hier wie in der Schule. Man spricht nur, wenn man gefragt wird. Haben wir uns da verstanden?"

Ein weiterer Vorteil des Verhandelns im Team ist, dass Sie auch in der Nachbesprechung auf die Erinnerungen und Einschätzungen von verschiedenen Personen zurückgreifen können. Sie werden überrascht sein, was den anderen Teilnehmern alles an den Details zum Verhalten der Gegenseite, Mustern, die immer wieder aufgetaucht sind usw. aufgefallen ist, was Sie im Eifer der Verhandlungsführung nicht bemerkt haben. Es empfehlenswert, all diese Informationen schriftlich festzuhalten. Gerade wenn Sie diese Übung noch nicht oft gemacht haben, werden Sie dabei schrittweise einen richtigen Wissenspool für Verhandlungsführung aufbauen. Diese Erfahrungen mit bestimmten Vorgehensweisen und Taktiken, aber auch zu bestimmten Verhandlern auf der anderen Seite werden für Sie und Ihre Kollegen zur zentralen Ausgangsbasis für die Vorbereitung weiterer Verhandlungen.

Achten Sie darauf, dass Ihre Berater und Ihr Verhandlungsteam über entsprechende Fertigkeiten verfügen. Nicht umsonst werden von der Polizei bei Verhandlungen mit Geiselnehmern ausgebildete Verhandlungsspezialisten eingesetzt. Gehen Sie bei der Zusammenstellung Ihres Verhandlungsteams genauso vor. Achten Sie nicht nur auf die sachliche Erfahrung Ihrer Verhandler, sondern auch auf deren Kenntnisse und Fähigkeiten in den verschiedenen Aspekten des Verhandlungsverhaltens. Sie erkennen diese Kenntnisse an der feinen und gut geschulten Beobachtungsgabe dieser Verhandler: Sie hören aufmerksam zu, registrieren die vielen Zwischentöne und ziehen differenzierte Informationen aus dem klanglichen und visuellen Gesamteindruck einer Äußerung. Zudem können diese Verhandler analysieren, wieso sich die andere Partei in einer bestimmten Art und Weise verhält und wie Sie selbst darauf am besten reagieren können. Je größer das Verhandlungsgeschick der beteiligten Personen, umso kalkulierbarer und produktiver wird verhandelt.

Der richtige Umgang mit Spannungen in der eigenen Partei

Gibt es Unstimmigkeiten im eigenen Verhandlungsteam oder in der eigenen Partei, sind diese auszuräumen, bevor Sie die Gespräche mit der anderen Seite aufnehmen. Hier ist entschiedenes Handeln notwendig, damit Sie nicht in große Schwierigkeiten geraten. Es bleibt nichts anderes übrig, als intern die Diskussion über die geplanten Verhandlung aufzunehmen. Sie sollten herausarbeiten, was von allen getragen wird und was nicht. Außerdem müssen Sie eine Linie finden, wie mit den Themen verfahren wird, bei denen es intern noch keine einheitliche Linie gibt. Greifen Sie in solchen Situationen ruhig auf das Beispiel aus dem *Paten* zurück und erklären Sie den Kontrahenten in Ihrer Partei die verheerenden Auswirkungen, die die mangelnde Abstimmung des Außenauftritts für Sonny und den Paten hatte. Nach diesem plastischen Beispiel ist im Normalfall allen Delegationsmitgliedern die Brisanz bewusst. Und auch der Letzte begreift, dass die Verhandlung sicher nicht der richtige Moment ist, um sich durch abweichende Meinungen zu profilieren.

Akzeptieren Sie in internen (Vor-)Besprechungen kein Schweigen. Ein Schweigen wird von den anderen oft als stillschweigende Zustimmung interpretiert. In der Realität bedeutet ein Schweigen, z. B. auch von Kooperationspartnern, jedoch, dass die Situation anders gesehen wird. Die Betreffenden möchten nur im Augenblick einer Diskussion aus dem Weg gehen. Sorgen Sie dafür, dass jeder klar Stellung bezieht. Besser die Uneinigkeit kommt jetzt auf den Tisch als später beim Verhandeln. Lassen Sie keinen aus! Auch aus dem Mund eines weniger wichtigen Delegationsmitglieds kann eine unbedachte Außerung in Gegenwart der anderen Partei eine Menge Verwirrung und Schaden stiften.

Seien Sie wachsam hinsichtlich Strategien, die darauf abzielen, das Team auseinander zu brechen, so wie es Sollozzo bei der Verhandlung über das Rauschgiftgeschäft geglückt ist. Er hat – in den Worten der chinesischen Strategielehre – „den Tiger vom Berg in die Ebene gelockt". Doch neben dieser sachlichen Spaltung des Teams ist auch die räumlich-zeitliche Komponente wichtig. Bei einer zähen Verhandlung versuchte die andere Seite, daraus Kapital zu schlagen: Die Fortsetzung der Verhandlung wurde so lange verzögert, bis der erfahrene Verhandlungsführer wegen eines anderen Termins abreisen musste und sein junger Mitarbeiter auf sich allein gestellt war.

Folgende „Spiele" kommen beim Verhandeln gerne zum Einsatz

Nutzte die andere Seite eines der folgenden Verhandlungsspiele? Eines dieser klassischen Spiele haben Sie schon kurz kennen gelernt, den Walkout, den Gordon in „Anacott Steel" eingesetzt hat. Folgende Spiele werden näher vorgestellt:

- Guter Polizist – böser Polizist,
- Himmel – Hölle,
- höhere Autorität oder unverzichtbarer Experte,
- Fristen,
- Ultimatum,
- Walkout,
- Nachkarten oder Knabbern.

Diese Spielchen werden im Verhandlungsalltag übrigens viel öfter und mit viel größerem Erfolg eingesetzt als man vielleicht meinen möchte. So simpel sie sich hier in der Beschreibung lesen, so schwierig ist es, sie in der Hektik der Verhandlung zu identifizieren.

Guter Polizist – böser Polizist

Der Name des Spiels bezieht sich auf einen alten Verhörtrick: Ein aggressiver, brutaler und ein jovialer, verständnisvoller Vernehmer nehmen den Verdächtigen solange abwechselnd in die Zange, bis er mürbe wird und ein Geständnis ablegt. Der böse Polizist schreit und tobt. In den alten Krimis hat er meist noch ein grobschlächtiges Gesicht, vielleicht sogar mit ein paar Bartstoppeln. Seine Ausdrucksweise ist aggressiv. Der Hang zur Gewalttätigkeit ist ihm ins Gesicht geschrieben. Der gute Polizist, der auftaucht, wenn der böse Pause macht, ist meist glatt rasiert, hat einen freundlichen offenen Blick. In den alten Filmen hätte er dem Verdächtigen vermutlich erst einmal eine Zigarette angeboten als Symbol, dass man sich jetzt entspannen kann, die direkte Gefahr vorbei ist. Doch wie gesagt, es ist nur ein Trick, der dazu dient, dass die Aufmerksamkeit des Verdächtigen nachlässt und er sich gegenüber dem guten Polizisten verplaudert.

Während der Verhandlung könnte das Spiel vom guten und bösen Polizisten etwa wie folgt ablaufen: Der „gute“ Verhandler eröffnet mit einigen freundlichen Worten zum Beziehungsaufbau. Damit gewinnt er Ihre Sympathie und Sie fangen an, sich in Sicherheit zu wiegen. Der „böse“ Verhandler übernimmt, wenn es um das Eröffnungsangebot geht. Er beginnt mit einer ausgemacht unverschämten Forderung und voller Aggressivität. Diese unerwartete Verhärtung der Fronten bringt Sie eventuell durcheinander. Da Sie den Deal mit dem Guten innerlich schon abgehakt hatten, entstehen jetzt Verlustgefühle. Und unwillkürlich fangen Sie an, über Kompromisse nachzudenken. Dabei hatte der Böse nur den Auftrag, Ihre Erwartungshaltung zu verringern und Sie für eine Einigung im Sinne der anderen Partei weichzuklopfen. Der wirkliche Verhandlungsführer der anderen Seite ist nämlich der Gute. Er kommt wieder ins Spiel, wenn Sie kurz vor der Explosion stehen oder gar die Verhandlungen abbrechen wollen. Er macht sich völlig unerwartet zu Ihrem Anwalt gegenüber dem Bösen und bedrängt ihn, doch endlich ein paar Zugeständnisse zu machen. Sie sind erfreut über diese Entlastung und fangen jetzt an, den Guten fast als Mitglied Ihrer Partei zu betrachten. Wenn der Gute seine Rolle gut beherrscht, nehmen Sie vielleicht sogar seinen Rat an, wenn es darum geht, wie man eine Brücke zwischen Ihrer Seite und den Vorstellungen des Bösen bauen könnte. Dass Sie mit solchen Ratschlägen wesentlich näher bei den Vorstellungen der anderen Seite als bei Ihren eigenen landen werden, braucht nicht näher erläutert zu werden. Die große Mehrheit der harmonieorientierten Menschen ist beliebtes Opfer dieses Intrigenspiels.

Sobald Sie das Gefühl haben, dass Sie es auf der anderen Seite mit einem Engel und einem Teufel gleichzeitig zu tun haben, können Sie davon ausgehen, dass gerade das Stück „Der gute und der böse Polizist“ gegeben wird und Sie sich in der Rolle dessen befinden, der mürbe gemacht werden soll. Sie reagieren am besten damit, dass sie das Spiel einfach benennen: „Mein Gott, so unterschiedlich, wie Sie vorgehen, könnte man ja fast meinen, dass wir es hier mit einem guten und einem bösen Polizisten zu tun haben.“ Die meisten Spiele kollabieren, wenn Sie aufgedeckt werden. Da es für die andere Seite einen massiven Gesichtsverlust bedeutet, beim „Spielen“ erwischt zu werden, sollten Sie bei Ihren Formulierungen eine gewisse Vorsicht walten lassen. Unterstellen Sie nie der anderen Seite direkt, ein bestimmtes Spiel zu spielen, geben Sie nur zu verstehen, dass man den Eindruck haben könnte, dass guter – böser Polizist oder ein anderes Spielchen gerade abläuft. Dann machen Sie eine Pause, schweigen und beobachten aufmerksam die andere Seite. Ausweichende, betretene oder verstohlene Blicke zwischen dem Guten und dem Bösen? Ruhig bleiben! Lassen Sie der anderen Seite genug Zeit zu verarbeiten, dass das kleine Ränkespiel geplatzt ist. Mit einem verlegenen Lächeln und einer Reaktion wie: „Wie kommen Sie denn darauf?“ wird sich die andere Partei wieder ins Verhandlungsgeschehen zurückmelden und dann unauffällig das Thema wechseln. Übrigens, die andere Partei ist jetzt gerade ziemlich außer Tritt, möglicherweise ein guter Moment einmal Themen anzuschneiden, bei denen Sie von der anderen Seite noch substanzielle Konzessionen benötigen.

Himmel – Hölle

Mit guter Polizist – böser Polizist ist das Spiel „Himmel – Hölle“ eng verwandt. Beide nutzen den gleichen psychologischen Wirkmechanismus, dass viele Menschen um so sensibler auf Druck reagieren, je angenehmer die vorangehende Situation war. Ein typisches Beispiel finden Sie in *Wall Street* in der Szene im Sport club: Die Einladung in den noblen Sportclub mit anschließender abrupter Absage: Noch einen Broker brauche ich nicht. Im Verhandlungsalltag könnte ein derartiges Himmel-Hölle-Spiel etwa wie folgt aussehen: Ein gewiefter Einkäufer macht einem neuen unerfahrenen Lieferanten Hoffnungen auf einen großen Auftrag. Als der Verkäufer hoffungsfroh zur Schlussverhandlung anreist, werden im Lichte des anstehenden Großauftrags erst einmal weitere Rabatte eingesackt. Dann plötzlich dreht sich die Stimmung. Das Geschäft platzt. Als der Verkäufer sich umdreht und tief enttäuscht das Büro des Einkäufers verlassen will, fordert der Einkäufer überraschend einen weiteren saftigen Rabatt. Wenn der Lieferant darauf eingehen würde, könnte man doch noch ins Geschäft kommen. Da braucht es schon viel innere Distanz, um in so einer Situation nicht unter Druck zu geraten und nachzugeben.

Höhere Autorität oder unverzichtbarer Experte

Höhere Autorität oder unverzichtbarer Experte sind eine raffinierte Weiterentwicklung von guter – böser Polizist. Der Unterschied ist, dass der Böse jetzt gar nicht mehr am Verhandlungstisch erscheint, sondern plötzlich am Ende der Konzessionsphase, wenn die Einigung ansteht, als Vorgesetzter (mein Geschäftsführer) oder subtiler als Gremium (unser Kreditausschuss), als übergeordneter Standard (Branchenüblichkeit, US-Richtlinien) oder

Fachabteilung (unsere Rechtsabteilung) auftaucht, ohne deren Zustimmung gar nichts geht. Diese Variante hat gegenüber Guter – böser Polizist vier Vorteile:

1. Die Verknüpfung der höheren Autorität setzt die andere Seite unter Druck, ohne dass man persönlich auf Konfrontationskurs gehen muss.
2. Da kein Verhandler als Böser verschlissen wird, kommt man mit weniger Verhandlungspersonal aus. Wo viele Verhandlungen geführt werden, kann das ein wichtiger Aspekt sein.
3. Weniger riskant, da weniger emotional.
4. Sicherer, da kein Abstimmungsbedarf zwischen Gutem und Bösem in der Live-Situation der Verhandlung.

Egal, ob das Gremium oder der Experte, der befragt werden muss, überhaupt existieren oder wie bedeutend sie für die Entscheidungsfindung in der Realität sind, kalkulieren Sie bei jeder Verhandlung ein, dass derartige Schleifen zur Generierung weiterer Konzessionen eingebaut werden. Klären Sie deshalb schon zu Beginn die Entscheidungsstrukturen der anderen Seite. Dies ist einer der ganz wichtigen Punkte auf Ihrer Fragenliste für die Informationsphase. Lassen Sie sich nicht mit vagen Aussagen abspeisen, verlassen Sie sich auch nicht auf frühere Erfahrungen, sondern klären Sie genau, wer hat unter welchen Voraussetzungen das Recht, durch Handschlag, Unterschrift unter einen Vertrag oder was auch immer die Einigung rechtskräftig zu vollziehen. Fragen Sie am besten schon bei der Terminabsprache nach, welche Befugnisse die Vertreter der anderen Seite haben werden. Klären Sie zu Beginn der Besprechung, ob die Befugnisse der Teilnehmer auch wirklich so umfassend sind wie angekündigt. Wenn die andere Seite eine Genehmigung von oben oder von einer Fachabteilung braucht, dann müssen Sie einkalkulieren, dass Sie auch für die höheren Autoritäten noch einen Verhandlungsspielraum brauchen. Die Verhandlungsrunde, die dann beginnt, kann nur ein Zwischenschritt sein. Versuchen Sie außerdem, den Zustimmungsbedarf zu personalisieren. Sobald es eine ganz bestimmte

Person ist, deren Zustimmung man braucht, können Sie auch vorschlagen, diese per Telefonkonferenz in den entscheidenden Phasen zuzuschalten. Bei Experten sollte es noch leichter möglich sein, diese persönlich oder über Telefon dazuzuholen.

Sollten Sie nach vielen Zugeständnissen erst gegen Ende der Verhandlung mit der Mitteilung konfrontiert werden, dass alles von einer weiteren Instanz überprüft und gegebenenfalls nachverhandelt wird, bleibt ihnen nur eines: Sie müssen – für den Fall, dass weitere Forderungen nachgeschoben werden – all ihre gemachten Konzessionen zurücknehmen und in dieser Verhandlungsrunde neu starten.

Fristen

Eine andere Technik, um eine Verhandlung zum Abschluss zu bringen, besteht darin, ein Angebot zu befristen. Die andere Partei könnte zum Beispiel wie folgt taktieren: „Wenn Sie in den nächsten drei Tagen diesem Angebot nicht zustimmen, brechen wir die Verhandlungen ab und werden uns einen anderen Partner suchen.“ Zeitdruck führt bei den meisten Menschen zu erhöhter Nachgiebigkeit. Je kürzer die Frist, umso größer die Gefahr, dass der andere „zusammenbricht“ und großzügige Zugeständnisse macht.

Erinnern Sie sich an Ihre Schulzeit? Prüfungssituationen? Schwierige Aufgaben und wenig Zeit. Der Puls steigt. Die Atmung wird flach. Die Programme, die den Körper in Alarmbereitschaft versetzen, werden durch die Einführung einer Zeitbeschränkung blitzschnell aktiviert.
Verhandlungsprofis spielen mit folgenden Varianten von Fristen:

- Befristung generell,
- Frist, die an einem äußeren Termin hängt,
- Frist, die an einer Alternative hängt,
- Frist für Teile eines Angebots.

Der Trick dabei ist, dass viele der Fristen in Wirklichkeit gar nicht so wichtig oder manchmal sogar frei erfunden sind. Was wissen Sie über eine Frist, die plötzlich in den Raum gestellt wird? Zum Beispiel des Alternativangebot, das in Kürze abläuft. Eine erste Gegenmaßnahme ist deshalb, dass Sie den Realitätsgehalt der Frist überprüfen. Ein anderer Aspekt, der gerne aus Verhandlungsgründen aufgebläht wird, ist die Unabänderlichkeit der Frist. Vielleicht warten die Herrschaften mit dem Alternativangebot ja noch ein wenig, wenn sie so sehr an dem Projekt interessiert sind. Außerdem sollten Sie sich immer fragen, ob das Überschreiten einer bestimmten Frist wirklich Ihr Problem ist. Und ob die andere Partei nach Ablauf einer Frist den Deal wirklich platzen lässt, wenn z. B. ab Jahreswechsel ein Kaufpreis für ein Unternehmen höher besteuert wird. Denn schließlich wird es immer das Problem der anderen Partei bleiben, wenn sie durch eine Steueränderung ab einem bestimmen Zeitpunkt schlechter dasteht.

Auf der anderen Seite seien Sie vorsichtig, wenn Sie selbst bestimmte Fristen einhalten müssen. Die andere Seite könnte die Verhandlungen so lange hinauszögern, bis Sie durch Ihre eigene Frist immer mehr unter Druck geraten. Hier hilft nur, so banal es klingen mag, frühzeitig anzufangen und die Verhandlungsmacht von Anfang an durch den Aufbau von kurzfristig verfügbaren Alternativen zu verbessern.

Ultimatum

Auch das Ultimatum spielt mit dem Thema Frist und Zeitdruck. Doch wie im vorangegangen Abschnitt schon ausgeführt wurde, sind Fristen immer eine zweischneidige Sache. Das gilt auch für das Ultimatum. Es muss unbedingt umgesetzt werden, wenn die Frist abläuft. In dem Moment, in dem das nicht geschieht, verliert die entsprechende Partei erheblich an Verhandlungsmacht. Das dramatische, mit viel Theaterdonner inszenierte Ultimatum hat sich als leere Drohung entpuppt. Im Verhandlungsalltag könnte ein Ultimatum beispielsweise mit der Drohung, vor Gericht zu gehen, einen Vertrag zu kündigen oder Missstände öffentlich anzuprangern verknüpft sein.

Wie geht man am besten vor, wenn man selbst von der anderen Seite mit einem Ultimatum unter Druck gesetzt wird?

- Fragen Sie, ob zum Beispiel auch eine teilweise Erfüllung des Ultimatums genügen würde.
- Sie lassen sich zwar auf das Ultimatum selbst nicht ein, signalisieren jedoch zugleich, dass Sie alles tun werden, um die Situation zu lösen.
- Spielen Sie auf Zeit. Sie könnten z. B. sagen, Sie brauchen eine Genehmigung von oben oder Zeit, um technische und logistische Probleme zu lösen.
- Versuchen Sie einfach das Ultimatum zu überschreiten, es löst nicht nur die aktuelle Krise, die andere Seite weiß auch, dass Sie erfahren und nervenstark sind. Die Verhandlungsmacht der anderen Seite kollabiert. Wer übrigens zu einem Ultimatum greift, hat im Allgemeinen keine anderen zugkräftigen Argumente für seine Position, sonst würde er nicht auf so etwas Riskantes wie ein Ultimatum zurückgreifen.

Allerdings könnte es natürlich auch sein, dass es sich bei den haarsträubenden Forderungen der anderen Seite gar nicht um ein Ultimatum, sondern um eine Abschreckungsmaßnahme handelt. Die andere Seite hat eine andere, bessere Alternative gefunden, möchte jedoch nicht die Partei sein, die die Verhandlungen platzen lässt, beispielsweise weil eine Vertragsstrafe ausgelöst wird. Um diesen Fall vom eigentlichen Ultimatum abzugrenzen, müssen Sie herausfinden, ob sich etwas Wichtiges verändert hat – ob es tatsächlich einen neuen Lieferanten gibt, ob es tatsächlich einen neuen Interessenten gibt. Wenn Ihre Verhandlungspartner tatsächlich eine neue Option gefunden haben, müssen Sie prüfen, wie Sie diese neue Option am besten ausstechen können. Sollte sich nichts verändert haben, handelt es sich um ein Verhandlungsspiel und Sie können die Sache aussitzen.

Walkout

Wall Street: „Anacott Steel – Walkout"

Gordon hat Larrys Eröffnungsangebot von 65 Dollar mit seiner Forderung von 72 Dollar pariert. Larry hat damit sein Hauptziel erreicht, Gordon ist bereit, kurzfristig zu verkaufen und er kann endlich mit der überfälligen Sanierung der Stahlfirma beginnen. Den dreisten Aufschlag, den Gordon auf sein Paket im Vergleich zum öffentlichen Übernahmeangebot fordert, empfindet er im ersten Moment eher als belustigend. Er reagiert jedoch nicht mit einem sachlichen Argument, sondern mit einer abschätzigen Bemerkung zu Gordons Person: „Du bist ein kleiner Straßenräuber und Erpresser, nichts anderes ... Gekko, du würdest für ein Geschäft nicht nur deine Mutter verkaufen ..., sondern sie auch als Nachnahme liefern." Dieser persönliche Angriff kommt Gordon gerade recht. Das ist ein idealer Aufhänger, um Larry, dem Anacott Steel doch so am Herzen liegt, mit einer Abbruchsdrohung nochmals so richtig in die Zange zu nehmen. Gordon, der sonst in seiner Wortwahl ja auch nicht gerade zimperlich ist, mimt also den Entrüsteten und blafft Larry mit stechendem Blick und erhobenem Zeigefinger an: „Meine Post verschicke ich doch genauso wie du, Kumpel, oder hat sich das jetzt geändert, seit die Queen Sir zu dir sagt?" Er fixiert Larry nochmals, bevor er zischt: „Also ich entschuldige mich, bevor ich die Beherrschung verliere ..." Gordon dreht sich um und geht langsam aus dem Raum.

Larry knickt ein und ruft ihm nach: „71." Gordon geht noch weiter, dreht sich dann sehr langsam zu Larry zurück, nimmt wieder Blickkontakt mit ihm auf und holt tief Luft. Der Walkout hat seinen Zweck erfüllt und Gordon ist wieder im Spiel.

Beim Walkout verlässt man in der Konzessionsphase mit gespielter Entrüstung den Verhandlungstisch, um so Druck auf den Verhandlungspartner auszuüben. So wie es bei einem guten Teppichkauf auf dem Basar dazugehört, wenigstens einmal kopfschüttelnd aufzustehen und in Richtung Ladentüre zu marschieren, bevor Sie doch noch zum Abschluss kommen. In unserem Beispiel nutzt Gordon den Walkout, um Larry zum Schluss in die Knie zu zwingen. Durch seinen Wechsel auf die persönliche Ebene mit dem Vorwurf, Gordon sei ein Straßenräuber und Erpresser, liefert Larry Gordon natürlich die ideale Vorlage. Wahrscheinlich ärgert sich Gordon sogar wirklich über diese Bemerkung und er braucht sich für die Einleitung des Walkouts nur noch so richtig hineinzusteigern. Beachten Sie, dass Gordon über den Blickkontakt die Aufmerksamkeit von Larry auf sich zieht, damit ihn der blitzartige Kontaktentzug durch das Wegdrehen und Weggehen umso wuchtiger trifft. Der Walkout wirkt primär auf der nonverbalen Ebene. Das Entscheidende am Walkout ist nicht das Aussprechen einer Abbruchsdrohung, sondern das Aufstehen und Gehen. Diese Aktion bringt die „Bombe“ im Kopf des anderen zum Ticken. Während also der andere langsam – das ist typisch –, ganz langsam zur Tür geht oder zunächst nur seine Sachen packt, läuft die Frist, die augenscheinlich noch bleibt, um ihn aufzuhalten. Deshalb ist der Walkout so wirkungsvoll. In Ihrer Wahrnehmung deutet alles darauf hin, dass der andere mit seiner Drohung Ernst macht. Sie verlieren die emotionale Distanz und Ihre bewusste Kontrolle über sich und die Situation. Sie reagieren in Panik mit einem sachlichen Zugeständnis, genauso wie es Larry passiert, der spontan sein Angebot von 65 Dollar auf 71 Dollar erhöht.

Wichtig ist, der Walkout spielt mit Gefühlen. Bleiben auch Sie deshalb bei den Gefühlen. Larry könnte sich ruhig dafür entschuldigen, dass er Gordons Gefühle verletzt hat. Sie dürfen sich nur nicht verführen lassen, Gefühle und sachliche Konzessionen zu vermischen. Vielleicht hat es ja tatsächlich ein Missverständnis gegeben. Eine Entschuldigung von Ihrer Seite ist immer ein eleganter Weg, um den Fluss der Kommunikation wieder in Gang zu bringen – selbst wenn die Aggression gar nicht von Ihnen ausging.

Wie alle Spiele wird der Walkout natürlich in dem Moment wirkungslos, in dem ihn der andere durchschaut. Ja, noch schlimmer, der Walkout hat auch ein wenig von einem Ultimatum. Das heißt also, wer auf seinem Walkout sitzen bleibt, da der andere kein Zugeständnis macht, hat das knifflige Problem, wie er ohne Gesichtsverlust wieder an den Verhandlungstisch zurückkehren kann, oder wie ein Politiker es ausdrückte: „Wer rausgeht, muss auch wieder reinkommen." Denn der Walkout wird ja gerade dann eingesetzt, wenn man die Verhandlung endlich abschließen und nicht, wenn man sie abbrechen will. Vielleicht können Sie mit einem Themenwechsel oder einer Verhandlungspause eine goldene Brücke bauen. Wenn alle wieder am Verhandlungstisch vereint sind, fahren Sie dann am besten so fort, als ob es den Walkout gar nicht gegeben hätte.

Nachkarten oder Knabbern

Bleiben wir bei „Anacott Steel":

Gordon hat sein Ziel erreicht. Larry ist auf den Walkout hereingefallen. Jetzt setzt Gordon noch eines drauf. Er nimmt wieder Blickkontakt mit Larry auf: „Da du auch noch unbedingt meine Mutter ins Spiel bringen musstest, 71,50." Larry ist etwas unschlüssig und zögert. Doch Gordon hat Nervenstärke und schweigt einfach. Larry akzeptiert spontan diese Forderung, um der emotionalen Belastung ein Ende zu machen. Dann bricht er jedoch demonstrativ den Blickkontakt ab und rauscht mit der Bemerkung: „Die Anwälte werden sich morgen früh um 8.00 Uhr bei dir melden" aus dem Raum.

Eigentlich ist der Deal schon gelaufen. Die Parteien sind gerade dabei einzuschlagen, da kommt nochmals eine kleine Forderung auf den Tisch. Ein typisches Beispiel ist es, wenn beim Notartermin in letzter Minute noch Ansprüche gestellt werden. Eine Forderung, die gemessen an den Konzessionen, die bisher schon gemacht wurden, unbedeutend ist. Der Vorteil ist, dass Sie mit dieser Forderung vermutlich meistens durchkommen, der Nachteil, dass das Knabbern am Ende der Verhandlung schlechte Stimmung macht und eine schlechte Ausgangslage für die dann anstehende Umsetzung der Vereinbarung schafft. Bei Larry ist die Stimmung jedenfalls so schlecht, dass er sich von Gordon nicht einmal mehr verabschiedet.

Der gefährlichste Moment, um der Knabbertechnik im engeren Sinne zum Opfer zu fallen, ist, wenn Sie den Abschluss gerade gemacht haben und sich gut fühlen. Jemand, der sich gut fühlt, hat die Tendenz, großzügig zu sein. Zugleich haben die Leute Angst, etwas zu verlieren. Sie denken, wenn ich hier nicht nachgebe, verliere ich den vielleicht ganzen Auftrag. Ich sollte einfach nachgeben. Wenn Menschen sich einmal entschieden haben, etwas zu machen, setzen sie sich dafür ein, dass diese Entscheidung auch durchgezogen wird. Nur – all das gilt für die andere Seite auch. Machen Sie also in keinem Fall einseitige Konzessionen! Auch hier handelt es sich um ein Spiel. Sie können das Spiel benennen, um es auszuhebeln. Noch eleganter ist es allerdings, wenn Sie einfach eine Gegenforderung aufmachen, es dem anderen überlassen, ob seine Forderung und Ihre Gegenforderung tatsächlich zum Tragen kommen. Damit hat der andere wieder die letzte Entscheidung und Sie machen, wie in dieser Phase immer zu empfehlen, das letzte kleine Zugeständnis.

Zusammenfassung: Die sieben Phasen einer Verhandlung

In der Vorbereitungsphase analysieren Sie Ihre Verhandlungsmacht und arbeiten an ihrer Verbesserung, wie der Anwalt Ed Masry und seine Helferin Erin Brockovich. Ihre offenen Fragen und grundsätzlichen Einschätzungen der Situation fassen Sie in den Verhandlungsleitlinien zusammen.

Die Begrüßung prägt den ersten Eindruck. Orientieren Sie sich erst einmal an den Gewohnheiten und Bedürfnissen der anderen Seite. Bleiben Sie entspannt und beobachten Sie die Situation.

Der Informationsaustausch ist das Herzstück des dialogorientierten Verhandelns. In dieser Phase wird gewissermaßen der Verhandlungskuchen gebacken. Stellen Sie Fragen wie Mr. Wolfe. Bringen Sie die andere Seite zum Nachdenken wie Jimmie bei Jules und Vincent. Nehmen Sie die Lösungsimpulse der anderen Seite auf und bringen Sie erst dann Ihre Ideen ins Spiel. Am Schluss dieser Phase steht die Grundsatzentscheidung, ob Sie in die Detailverhandlungen einsteigen oder die Verhandlungen besser abbrechen.

In der Konzessionsphase oder dem Verhandeln im engeren Sinne wird die Verteilung des Kuchens ausgehandelt. Hier kommen die klassischen Verhandlungstechniken zum Einsatz, wie sie Routiniers wie Gordon Gekko oder Ed Masry verkörpern. Die zentrale Aufgabe dieser Phase ist mehr das geschickte Nachgeben denn ein starres Beharren.

Eine Einigung wie zwischen Bonasera und dem Paten muss freiwillig erfolgen. Die Tragfähigkeit einer Einigung beurteilen Sie besser nach den Grundbedürfnissen, die die Parteien charakterisieren, als nach bestimmten Einigungsritualen.

In der Abschiedsstiuation entsteht ein emotionaler Eindruck, der die Erinnerung der Parteien an die Verhandlung prägen wird.

Zeigen Sie sich eher von Ihrer großzügigen Seite wie Mr. Wolfe oder Ed Masry.

In der Nachbereitung haben Sie die Chance, durch eine sorgfältige Aufarbeitung des Geschehens Ihre Verhandlungsfähigkeiten nachhaltig zu verbessern. Sie bauen Schritt für Schritt einen persönlichen Wissenspool zum Thema Verhandeln auf.

Inhalts- und Personenbeschreibung

Wall Street

Der Film wurde 1987 von Oliver Stone als Hommage an seinen Vater unter dem Eindruck der damaligen Insiderskandale an der Wall Street gedreht. Für seine brillante Darstellung des Gordon Gekko wurde Michael Douglas mit einem Oscar ausgezeichnet.

Bud Fox ist ein junger Börsenmakler an der Wall Street. Er stammt aus einfachen Verhältnissen. Sein Vater ist Mechaniker und Gewerkschaftsvertreter bei einer kleinen Fluglinie. Bud dagegen will ganz nach oben. Die großen Finanzhaie sind sein Vorbild. Über Wochen versucht er mit Gordon Gekko, einem dieser Finanzkünstler, die mit geschickten Firmenübernahmen und anschließendem Verkauf viele Millionen verdienen, ins Gespräch zu kommen. An Gordons Geburtstag gelingt ihm der große Coup. Mit Hilfe von kubanischen Zigarren, die Freunde illegal in die USA geschmuggelt haben, schafft er es, zu Gordon vorgelassen zu werden. Gordon lässt ihn am Anfang deutlich spüren, wie klein und unbedeutend Bud ist und entlockt ihm auf diese Weise einen Insidertipp.

Bud hatte von seinem Vater vertrauliche Informationen über dessen Firma, die er jetzt unter Gordons Druck plötzlich ausplaudert. Gordon erkennt das „Potenzial“ und nutzt Buds Drang nach Geld und Anerkennung, um ihn für seine „Geschäfte“ gefügig zu machen. Er stiftet ihn an, durch Spitzeltätigkeiten Insiderinformationen zu beschaffen. Bud geht darauf ein und steigt in der Gunst von Gekko. Durch die offiziellen Geschäfte, die er für Gordon abwickelt, wird er gleichzeitig zum erfolgreichsten Makler in seiner Bank. Er bekommt sein eigenes Büro und eine Sekretärin. Alles verläuft glänzend.

Er verliebt sich in Darien, eine blonde Schönheit, die er auf einer Party bei Gordon kennen lernt. Doch Buds Gier und Geldhunger ist nicht gestillt. Er will bei den großen Deals mitmischen, dort wo die Millionen verteilt werden. Er heckt einen Plan für eine Firmenübernahme aus. Bluestar, die kleine Airline, bei der sein Vater arbeitet, leidet unter dem Preiskampf der Großen. Mit niedrigeren Lohnkosten und besseren Reservierungsprogrammen könnte die Firma schnell wieder auf die Beine kommen. Außerdem gibt es Vermögensreserven in der Pensionskasse, die man bei der Sanierung einsetzen könnte. Bud gewinnt Gordon für diese Idee. Sogar die Gewerkschaften werden die Übernahmepläne von Gordon unterstützen und die Sanierung mit drastischem Lohnverzicht ermöglichen. Nur Buds Vater bleibt misstrauisch. Er kann sich nicht vorstellen, dass Gordon plötzlich die Belegschaft an den Sanierungserfolgen partizipieren lassen will. Nur durch Buds flehentliche Bitten lässt er sich überreden, das Projekt zu akzeptieren. Bud ist begeistert, mit diesem Deal wird er reich werden, richtig reich. Der schöne Traum zerfließt, als Bud erfährt, dass Gordon ihn hintergehen will. Jetzt zeigt ihm auch noch Darien die kalte Schulter; sie hält sich lieber an Gordon, dem sie ihren Aufstieg als Innenarchitektin der High Society verdankt.

Doch Gordon hatte einen zu gelehrigen Schüler: Bud nutzt alle Tricks, die er von ihm gelernt hat. Er jagt den Kurs der Bluestar-Aktien erst hoch und dann in den Keller. Die Gewerkschafter, die von Bud eingeweiht werden, setzen Gordon ebenfalls unter Druck. Gordon steigt aus und verliert viele Millionen. Doch auch Bud hat zu lange mit dem Feuer gespielt. Die Börsenaufsicht hat ihn als den Verwalter von Gordons nicht deklarierten Auslandskonten identifiziert. Er wird wegen Verstößen gegen die Wertpapiergesetze im Büro verhaftet und in Handschellen abgeführt. Er legt ein Geständnis ab und hilft bei der Überführung von Gordon, dem Kopf der illegalen Geschäfte. Bud muss sich vor Gericht verantworten; doch ob er, wie von ihm befürchtet, tatsächlich für einige Jahre ins Gefängnis muss, lässt der Film offen.

Bud Fox	Aktienbroker und Aufsteiger aus dem Arbeitermilieu
Gordon Gekko	Großinvestor an der Wall Street
Larry Wildman	Großinvestor und geschäftlicher Rivale von Gordon

Erin Brockovich

Gedreht von Steven Soderbergh im Jahre 2000 nach den Erinnerungen von Erin Brockovich und Ed Masry an eine wahre Begebenheit. Seinen großen Erfolg verdankt der Film insbesondere der engagierten Darstellung der Erin Brockovich durch Julia Roberts, die dafür einen Oscar erhielt.

Erin Brockovich, eine alleinerziehende Mutter mit drei Kindern und ohne Job steckt in großen wirtschaftlichen Schwierigkeiten. Mit dem Mut der Verzweiflung erbettelt sie sich bei dem Anwalt Ed Masry eine Stelle als Bürohilfskraft. Mit ihren kurzen Röcken und ihrem lockeren Mundwerk macht sie sich jedoch auch Feinde in der kleinen, etwas spießigen Kanzlei. Ed übernimmt zu dieser Zeit gerade das Mandat für die Familie Jensen. Sie möchte beim Verkauf ihres Hauses an den Energiekonzern PG&E nicht mit einem zu niedrigen Verkaufserlös abgespeist werden. Das Angebot für das kleine Häuschen liegt bei 66.500 Dollar. Da Ed in diesem Fall ohne Honorar arbeitet, will er nicht allzu viel Zeit und Energie in diesen Fall investieren und übergibt Erin die Betreuung.

Zwischen den Unterlagen über das Haus der Jensens in Hinkley findet Erin Dokumente über ungewöhnliche Krankheiten und einen Stapel von Arztrechnungen, die PG&E bezahlt hat. Erin schöpft Verdacht, dass die Krankheiten vielleicht mit Umweltproblemen, verursacht durch das Werk von PG&E, zu tun haben könnten. Inzwischen sind weitere Geschädigte aufgetaucht. Erin kann Ed überreden, dass er ab jetzt nicht mehr mit PG&E über die Bewertung der Häuser verhandelt, sondern eine Schadensersatzklage wegen des verseuchten Grundwassers einreicht. Als die Klage zugelassen wird, schickt PG&E Anwälte, um sich außergerichtlich zu einigen.

Ed kann den Spezialanwalt Kurt Potter für das Projekt gewinnen. Kurt rät von einer Klage ab: zu langwierig, bei einem völlig ungewissen Ergebnis. Kurt Potter gelingt es, die Zustimmung von PG&E zu einem Schiedsgerichtsverfahren zu erwirken. Im

Gegenzug müssen 90 Prozent der Kläger in Hinkley mit der Beilegung durch ein Schiedsgericht einverstanden sein. Nur durch den Einsatz von Ed und Erin gelingt es, die Menschen, die noch nie in ihrem Leben etwas von einem Schiedsgericht gehört haben, für diese Lösung zu gewinnen. Das Schiedsgericht spricht den Geschädigten eine Gesamtentschädigung von 333 Millionen Dollar zu. Allein die Familie Jensen erhält als eine der Hauptbetroffenen 5 Millionen Dollar.

Erin Brockovich	Hilfskraft in einer Anwaltskanzlei
Ed Masry	Anwalt
Donna Jensen	Bewohnerin von Hinkley, Opfer der Grundwasserverseuchung
Peter Jensen	ihr Mann
Mr. Foil	Mitarbeiter in der Rechtsabteilung von PG&E
Kurt Potter	Partner in einer großen Anwaltskanzlei
Charles Embry	Arbeiter im Werk von PG&E in Hinkley

Der Pate

Francis Ford Coppola drehte diesen Film 1972 nach der Romanvorlage von Mario Puzo. *Der Pate* wurde mit drei Oscars ausgezeichnet, darunter bester Film.

Es ist 1945. Nach der Kapitulation Japans ist der 2. Weltkrieg endgültig zu Ende. Der Mafiaboss Vito Corleone, der Pate, steht auf dem Höhepunkt seiner Macht. Er kontrolliert das New Yorker Glücksspiel und wichtige Gewerkschaften. Seine Verbindungen reichen bis nach Las Vegas und Los Angeles. Auch wenn er eher die diskrete Art des „Verhandelns" schätzt, schreckt er nicht vor Gewalt und Brutalität zurück. So lässt er einmal – als er mit Gesprächen und Verhandeln nichts erreicht – kurzerhand das wertvolle Rennpferd des Filmproduzenten Woltz töten. Aus Angst um sein eigenes Leben gibt Woltz dem Patensohn Vito Corleones, Johnny Fontane, die von diesem heiß begehrte Filmrolle.

Doch die Position des Mafiabosses mit den guten politischen Verbindungen bleibt nicht unangefochten. Einer der anderen Mafiaclans möchte die Corleones in das Rauschgiftgeschäft mithineinziehen. Der Pate lehnt ab. Sein ältester Sohn Sonny, der Kronprinz, wirkt interessiert. Daraufhin versuchen die Rauschgifthändler Vito aus dem Weg zu räumen, um mit Sonny ungehindert ihre Geschäfte zu machen. Doch sie haben Vitos Zähigkeit und die Loyalität innerhalb des Corleone-Clans unterschätzt. Der Pate überlebt den Anschlag und Sonny lässt als erste Vergeltungsmaßnahme einen Sohn der rivalisierenden Mafiafamilie ermorden. Ein Bandenkrieg bricht aus.

Michael, der jüngste Sohn des Paten, hat sich bisher vom „Familiengeschäft" ferngehalten. Er hat an einer renommierten Universität studiert und als Soldat im Krieg gedient. Doch jetzt nimmt er am Rachefeldzug teil. Michael ermordet Sollozzo, einen Drahtzieher des Rauschgifthandels sowie einen korrupten Polizisten. Im Gegenzug wird Sonny, der älteste Sohn des Paten, in eine Falle gelockt und erschossen. Der Pate selbst erholt sich langsam von den Folgen eines Attentats. Es gelingt ihm in einer großen Konferenz aller Mafiafamilien, den Bandenkrieg zu beenden. Er erklärt sich bereit, den Rauschgifthandel zu unterstützen, dafür kann sein Sohn Michael aus seinem Versteck in Sizilien zurückkehren.

Die Machtverhältnisse werden neu geordnet, der Vater Vito wird zum Berater von Michael. Michael wird der neue Pate. Mit eiskalter Berechnung führt er die Mafiageschäfte des Vaters weiter. Er heiratet seine Studentenliebe Kate; sie bekommen Kinder. Doch hinter der großbürgerlichen Fassade bereitet sich Michael auf den Tag der Abrechnung vor. Vito Corleone hat sich aus den Geschäften zurückgezogen, er kümmert sich um seinen Garten und den kleinen Enkelsohn. Nach Vito Corleones Tod lässt Michael in einer ausgeklügelten Racheaktion die Chefs der anderen Mafiafamilien in New York, seine Rivalen in Las Vegas und die Verräter in den eigenen Reihen ermorden. In der Schlussszene bekräftigen seine Gefolgsleute mit dem Ringkuss ihre unbedingte Loyalität.

Vito Corleone	der Pate, Oberhaupt des New Yorker Mafiaclans der Corleones
Sonny Corleone	ältester Sohn
Fredo Corleone	zweiter Sohn
Michael Corleone	jüngster Sohn
Tom Hagen	Anwalt und Berater der Corleone-Familie
Virgil Sollozzo	sizilianischer Rauschgifthändler
Amerigo Bonasera	Inhaber eines Bestattungsunternehmens in New York

Pulp Fiction

Pulp Fiction 1994 von Quentin Tarantino gedreht. Es ist ein schräger Kultfilm, der für seine genialen Dialoge mit dem Oscar für das beste Drehbuch ausgezeichnet wurde. Der Spielfilm ist eine Satire auf simpel gestrickte Gangsterfilme und Schundromane. „Pulp Fiction" ist der englische Ausdruck für diese Sorte „Literatur".

Ein Tag in der Unterwelt von Los Angeles. Zwei Killer, die abtrünnige Bandenmitglieder exekutieren. Ein bestochener Boxer, der seinen Deal mit einem Unterweltboss nicht hält. Ein Räuberpärchen, das beschließt, nach dem Frühstück gleich noch das Restaurant und alle Gäste auszurauben. Drogendealer, heiße Bräute, Verrat und Gewalt. Kein Klischee wird ausgelassen. Der Film lebt von seinen aberwitzigen Dialogen, die in ihrer Banalität so gar nicht zu den Morden und sonstigen Gräueltaten der Filmhandlung passen wollen. Die verschiedenen Handlungsstränge sind durch die beteiligten Personen und raffinierte Vor- und Rückblenden miteinander verwoben.

Im Mittelpunkt stehen die beiden Killer Jules Winnfield und Vincent Vega mit ihren Unterschieden und Gemeinsamkeiten. Vincent ist weiß, Jules ist schwarz. Vincent ist ein drogensüchtiger Genussmensch, Jules zitiert aus der Bibel. Sie arbeiten für Marsellus Wallace, ihren Boss. Nachdem die beiden einen brutalen Mordauftrag durchgezogen haben, sind sie auf dem Rückweg zu ihrem Boss. Plötzlich löst sich ein Schuss aus Vincents Revolver. Der kleine Spitzel Marvin, der hinten auf der Rückbank sitzt, ist tot. Jetzt haben die beiden ein Problem. Der Rücksitz, die Fensterscheiben, das ganze Auto ist voller Blut. Es ist helllichter Tag, einem Polizisten dürfen sie so nicht begegnen. Die beiden flüchten zu Jimmie, einem Freund. Nur ist der inzwischen ein ehrbarer Bürger und will mit Leichen und anderem Gangsterkram nichts mehr zu tun haben. In einer guten Stunde kommt seine Frau und spätestens dann müssen die beiden mit Auto und Leiche verschwunden sein. Gangsterboss Marsellus schickt die Rettung: Winston Wolfe, seinen Mann für besondere Fälle. Winston Wolfe rettet die Situation. Und so plötzlich, wie er in der Not aufgetaucht ist, so plötzlich braust er nach getaner „Arbeit“ in seinem blitzenden Sportwagen davon. Jules erkennt den Fingerzeig Gottes. Er steigt aus dem Gangsterleben aus. Vincent bleibt dabei und wird bei seinem nächsten „Einsatz“ erschossen. Das tragische Ende einer der beiden Hauptfiguren ereignet sich jedoch in der Mitte des Films. Der Zuschauer wird mit dem „Happy End“ der Winston-Wolfe-Sequenz und dem bekehrten Jules beschwingt aus dem Film entlassen.

Vincent Vega	Killer in Los Angeles
Jules Winnfield	Killer in Los Angeles
Jimmie Dimmick	Freund von Jules Winnfield
Winston „The Wolf“ Wolfe	Berater des Bandenchefs Marsellus Wallace

Literaturverzeichnis

Allred, K. G. et alii: „The influence of anger und compassion on negotiation performance in: *Organizational Behavior and Human Decision Processes*, 70 (3), 175–187 1997

Bräutigam, P.: IT-Outsourcing, Berlin 2004

Bräutigam, P.: Mehrstufige außergerichtliche Konfliktbewältigung bei komplexen IT-Verträgen, in: Der Syndikus, Juli/August 2002

Cialdini, R.: Die Psychologie des Überzeugens, Bern 2003

Cohen, H.: You Can Negotiate Anything, New York 1980

Coren, S.: Die unausgeschlafene Gesellschaft, Reinbek 2002

Dawson, R.: Secrets of Power Negotiating, Franklin Lakes 2001

Donaldson, M. C./Donaldson, M.: Erfolgreich Verhandeln für Dummies, Überzeugen ohne Frust, Landsberg/L. 1998

Fisher, R./Ury, W./Patton, B. M.: Das Harvard-Konzept: Sachgerecht verhandeln – erfolgreich verhandeln, Frankfurt/New York 1981

Gulliver, P. H.: Disputes and Negotiations: A Cross-Cultural Perspective (Studies on Law and Social Control), New York 1979

Hatzelmann, E.: Keine Macht dem Stress, Baden-Baden 2001

Hatzelmann, E./Held, M.: Zeitkompetenz, Weinheim 2005

Johnstone, K.: Improvisation und Theater, Berlin 1994

Johnstone, K.: Theaterspiele, Berlin 1998

Kahneman, D./Tversky, A.: „Prospect Theory: An analysis of decision under risk", in: *Econometrica*, 47, 263–291

Lanceley, F. J.: On-Scene Guide for Crisis Negotiators, Boca Raton 2003

Nagel, R./Cabrales, A.: „Entscheidung unter Unsicherheit", in: *Spektrum der Wissenschaft*, Nov. 2002

Nagel, R.: „Experimental Beauty-Contest Games: Levels of Reasoning and Convergence to Equilibrium", in: *Handbook of Experimental Economics Results*, hrsg. von: Ch. R. Plott und V. L. Smith, Amsterdam 2006

Nagel, R.: „Guess the Number: Comparing the FT's and Expansion's Results", (mit A. Bosch), in: *Financial Times*, 30.6.1997, S. 14

Piattelli-Palmarini, M.: Die Illusion zu wissen, Reinbek 1997

Ponschab, R./Schweizer, A.: Die Streitzeit ist vorbei, Paderborn 2004

Ponschab, R./Schweizer, A.: Kooperation statt Konfrontation 1997

Rackham, N. Carlisle, J.: The Effective Negotiator – Part 2/The Behaviour of Successful Negotiators, in: JEIT 2,6 and 7, 1978

Saner, R.: Verhandlungstechnik, Bern/Stuttgart/Wien 1997

Schranner, M.: Der Verhandlungsführer, Salzburg 2003

Schranner, M.: Verhandeln im Grenzbereich, Strategien und Taktiken für schwierige Fälle, München 2001

Senger, H.: Die Kunst der List – Strategeme durchschauen und anwenden, München 2001

Shell, G. R.: Bargaining for Advantage – Negotiation Strategies for Reasonable People, New York 1999

Spies, S.: Authentische Körpersprache, Hamburg 2004

Sun Tsu: Wahrhaft siegt, wer nicht kämpft. Die Kunst des Krieges, München 2001

Thompson, L.: The Mind and Heart of the Negotiator, New Jersey 2001

Stichwortverzeichnis